Wege der Mystik

Johannes Thiele

Die mystische Liebe zur Erde

*Fühlen
und Denken mit
der Natur*

Kreuz Verlag

Bildnachweis für die Farbtafel:
»Das Weltall« von Hildegard von Bingen
aus: »Wisse die Wege« SCIVIAS
Otto Müller Verlag, Salzburg 1987

CIP-Titelaufnahme der Deutschen Bibliothek

Thiele, Johannes:
Die mystische Liebe zur Erde: Fühlen und Denken mit der Natur /
Johannes Thiele. − 1. Aufl. − Stuttgart: Kreuz-Verl., 1989
  (Wege der Mystik)
  ISBN 3-7831-0976-0

1. Auflage
© 1989 Kreuz Verlag Stuttgart
Umschlaggestaltung: Jürgen Reichert, Kornwestheim
Gesamtherstellung: Clausen & Bosse, Leck
ISBN 3 7831 0976 0

Inhalt

Ohne Begeisterung geschah nichts Großes und Gutes auf der Erde, und die man für Schwärmer hielt, haben dem menschlichen Geschlecht die nützlichsten Dienste geleistet. Trotz allen Spottes, trotz jeder Verfolgung und Verachtung drangen sie durch, und wenn sie nicht zum Ziele kamen, so kamen sie doch weiter und brachten weiter.

JOHANN GOTTFRIED VON HERDER

Es gibt eine Kommunikation mit Gott, und es gibt eine Kommunikation mit der Erde, und es gibt eine Kommunikation mit Gott durch die Erde.

PIERRE TEILHARD DE CHARDIN

Vorwort

Ich sitze am Schreibtisch. Der Novembermorgen glänzt hell in mein Zimmer und überstrahlt die Papierstöße, die Bücherstapel, das Manuskript. Die Sonne umspielt alle Gegenstände in diesem Raum, und plötzlich ergreift sie etwas in mir selbst. Alle Schwere fällt von mir ab, alle Düsternis, alle Skepsis und Unzufriedenheit. Die ursprüngliche Freude gießt sich aus und verwandelt jeden atmenden Zentimeter meiner Haut. Es ist eine Stille um mich, die mit leiser, bezwingender Kraft die Erkenntnis in mir beflügelt. Wie lang ist mir die Zeit des Schreibens an diesem Buch geworden, wie schwer war die Geburt der Gedanken diesmal, wie selten waren die Momente ungetrübten Glücks. Und jetzt ist alles mit einem Mal leicht und schwerelos. Ich tippe die letzten Zeilen und weiß: Das wirkliche Abenteuer ist noch gar nicht beschrieben. Es wird noch einmal etwas ganz anderes möglich sein. Und so beende ich dieses Buch nicht mit einem Punkt, sondern mit einem Abschied, der ein Anfang ist –

Einleitung
Archäologie zu den Quellen der Tiefe

Das alltägliche Leben in unserer westlichen Kultur ist Ausdruck größter Schöpfungsvergessenheit und Entfremdung. Wissenschaft und Technik sind zur ersten Lebensmacht geworden. Mit den Mitteln der modernen Kommunikations- und Informationstechnik, mit den Folgen der Mikroelektronik und Computerrevolution sind wir dabei, einen Angriff auf das Wesen des Menschen, auf die Gesamtheit seiner Lebensäußerungen und seines Verhaltens zur Welt vorzubereiten. Es scheint keine freie Realität mehr zu geben, kaum noch Nischen in den durchorganisierten Lebensverhältnissen, kaum noch Fluchtmöglichkeiten aus den alles bestimmenden Strukturen und Systemen, genausowenig, wie es eine naturbelassene Nur-Natur gibt, jedenfalls in unseren Breitengraden. Von allen Arten auf dieser Erde lebt der Mensch in der künstlichsten aller Umwelten. Von allen Lebewesen ist er das einzige, das sich in seinen Lebensbedingungen fast vollständig von den Lebensbedingungen aller anderen abgekoppelt hat. Überall stößt er auf die Spuren der eigenen Einwirkungen, seines Fortschritts, seiner Veränderungen und Umgestaltungen. Er organisiert sein Leben ohne Rücksicht auf die Bedürfnisse und Erfordernisse seiner Mitwelt, ohne ein gültiges Bild seiner selbst und der ihn umgebenden Welt.

Noch nie zuvor in seiner Geschichte und der Geschichte der Erde ist dem Menschen aus seinem eigenen Handeln eine größere Bedrohung erwachsen als die des sanften Zugriffs auf sein Inneres. Der Raubbau an den Rohstoffen der Natur ist nur Ausdruck des Raubbaus an unseren Sinnen- und Seelenkräften, an Gefühl und Gemüt, an Phantasie und Tatkraft. Es sind dies Gefahren, die um so bedrohlicher sind, als wir sie nicht bemerken. Unsere technischen Erfindungen und Einrichtungen des sozialen Lebens, unsere politischen Impulse verändern ständig und schleichend unsere Wahrnehmung und unser Wissen, Denken und Empfinden ebenso wie Verhalten und Vorstellungskraft.

Ich bin mit Victor Chu zusammen überzeugt, daß die ökologische Krise, der Untergang der Erde, im Grunde von uns allen, auf einer tieferen Ebene, in einem unheimlichen Konsens, *gewollt* wird. Sie ist der Preis, den wir für unseren augenblicklichen Wohlstand zu zahlen bereit sind, den wir in Kauf nehmen, weil jedes Aufhalten dieses Untergangs eine ungeheure Anstrengung bedeuten würde, die uns unbezahlbar und unabwägbar erscheint. Wir bezahlen in völlig neuen Währungen, die keine Grenzen kennen, auf den Märkten der Welt, wir bezahlen in Fischen, Vögeln, Robben, Luft und Wasser.

Die Zerstörung der Erde und des menschlichen Bewußtseins ist nicht das Machwerk von Teufeln in menschlicher Gestalt. Solche Dämonisierungen vernebeln nur, daß sie von uns allen gewollt, zumindest »in Kauf genommen« wird. Wir führen bewußt einen Lebensstil, der mit den Geschöpfen einen fast unendlichen und für alle aussichtslosen Kampf um das Wohlergehen kämpft. Wovon sollen wir noch reden angesichts des inszenierten Kollapses der Erde, im Angesicht auch der seelischen Versteinerung vieler Zeitgenossen, des täglich produzierten Unfriedens mit Mensch und Tier und Pflanze? Wir haben genug vom Leben. Ich suche nach Beweggründen für diese Haltung. Und ich suche nach Trost und Hoffnung.

Ratlosigkeit herrscht beim heutigen wissenschaftlichen wie auch religiösen Nachdenken über die Natur vor. Im Protestantismus ist dieses Unbehagen vielleicht noch deutlicher zu spüren als in anderen Konfessionen. Das theologische Interesse an der Natur begann im Protestantismus stark zu verblassen, nachdem erst einmal der kosmologische Gottesbeweis restlos demontiert war. Die Reformation hatte ein vorrangiges und einseitiges Interesse an der Erlösungslehre, der gegenüber der erste Glaubensartikel über »Gott den Schöpfer des Himmels und der Erde« keine größere Rolle spielte als eine notwendige

Hinführung. »Natur« war etwas, das man der kompetent gewordenen, aber gott-losen Naturwissenschaft überließ, die nun ein Naturwissen entwickelte, das von der Naturweisheit weit entfernt war. Hans Peter Dürr schreibt: »Es ist vielleicht auf den ersten Blick überraschend, daß die Grenzen der Wissenschaft gerade dort am deutlichsten sichtbar wurden, wo unsere wissenschaftliche Methode sich bisher am überzeugendsten und genauesten bewährt hatte, nämlich in der Physik, in der Mechanik, in der klassischen Mechanik Newtons. Die Welt erschien nach der klassischen Mechanik wie ein einziges großes Uhrwerk, das nach strengen und unverrückbaren Grenzen ablief. Für Gott schien kein Platz mehr. Gott war nur mehr eine Umschreibung für das noch nicht wissenschaftlich Gewußte. Gott war also gewissermaßen ein Sammelbegriff für alle Phänomene, die der unwissende Mensch noch nicht erfolgreich als speziellen Teil dieses komplizierten Räderwerks deuten konnte. Gott sollte deshalb in dem Maße entbehrlich werden, wie neue Kenntnisse und Einsichten erhoben würden. Notwendig war Gott letztlich nur noch als Schöpfer, als der Konstrukteur dieses Uhrwerks und als derjenige, der es in Gang gesetzt hatte. Die Technik erlaubte es dem Menschen, ihm in dieser Weise nachzueifern. Die Kenntnis der Gesetze verschaffte dem Menschen Macht über die Natur.«

Wissenschaft ist der Versuch, die Natur zu verstehen und in ihre eigentlichen Fragen einzudringen. Doch sie ist zugleich eine grandiose Fehlleistung des Menschen, die dazu führt, die Natur zu manipulieren. Wissenschaft ist zum einen Entzauberung der Welt, sie ist aber auch ein Abenteuer, »um alles, was sie berührt, zu erneuern und alles, was sie durchdringt, zu erwärmen – die Erde, auf der wir leben, und die Wahrheiten, die uns das Leben ermöglichen... Deshalb sind die großen Entdeckungen nicht, wie die des Kopernikus, auf einem Totenbett versteckt, sondern sie liegen, wie die Keplers, offen am Wege der Wachträume und der lebendigen Leidenschaften« (S. Moscovici). Die Wissenschaft führt immer tiefer in den Strudel einer turbulenten Natur, selten dazu, die von ihr befragte Natur zu respektieren.

Was immer die Wissenschaft geleistet hat und noch leistet, den Ausdruck von Vertrauen kann sie nicht bieten, und Trost angesichts unaufhebbaren Leids auch nicht. Offenkundig ist sie selber trostlos und wird immer trostloser, je besser und perfekter sie wird. Denn in ihrer Geschichte stehen ja nicht nur die Triumphe, welche die Erde mittels Motor, Elektronik und Television in ein Dorf verwandelten und die erfolgreich wie nie zuvor Krankheit, frühen Tod, Kälte und Hunger bekämpften. In ihrer Geschichte stehen auch Verbrechen in nie gekanntem Ausmaß. Hiroshima, Auschwitz und der Archipel Gulag zeigen beispielhaft, wie tief und wehrlos Wissenschaft sich in Zerstörungsfeldzüge verstricken läßt und in welchen Verblendungszusammenhängen sie arbeitet, wenn sie politisch mißbraucht wird. Die Selbstgewißheit der Neuzeit hat ihr Bewußtsein in dieser Rationalisierung der Natur, in der Eroberung der ganzen Erde und in der gnadenlosen Ausbeutung von Natur und Kultur gefunden.

Der neuzeitliche Glaube an einen stetigen Fortschritt des wissenschaftlichen Erkennens wie der Menschheit überhaupt ist heute fragwürdig geworden. Von diesem Glauben waren vor allem die – im übrigen völlig ungeschichtlichen – Geschichtstheorien der Aufklärung getragen. Abgesunken zu einem platten Fortschrittsoptimismus, konnte er noch das 19. Jahrhundert überdauern. Der Fortschrittsgedanke ist kein Denkschema, das dem Menschen von der Natur mitgegeben wäre. Das Einander-Ablösen der Welt- und Daseinsdeutungen kann jedenfalls nicht als ein geradliniges Fortschreiten im Gang der Zeit verstanden werden. Jeder Bewußtseinslage entspricht ein ihr zugeordneter Welthorizont, der jeweils anderes in den Vordergrund rückt. In den Zeitaltern haben sich jeweils verschiedene Dimensionen der Wirklichkeit erschlossen, die unterirdisch fortwirken bis zum heutigen Tag. So haben zum Beispiel andere Zeiten und Kulturen Einblicke in seelisch-geistige Zusammenhänge gehabt, von denen unsere Gegenwart kaum mehr etwas weiß, die sie zumindest nicht berücksichtigt. Das Wissen von der äußeren Natur hat jene Naturweisheit, das spirituelle Wissen bisweilen fast erstickt und überwuchert. Die

14

moderne exakte Naturwissenschaft vermochte ältere weisheitliche und mystische Betrachtungs- und Erlebnisweisen allerdings nicht grundsätzlich zu widerlegen und zu überwinden.
Sie wurden nur beiseite geschoben oder in den Untergrund
abgedrängt, wo sie wie ein kryptischer, subversiver Strom
jahrhundertelang wirksam geblieben sind, ohne allerdings den
Gang der Welt an der Oberfläche, im gleißenden Tageslicht
noch gestaltend beeinflussen zu können.

Die Geschichte, die in diesem Buch erzählt wird, ist eine
Geschichte des Naturgefühls, der mystischen Liebe zur Erde.
Angesichts der soeben beschriebenen Wirkungsgeschichte
scheint es mir unerläßlich zu sein, ein tiefes Bohrloch in die
Vergangenheit zu treiben, obwohl in ihr Fragen diskutiert
wurden, die nicht mehr die unsrigen sind. Der Blick in die Hi-
storie ist wichtig, obgleich uns heute andere Probleme auf den
Nägeln brennen. Dieses Buch ist der Versuch einer Archäologie der anderen Seite der Wirklichkeit, denn es ist alles nur
halb wahr, was die Vernunft uns erkennen läßt. Die andere
Hälfte der Wahrheit ist kaum zu entziffern, wie ein blind ge-
wordenes Glas. Man ahnt eine ganze Welt, aber sieht nur Umrisse. Man entdeckt Spuren, die ins Ungewisse zurücklaufen,
findet Namen, die nur im hermetisch abgeriegelten Binnen-
raum universitärer Spezialisten gehandelt werden wie gut gehütete Börsentips.

Ohne Einsicht in die neuzeitlichen Verwerfungen der Rationalität und des akkumulierten Naturwissens läßt sich die Mystik als religiöse Naturweisheit heute nicht mehr verstehen.
Ihre Geburtsstunde im Mittelalter ging einher mit der aufkom-
menden Rationalisierung der Realität, mit einem ausgeprägten
Krisenbewußtsein, das auch wir heute wieder überdeutlich erleben. Vielleicht sind daher trotz des geschichtlichen Grabens
die Ähnlichkeiten in Mentalität und Realitätserfahrung größer als die Unterschiede. Das postmoderne Zeitalter, in dem
die Wissenschaften ihre Unschuld längst verloren haben und
in dem sich die Ambivalenz der technisch-rationalen Bewältigung der Wirklichkeit überdeutlich abzeichnet, trägt manche
Züge, die auch das späte Mittelalter mit seiner Höllenangst

15

und seinem Bewußtsein von einer brüchig gewordenen Welt geprägt hat.

Es gibt einen historischen Prozeß, der heute auf wachsende Religiosität, Spiritualität und Gottes-Sehnsucht hindeutet und der einen Grund in der Erschütterung des Ansehens der Naturwissenschaft findet, so wie die Mystik des Mittelalters aus dem harten Gestein scholastischen Denkens die Quellen, die Wasser der Tiefe, die Feuer des Geistes herausschlagen ließ. Die Mystik hat nie eine Trennungslinie zwischen Schöpfer und Geschöpf gezogen, ja sie trat mit dem Anspruch an, aus einer tiefen Sehnsucht nach Verbundenheit heraus Unmittelbarkeit der Begegnung mit dem Göttlichen herstellen zu können. Die mystische Lehre hatte allerdings noch naturphilosophisch-spekulative Realitäten vor sich, in denen sie sich artikulieren konnte: Die Natur – nicht nur der geschaffenen Welt, sondern auch des Menschen – war noch nicht entzaubert und entmythologisiert.

Gleichwohl spricht wenig für die Vermutung, daß die Menschheit in absehbarer Zeit in eine Epoche eintreten könnte, die der des europäischen Mittelalters entspricht. Die mystische Sehnsucht ist bei vielen Menschen ungebrochen, die Irrationalitäten suchen in esoterischen Lehren und in der Bewegung des New Age Ausdruck, und doch ist nichts den Menschen heute ferner als jene mittelalterliche Sicherheit der Vorstellungen von gut und böse, wahr und unwahr, von Gott und Universum, um welche die katholische Kirche im Prozeß gegen Galileo Galilei so verzweifelt kämpfte und sich am Ende lächerlich machte.

Indem die exakte Forschung alle qualitativen Besonderheiten in quantitative Unterschiede aufgelöst und sie damit meßbar und berechenbar gemacht hat, ging ihr der Blick für das Gestalthafte aller Wirklichkeit verloren. Erst in unseren Tagen bereitet sich wieder ein Wandel vor, dessen geschichtliche Wurzeln dieses Buch freilegen will. Man hat für diesen Wandel den Begriff »New Age« geprägt, aber ich möchte ihn mir nicht zu eigen machen. Er ignoriert zu sehr die tiefe Verflechtung des Bewußtseinswandels mit den Paradigmata, Weisheiten und Traditionen, die in Ost und West jahrhunderte-, ja jahrtausendelang bestanden haben.

Mein Buch erzählt eine alte Geschichte, die Geschichte einer Liebe, die vom Geist, von der Spiritualität der Materie ausgeht, die Natur in Denken und Empfinden einbezieht und zu einer Weisheit des Lebens führt, die kreatürliche Beziehungen voraussetzt und nicht mehr ersetzt. Es ist die Geschichte eines Abenteuers der Gefühle, die Menschen aller Zeiten seit dem Mittelalter mit der Erde verbunden haben. Gegen Ende des 19. Jahrhunderts hat Edward Carpenter die emotionale Dimension der Mystik so beschrieben: »Unter all den feststehenden Tatsachen der Wissenschaft... erscheint mir keine fester begründet und wichtiger als die Tatsache, daß man, wenn man das Denken ausschaltet (und dabei beharrt), schließlich in eine Region des Bewußtseins gelangt, die unter oder hinter dem Denken liegt und sich ihrer Natur und ihrem Charakter nach vom gewöhnlichen Denken unterscheidet – es ist eine Art universales Bewußtsein, wo man ein Ich wahrnimmt, das viel größer ist als das uns bekannte Ich. Und da das gewöhnliche Bewußtsein, mit dem wir es im gewöhnlichen Leben zu tun haben, auf dem kleinen, räumlich begrenzten Ich beruht, also ein Ich-Bewußtsein im kleinen, räumlich begrenzten Sinne ist, so folgt daraus, daß man dem gewöhnlichen Ich und dem gewöhnlichen Leben abstirbt, wenn man aus diesem Ich herausgeht. Es ist ein Sterben im üblichen Sinne, aber in einem anderen Sinne ist es ein Aufwachen. Wir entdecken dann, daß unser Ich, unser wirkliches, innerstes Ich, das Weltall und alle anderen Wesen durchdringt – daß die Berge und das Meer und die Sterne mit den Seelen aller Geschöpfe in naher Berührung steht. Ja, und viel näher als zuvor. Es enthält die Gewißheit eines unzerstörbaren, unsterblichen Lebens und einer ungeheuren, unaussprechlichen Freude.«

Das Abenteuer der mystischen Liebe zur Erde ist das Wagnis der vollkommenen Vergeudung, die ekstatisch ist und unfähig, einen »vernünftigen« Gebrauch von der Welt zu machen. Zu allen Zeiten haben Menschen diesen Traum geträumt, diese Ekstase gesucht, diese tief leuchtenden Wünsche an das Leben formuliert. Sie haben in Visionen Gott schauen wollen, das innerste Geheimnis der Natur.

»Laß alles liegen und komm. Wenn wir jetzt nicht aufbrechen, um das selbst zu sehen, was schon unsere Kindheit als gewaltiger Schatten ins Zwielicht zog, so tragen wir ein Stück Blindheit in die nächste Zeit« (Gertrud Leutenegger).

ERSTER TEIL

Die mystische Liebe zur Erde

Nicht wie die Welt ist,
ist das Mystische,
sondern daß sie ist.

LUDWIG WITTGENSTEIN

Die Geburt der Weisheit und der Mystik

Jeder Versuch, Mensch und Natur auf unserem Planeten unter rein biologischen Gesichtspunkten zu verstehen, ist im Ansatz verfehlt und von vornherein zum Scheitern verurteilt. Nicht einmal die Naturvölker leben in einem archaischen Dasein, in dem elementar-vitale Normen als letzte Instanz entscheiden. Ihr Leben wird von Regeln bestimmt, die aus ihrer naturhaften Existenz nicht ableitbar sind. Die Welt, die sie erleben und in der sie leben, ist stets eine vom Mythos bereits verwandelte Welt, die alle Erfahrungen unmittelbar in sich aufnimmt und verarbeitet. Ohne eine weisheitliche Deutung ist kein menschliches Leben denkbar, in ihr wird das Erlebte und Erfahrene in Sinnzusammenhänge eingefügt, die in den »Tatsachen« als solche keine Entsprechung finden. Alle Geschehnisse erhalten Bedeutung und gewinnen dadurch erst wirkliche Realität. Die frühzeitlichen Mythen sind keine tastend-unbeholfenen Versuche, die Wirklichkeit rational zu erklären, auch keine Gleichnisse, die in Bildern etwas umschreiben wollen, das sich begrifflicher Festlegung entzieht. Zu einem Gleichnis ist der Mythos erst später geworden, als seine geschichtliche Stunde bereits vorüber war. Ursprünglich wird er vielmehr als die Wirklichkeit selbst erlebt, als die unmittelbare Gewißheit, in dessen Licht alle Dinge sichtbar werden. Er erzählt dann ein kosmisches Drama, an dem alles Seiende teilhat. Auch das menschliche Dasein ist in dieses Geschehen einbezogen: Es ist gelebter Mythos. Dieses Weltdrama ist nicht historisch, erfüllt sich nicht in einem einmaligen Ablauf, der einen Anfang hat und dem ein Ziel gesetzt ist. Wie die Sternbilder am Himmel kreisen, so ist das Geschehen, von dem der Mythos erzählt, ewige Wiederkehr des gleichen und damit immer Gegenwart. Weltalter und Kulturen, denen der Mythos Gestalt und Gesetz gibt, sind daher in einer alles umgreifenden Ordnung aufgehoben. Der Mensch im Zeitalter der Mythen, diesen Träumen der Menschheit, erlebt sich als Werkzeug in der Hand überindividueller Mächte, die ihm seine Rolle zuweisen, welche er im Weltdrama zu spielen hat. Erst als der große Traum des mythischen Denkens von ihm weicht, erwacht der Mensch zu seiner ureigenen Individuation, zu sich selbst, zu seiner Welt und damit auch zu seiner Geschichte. Das Heraustreten aus dem Zauberkreis der mythischen Welt führt ihn in eine tiefe Krise. Erst nach diesem Erwachen aus dem Daseinstraum kann von einer Geburt des Individuums, von der Individuogenese gesprochen werden. Das Individuum erlebt nun alles, was ihm zuvor fraglos-selbstverständlich war, als Frage, als Verunsicherung und Beunruhigung: die Geburtsstunde der Weisheit, der Sehnsucht und der mystischen Liebe zur Erde.

Ich möchte diesen Vorgang an einer alten Geschichte verdeutlichen: Irgendwann einmal im Dreißigjährigen Krieg rastet an weltentlegener Straße ein versprengter Landsknechtstrupp. Angelockt durch das bunte Treiben, gesellt sich ein Bauernbursche zu den Fremden und wird in ihren Kreis gezogen. Er würfelt und trinkt mit ihnen und vergißt darüber die Heimkehr. Als der Abend kommt, legt auch er sich, vom ungewohnten Wein umnebelt, am Feuer zum Schlafen nieder. Spät in der Nacht erreicht den Trupp der Befehl zum Weiterziehen. In der Eile des Aufbruchs wird der Schlafende kurzerhand auf einen Planwagen geladen. Erst als es lange schon Tag ist, findet er allmählich zu sich. Mit dumpfem Kopf und benommen von allem Neuen, das ihn umgibt, vermag er sich kaum zu erinnern, was in den letzten Stunden mit ihm geschah. Willenlos und noch fast im Traum fügt er sich dem Troß ein, als habe er immer schon zu ihm gehört. So reiht sich ein Tag an den anderen, und immer weiter führt der Weg von der Heimat fort in eine ungewisse Ferne. Eines Tages jedoch geschieht es, daß der junge Bursche urplötzlich, als würde ein Bann von ihm genommen, aus diesem Dahindämmern erwacht. Das laute Treiben um ihn, in dem er bis zu dieser Stunde mitgetan hatte, als könnte dies nicht anders sein, wird damit zu einem gespenstisch-unwirklichen Spiel. Einsam und verloren erblickt er sich inmitten der Genossen seiner letzten Wochen. Nur noch eine Frage erfüllt sein Bewußtsein: Wo bin ich, in was werde ich verstrickt, und wohin wird mich mein Weg führen?

Diese Geschichte ist ein Gleichnis für die Lage des Menschen in der Welt – einer unbekannten und rätselvollen Welt. Der Aufbruch der Fragen läßt die Befangenheit im Hier und Jetzt des gelebten Augenblicks hinter sich. Die Frage »Wohin wird mich mein Weg führen?« ist eine mystische Frage – sie geht aus vom Erleben der Unwissenheit, des Getrenntseins vom Ursprünglichen, der Fremdheit. Ohne solche Fragen gibt es keine Mystik, kein Verlangen nach unmittelbarer Gewißheit (im christlichen Raum) und Erleuchtung (im östlichen Raum), nach der Präsenz des Göttlichen, das den Abgrund zwischen Mensch und Natur, Mensch und Gottheit aufhebt und überwindet. Eine mystische Liebe zur Erde setzt voraus, daß die Erde fremd geworden ist, unheimatlich, eine Frage, keine Gewißheit, ein Weg, keine Heimat. An der Schwelle zur Neuzeit hat Blaise Pascal (1623–1662) dieses Erwachen in knappen, eindringlichen Sätzen beschrieben: »Ich weiß nicht, was mich in die Welt gesetzt hat, ich weiß auch nicht, was diese Welt ist, noch, was ich selber bin. Ich lebe in Unkenntnis aller Dinge... Ich sehe mich von den unermeßlichen Abgründen des Weltalls umgeben und finde mich an einem winzigen Punkt inmitten seiner unermeßlichen Ausdehnung gefesselt, ohne zu wissen, warum ich hier und nicht anderswo bin und warum der winzige Zeitraum, der mir zu leben vergönnt ist, gerade an diesen und keinen anderen Punkt gesetzt wurde – der Ewigkeit, die vorangeht und mir folgt. Allerwärts sehe ich nur Unendlichkeiten, die mich wie ein Atom verschlingen, wie einen Schatten, der nur einen Augenblick dauert und der niemals wiederkehrt. Alles, was ich weiß, ist, daß der Tod mir gewiß ist. Ihn aber, dem ich nicht entgehen kann, kenne ich am allerwenigsten.«

Dies ist die Situation, in der die mystische Liebe zur Erde erwachen kann. Wie das Staunen nach einem Wort Platos den

Anfang der Philosophie bezeichnet, so bildet die Sehnsucht nach Erkenntnis, Beheimatung, letzter Evidenz den Beginn mystischer Suche nach dem verlorenen Ursprung und der Einheit mit dem Kosmos. Es ist das besondere Kennzeichen der Philosophie, der »Liebe zur Weisheit«, daß sie die Wirklichkeit in Begriffen widerspiegeln will, daß sie ein ursprüngliches Vertrauen in die Macht des Denkens setzt. Die Mystik geht einen anderen Weg, sie sucht keine Begriffe und keine Gedanken, sondern vertraut der Kraft der Intuition, der Träume und Visionen. Auch dort, wo sie zur spekulativen Mystik wird, wie bei Meister Eckhart im späten Mittelalter, wo sie Scholastik mit Spiritualität verknüpft, ist das letzte Ziel nicht Begreifen, sondern Erkennen, nicht die Distanz zu den Dingen, die in Begriffen ihren Ausdruck finden, sondern Nähe und Einheit mit den Dingen, nicht Reflexion von Gründen, sondern Suche nach dem tragenden Grund des Seins.

Das Erwachen der Liebe zur Natur

Bis zum frühen Mittelalter hat man im alten Europa den Raum noch ganz und gar mythologisch verstanden, ohne ihm eine explizit topographische Bestimmung zu geben. Die Wohnungen der Götter, so überliefert es die skandinavische Mythologie, sind teils auf der Erde, teils im Himmel. Die Räume und Orte der Erde sind mit bestimmten mythologischen Vorstellungen verbunden: Ein Erdenkreis unter der Himmelskuppel – so sieht die Welt der Menschen und Götter in der »heidnischen« Epoche aus. Auch der Einfluß des Christentums hat an diesen Auffassungen nicht viel geändert; er hat allerdings dazu beigetragen, bestimmte Elemente des heidnischen Glaubens zu deformieren und umzufunktionieren. Der Mensch lebt fast ohne Distanz zur Natur und seiner Umwelt; er hat ihr gegenüber weder ein ästhetisches Interesse, noch empfindet er irgendwelche Gefühle der Begeisterung. Als organischer Teil der Welt unterwirft er sich dem kosmischen Rhythmus der Natur, ohne schon fähig zu sein, die Natur von einem Standpunkt außerhalb ihrer selbst zu betrachten. Die Naturerscheinungen sind aktiv wirkende Kräfte: Die Urgewalt des Meeres, die Unbezwingbarkeit der Felsen, das Leben der Tiere, die Ordnung des Menschen – sie alle sind nichts als Requisiten des Weltdramas, Teilnehmer einer phantastischen, unerforschlichen Reise durch Raum und Zeit. Dem Menschen fehlt noch – im Banne der kosmischen Ordnung – ein Gefühl für die Schönheit der Natur, eine Liebe zur Erde. Man kann sich das nur so erklären, daß man ja oft Liebe für etwas empfindet, das getrennt von einem ist, dessen Fehlen man mit mißlichem Unbehagen feststellt und dessen Beziehung man ersehnt. Solange der Mensch sich noch weitgehend eingebunden in das Kräftespiel der Natur erlebt, empfindet er zu ihr keine Liebe. Die Distanzlosigkeit läßt auch kein Gefühl besonderer Nähe und Vertrautheit aufkommen. Daher kann man von einem Erwachen der Liebe zur Natur erst dann sprechen, wenn das Leben seine Überschaubarkeit auch in seiner Unberechenbarkeit verliert, wenn das vordem einfache und stabile Netz der sozialen Beziehungen brüchig wird. Bis zum späten Mittelalter gibt es keinerlei besonders ausgeprägte Bewunderung für die Schönheiten der Natur. Das Verhältnis zur Natur bleibt über Jahrhunderte hinweg vom ständigen Austausch mit ihr geprägt, von einer naturalwirtschaftlichen Lebensweise, die erst mit dem Aufkommen und Aufschwung großer Städte unterbrochen wird. Bildende Kunst, Literatur, Folklore haben der unbefragten Verbundenheit des Menschen mit der Natur bis in die Massenfestlichkeiten und Karnevale der Epoche des Mittelalters und der Renaissance hinein Ausdruck gegeben. »Die Verwischung aller Grenzen zwischen Körper und Welt, die Fluidität der Übergänge zwischen ihnen, ist ein charakteristischer Zug der mittelalterlichen Volkskultur und folglich des Volksbewußtseins« (Aaron Gurjewitsch).

Die Verhältnisse zwischen Subjekt und Objekt, wie sie uns seit der beginnenden Neuzeit geläufig sind, sind im Mittelalter weitgehend unbekannt. Sie werden erst bestimmt von der wirtschaftlichen Blüte der europäischen, bürgerlichen Städte, von der Geburt des Individuums in Philosophie, Literatur und auch Religion, von der Erschütterung ganzer Weltbilder und Weltanschauungen. Die Naturauffassung des mittelalterlichen Menschen ist untrennbar mit der organischen Einheit von Individuum, Natur und Gesellschaft verbunden. Zwar empfindet sich der typische alteuropäische Mensch nicht mehr völlig mit der Natur identisch, aber er stellt sich ihr auch noch nicht gegenüber. Nicht ein Subjekt verhält sich gegenüber einem Objekt, sondern es findet und bestimmt sich selbst gerade in der Außenwelt und in der Wahrnehmung des Kosmos. Überall treten dem Menschen Eigenschaften und auch Grenzen gegenüber, die er selbst besitzt, die er auch in sich spürt. Er findet in der Welt seine Kontinuität und entdeckt gleichzeitig in sich selbst das Weltall.

Wir dürfen nicht übersehen, daß »Natur« im Mittelalter nicht die gleiche Bedeutung hat wie für uns. Sie ist ein Werk Gottes, die Materie eine Allegorie, eine Personifizierung und Verkörperung göttlicher Gedanken, Pläne und Vorhaben. Für den mittelalterlichen Menschen stellt die Natur ein unerschöpfliches Reservoir von Symbolen dar, in ihnen spiegeln sich analog die Gesetze der Schöpfung. Alle Enzyklopädien fassen zusammen, was das Denken, Fühlen und Handeln der Menschen bestimmt: Gott, Bibel und Liturgie ebenso wie der Umgang mit Tieren und Pflanzen, die Küche und Hauswirtschaft, das Bearbeiten des Bodens und Pflügen des Ackers. Der Mikrokosmos des alltäglichen Lebens, der Vertrautheit mit Menschen und Dingen wird zum Abbild eines alles umgreifenden, in letzten Gewißheiten geborgenen Makrokosmos verstanden. Die mystische Liebe zur Erde erwacht erst in dem Augenblick, als diese Vertrautheit mit der Welt zerbricht.

Phänomene einer Mystik der Erde

Was ist Mystik? Die Definitionen sind Legion und führen zumeist nicht weiter als zu begrifflichen Feststellungen. Interessanter und weiterführender scheinen mir Deutungsversuche zu sein, die eine Vorstellung oder Anschauung dessen, was Mystik in ihrer ganzen Fülle und in ihrem Reichtum der Erscheinungen sein kann, vermitteln. Eine Phänomenologie mystischer Erfahrung könnte uns vermutlich weiterbringen, und so möchte ich hier den Versuch machen, eher zu beschreiben als festzustellen, eher anzudeuten als auszudeuten.

Eine grundlegende Schwierigkeit, von mystischer Erfahrung zu sprechen, liegt in der Problematik mystischen Sprechens überhaupt. Denn die Mystikerinnen und Mystiker tendieren dazu, von Gott »negativ« zu reden, von ihm wenig bis nichts auszusagen. Das Schweigen ist eine mystische Grundgeste, die das wortlos zu umgreifen sucht, was es im Innersten erfährt. Die Mystiker erleben zunächst nicht die Mitteilung Gottes, sondern sein Schweigen. Aber sie geben sich mit dem Entfremdetsein (soziologisch gesagt) oder mit der Unerlöstheit (religiös gesagt) nicht zufrieden. Sie entwickeln eine Sehnsucht, die die Verborgenheit Gottes aufzulichten versucht. Sie bahnen sich Wege, den Abgrund zu überbrücken, der sich vor ihnen in der Erfahrung absoluter Gottesfinsternis auftut. Diese Grundgeste könnten wir mit »Befreiung« oder auch mit »Liebe« beschreiben. Die mitunter harten Wege der Versenkung, der Kontemplation, der Askese, die fast immer an den Rand menschlicher Möglichkeiten führenden Übungen haben für die Mystiker keine Bedeutung an sich. Sie dienen ihnen als Weg zum Ziel der *Unio mystica*, der Berührung des Göttlichen. Je weiter sie auf diesem Weg voranschreiten, um so undeutlicher erscheint ihnen die Möglichkeit, etwas über ihre Erfahrung auszusagen. Sie nehmen Zuflucht zu ungewöhnlichen Bildern und Metaphern, sie erfinden ganz neue Begriffe oder Wortkombinationen, sie stammeln, sie verstummen. Das, was in ihnen geschieht, scheint mit den üblichen sprachlichen Mitteln nicht vermittelbar zu sein. Das Glück, dem sie sich durch dunkelste Nächte und tiefste Verzweiflung nähern, wird transparent und transzendent. Es scheint durch die Alltäglichkeiten hindurch, es übersteigt die Geläufigkeiten des Bekannten und Vordergründigen. Nur wer *trans*, wer *durch* geht, erhält eine Ahnung, eine Anschauung der Seligkeit, die alles Begreifen übersteigt. Diese Transzendenz wird dort gefunden, wo Begrenzungen sich auflösen, wo Festlegungen zerfließen, wo Sicherheiten aufbrechen. Die Sprache flüchtet dann zu Metaphern der *Un*endlichkeit, der *Un*faßlichkeit, der *Un*aussprechlichkeit. Oder sie drückt sich in totalen Begriffen aus: das Alles, das große Nichts, das ganz Andere. Oder sie redet von kosmischer Einheit, vom Aufgehen der Seele in einem unendlichen Meer, in einem unermeßlichen Licht.

So »negativ« diese Metaphern sind, sie bezeichnen das Berührte und Erlebte als das Nächste, Innerste und Intimste, das sich überhaupt denken läßt. Mystik will Vereinigung, nicht Trennung, Vereinigung mit Gott, mit dem Kosmos, mit dem Allumfassenden. Die Grenzen drohen zu verschwimmen, und dies ist gewiß eine Gefahr der Mystik aller Zeiten und Religionen. Was sich vereinigt und versöhnt, sagt ja zu allem, was ist. Es hat eine Weite der Toleranz, des Annehmens und Akzeptierens, der organischen Verbundenheit. Darum braucht die Mystik oft eine erotische Sprache, weil die Sprache der Liebe noch am adäquatesten das auszudrücken vermag, was in einem Menschen geschieht, der die Sehnsucht nach Verbundenheit erlebt.

So unaussagbar Mystik letztlich bleibt, sie bewegt sich immer in Beziehung, sie sucht Distanzen aufzuheben, sie sucht Nähe herzustellen. Das gilt auch für das, was man stark verkürzend »Naturmystik« nennt: Hier wird die Einheit mit dem Grund aller Dinge gesucht, bis zur Einheit von Welt und Gott in der pantheistischen Spekulation. Die erfahrene Vielheit und Getrenntheit soll überwunden werden zugunsten von Einheit und Identität. Erlebbar soll das werden, was immer da ist, was den Grund der Welt bildet, auch und gerade, wenn es nicht erfahren wird: Gott in allen Dingen, Offenbarung des Seins in der Natur. Plötzlich leuchtet mitten im Alltäglichen etwas auf, das für den normalen Umgang mit den Dingen und für das gewöhnliche Bewußtsein nicht sichtbar war. Die inwendige Seite des Alltäglichen wird erlebt: im Erwachen zu den Dingen, in der Bekehrung zum Wesentlichen, in der Einsicht des Grundes. Schöpfungsschmerz und Schöpfungslust sind nicht voneinander zu trennen. Es gehört beides zum Menschen, der die mystische Liebe zur Erde und zu aller Lebendigkeit entdeckt und zu leben versucht. Die mystische Liebe wird aus Sehnsucht geboren, aus einer tiefen, unauslotbaren Sehnsucht, aus der Unruhe des Herzens, die man eines unverhofften Tages in sich spürt. Plötzlich erscheint alles in einem neuen Gewand, in einem anderen Licht, in einer ungewohnten Farbigkeit. Das Leuchten der Augen, die diese Schöpfung mit liebendem Blick anschauen, wird intensiver. Unmerklich zunächst, dann immer bewußter, durchmischen sich die Freude am Lebendigen und der Schmerz der Trauer. Die Wunden und Wunder der Schöpfung prägen sich tief ein und rufen ein nie zuvor gekanntes Verlangen hervor, die Abgründe überbrücken, die Wunden heilen, die Trennungen überwinden zu können. Man erlebt das Stöhnen der Erde, die Leiden der Schöpfung am eigenen Leib. Man wird durchdrungen von einem starken Gefühl der Freude, der unbändigen Zustimmung.

Mystik ist gar kein esoterisches Wissen, nur für wenige zugänglich, sie ist kommunikativ, kommunizierend mit allen Wesen und Wirklichkeiten. Die Geburt aus Schmerz und Lust hebt die Schwerfälligkeit auf, belebt den müden Mut, erfüllt mit einer Leichtigkeit, die alle Möglichkeiten aufweckt. Jeder Mensch hat in seinem inneren Alphabet diese Möglichkeit alltäglich-mystischer Erfahrung: die letzte Wirklichkeit als Feuer, als Leben. Viele Menschen aber lassen heute ihre inneren Dimensionen nicht zu Wort kommen, verdrängen sie in ihren Untergrund, werden berührungsscheu und verschlossen gegenüber allem wirklichen Schmerz und aller wirklichen Freude. Mystik ist das Erwachen zu tiefster Emotionalität.

»Kann mir einer sagen«, fragt Rainer Maria Rilke, »wohin ich mit meinem Leben reiche; Ob ich nicht auch noch im Sturm streichle und als Welle wohne im Teiche, und ob ich nicht selbst noch die blasse, bleiche, frühlingfrierende Birke bin?« Das ist die sympathisch empfindende Liebe zur Erde, die beseelt ist von Nähe, von Einswerdung mit dem Kosmos, die unterschiedslos alle Wesenheiten in sich birgt. Dieses Allgefühl ist keine nur beglückende Erfahrung, es ist auch das Erschrecken, die Bestürzung. Das Erschrecken darüber, das kostbar gehütete Ich, das man für so wertvoll gehalten hat, aufgehen zu sehen in einem unendlichen Meer, im Licht des Nichts. Es ist die Vision, bereits die Erlösung zu schauen, mitten aus der Begrenzung, aus dem Leiden, aus dem Mangel, der die Menschen selber sind. Diese Vision können wir Erleuchtung nennen oder Erlösung oder eschatologische Hoffnung. Aber wir müssen durch solche Begriffe hindurch wissen, was es wirklich bedeutet, ekstatisch zu werden und die Welt außerhalb ihrer selbst wahrzunehmen, als tanzenden, gebärenden Stern, voll der leuchtenden Wunder: ein Universum der Möglichkeiten. Der Weg zu solcher Erfahrung in all ihrer Ambivalenz jedoch führt durch die dunklen Nächte der Sinne und des Geistes, in denen man an der Gottesferne fast stirbt. Durch die Nächte abgründiger Verlorenheit und Verlassenheit. Durch die Nächte tiefster Depressionen. Durch die Nächte endloser Grübeleien, dumpfen Dahinlebens ohne Sinn und Verstand. Immer wieder *durch, trans*: Transparenz, Transzendenz. Ohne dieses *durch* erreicht niemand, der sich mystischer Erfahrung öffnet, das Licht am Ende des Tunnels.

Diese Reise wird aus dem Vertrauen heraus beendet, geborgen zu sein: »Dir kann nichts geschehen, auch wenn du sechs Klafter tief unter der Erde ruhst, dir kann nichts geschehen« (Ludwig Anzengruber). Das Erlebnis letzter Geborgenheit und Identität ist die Erfahrung, nicht nur für einen Augenblick lang eingetaucht zu sein in das Göttliche, sondern in den tiefsten Schichten der eigenen Existenz mit allen Wesen und Wirklichkeiten, die es gibt, zu kommunizieren. Das archaische Urvertrauen ist der eigentliche Grund, warum wir, obwohl wir uns – nach einem Wort Heinrich Bölls – auf dieser Erde nie ganz zu Hause fühlen, die Kommunion, die Einswerdung mit dem Kosmos erleben können. Es handelt sich dabei um ein immer wieder aufleuchtendes und doch auch für längere Zeit in einem Menschen untergehendes Erlebnis der Verbundenheit, ein Bewußtsein davon, nicht aus dem Schoß der Schöpfung herausfallen zu können.

Das ist die mystische Liebe zur Erde: die Hingabe an das *Alles*, das noch im Unscheinbarsten sichtbar wird, wie in jenem Kindervers von Reiner Kunze: »Das kleinste Vogelherz, das schlägt, wird nicht von Menschenhand bewegt.« Diese Hingabe geschieht nicht im Machen und Herstellen, ja nicht einmal im Bewußtsein. Sie ist das große Geschehenlassen und manchmal ein aufflackernder Gedanke: »Nichts kann uns scheiden von der Liebe Gottes, nichts kann uns zerstören, nichts kann uns die Wahrheit unseres Lebens nehmen. Alles gehört uns an, ist für, nicht gegen uns gedacht« (Dorothee Sölle).

Und doch ist und bleibt Mystik ein nicht-alltägliches, besonderes Phänomen: Sie sucht die alltäglichen Erfahrungen der Entfremdung und Unerlöstheit, des Getrenntseins von Gott und Welt, Mensch und Natur, Ich und All, Lebendigem und Unbelebtem, Zeit und Ewigkeit, Innen und Außen zu verwandeln. Sie zeigt uns den Menschen im Zustand der Gnade: dessen ansichtig zu werden, was ihn im tiefsten hält und bewegt. Gerade solche Polaritäten prägen die mystischen Erscheinungen, von denen hier Traum, Vision und Ekstase etwas näher untersucht werden sollen.

Traum, Vision, Ekstase

Tag und Nacht: der Traum

Die Erde kommt nicht nur einmal vor. In der ewigen Wiederkehr von Tag und Nacht spiegeln sich kosmische Gesetzmäßigkeiten, zeigt diese Welt ihre zwei Gesichter. Was uns am Tag unfaßbar scheint, eröffnet in der Nacht eine neue Seite. Was uns täglich vertraut und verläßlich erscheint, löst sich nächtlich wieder auf. Das alltägliche Bewußtsein sperrt sich dagegen, die eine Welt mit der anderen Welt in Berührung zu bringen, doch zeigt nicht erst die Tiefenpsychologie, sondern längst zuvor Mythos, Dichtung und religiöse Erfahrung, wie wenig sich Traumwelt und Tageslauf auseinanderhalten lassen. Alles, was uns am Tag begegnet, erscheint des Nachts noch einmal, nicht weniger real, aber doch ganz anders, freier, erschreckender, blühender. Denn die Weltanschauung des Tages hat den Traum der Nacht nur scheinbar vergessen.

Die Aufklärung hatte ein durchaus vitales Interesse an der Trennung und Unterscheidung dieser beiden Kontinente von Tag- und Nachtwelt. Sie mußte gespürt haben, daß durch die Verrückung der Tagwelt im Traum eine Wirklichkeit angezeigt wird, mit welcher die Ratio, die klare Tagesvernunft, sich nur schwer messen kann. Daß die Gegenbewegung der Romantik ein neues, vitales Interesse an allen Traumwelten von Mythos und Dichtung, religiöser Vision und Ekstase aufkommen ließ, entsprang keineswegs einem Zufall. Denn die Verabschiedung der Traumwelt in der Aufklärung war ein zu deutliches Indiz für noch ganz andere Verluste: für die Verdrängung des Eros, für die Absperrung der Lebensströme und der Fruchtbarkeit in der Mythologie, für den Frost, der die blühenden Bäume religiöser Erfahrung in der Natur überzogen hatte. Kein Zu-

fall auch, daß die umfassende Krise des mechanischen Weltbildes zu Beginn des 20. Jahrhunderts, die Krise von Physik,
Mathematik und Biologie, den Rationalismus der zweiten
Hälfte des 19. Jahrhunderts zu Grabe trug. Die Erschütterung
wissenschaftlicher und dann auch politischer Rationalität
führte zu einer ganz neuen Entdeckung der Traumwelt als
einer für den Alltag entscheidenden Wirklichkeit.

Schon diese knappen Hinweise auf das Spannungsgefüge
von Tag und Nacht, von rationaler Beherrschung der Tagwelt
und der inspirierten Wahrnehmung der Nacht zeigen, daß der
Traum als gemeinsame Wurzel von Mythos, Kunst und Religion angesehen werden kann, daß der Lebensfluß im Traum
noch lange strömt, auch wenn er am hellen Tag schon längst
rationalistisch ausgetrocknet wurde.

Hell und Dunkel: die Vision

Dem modernen Zeitgenossen, der im Alltag ganz aufgeht, ist
das Tageslicht hell genug. Dunkel ist ihm nur die Nacht und
der Abgrund seiner Traumwelt. Dem Seher jedoch, dem politischen und dichterischen wie religiösen Visionär ist der Tag
nicht hell genug und das, was vorhanden ist, zu dunkel, zu wenig erhellt. Er vermag jenes Licht zu sehen, das den Alltag als
bloße Nacht erscheinen läßt. Gregor der Große berichtet in
seinen Dialogen von einer Vision des Benedikt von Nursia:
»Er (Benedikt) stand am Fenster und betete zum allmächtigen
Gott. Während er so in frühester Stunde hinausblickte, sah er
plötzlich, wie sich ein Licht von oben her ergoß, die ganze Finsternis der Nacht verscheuchte und so hell aufleuchtete, daß
dies in der Finsternis strahlende Licht den Tag übertraf. Etwas
sehr Wunderbares war mit dieser Erscheinung verbunden: Es
wurde ihm nämlich, wie er später selbst erzählte, auch die
ganze Welt in einem einzigen Sonnenstrahl vereinigt vor Augen geführt.«

Wie die aufgehende Sonne die Nacht verdrängt, so die Vision das blasse Tageslicht. Aber Visionen greifen zumeist wei-

ter aus als zur Erhellung des Vorhandenen, sie greifen aus zu dem, was kommen wird und was uns als Göttliches von außerhalb unser selbst her umgreift. Solche mystischen Visionen sind nicht, wie oft angenommen wird, dunkel und verschwommen, sie lassen die Welt vielmehr in einem klaren Licht sehen, in scharfer, deutlicher Kontur. Sie ermöglichen ein Erlebnis der Einheit, der Synthese, der Symbiose mit allem Geschaffenen. Sie sind nicht nur rätselhafte und dunkle Dramatik, sondern helles und höchstes Erkennen – so klar, daß es schwer in Worte gefaßt werden kann –, abgehoben von der Schwierigkeit, die Träume zu Wort zu bringen, weil sie zu dunkel sind.

Auch dieser überhellen Welt mißtrauen die selbstbewußte Aufklärung und die gesicherte Orthodoxie. Während sich die europäische Aufklärung des frühen 17. Jahrhunderts in Frankreich nicht zuletzt an der scharfen Kritik der Visionen, Traumphänomene und Offenbarungen entzündete, verdrängten seit dem 18. Jahrhundert auch Kirche und Theologie die visionäre Erfahrung aus ihrem zugelassenen Vokabular. Die kirchliche Orthodoxie ging sogar so weit in der Übernahme der aufgeklärten Rationalität, daß sie die Visionen abdrängte – in den Untergrund volkskirchlicher Frömmigkeit.

Hier und Dort: die Ekstase

Wem die Heimat zu eng wird, verreist. Er wechselt den Ort, um ein anderer zu werden. Wem der Alltag zu nüchtern oder unerträglich anfordernd wird, sucht das Neue, den Rausch, die Reise in noch unbekannte Welten, die blühende Paradiese verheißen. Das Wort »Ekstase« (*ekstasis* = Herausstellung) meint ursprünglich eine Ortsveränderung, dann aber auch die Veränderung durch den Rausch, dem bekanntlich nicht nur Frauen im Dionysoskult, tanzende Derwische, Schamanen, urchristlich vom Pfingstereignis Bewegte verfielen, sondern die Mystiker und Dichter aller Zeiten. Solches Heraustreten aus der alltäglichen Welt verknüpft sich enger noch als Traum und Vision mit religiöser Deutung. Denn diese Reise in ein anderes Land wird meist als Berührung des Jenseitigen erfahren, das mächtiger, heller und freier gestaltet ist als diese enge Welt. Die Ekstase gefährdet die sichere Einrichtung gesellschaftlicher Normativität. In ihr öffnet sich der Mensch dem Geist, der die kollektive Alltäglichkeit durchbricht und zu unvorhergesehener Erfahrung führt. Mystik steht nicht umsonst kritisch zur verfaßten Institution der Kirche. Immer versucht die politische und kirchliche Orthodoxie solche Übertritte in nicht von ihr beherrschte Räume moralisch zu disqualifizieren.

Diese aphoristische Hinführung zu Traum, Vision und Ekstase hat jene Dimensionen der mystischen Erfahrung berührt, die uns im folgenden beschäftigen werden. Sie eröffnet die Frage, wie sich eine religiös aufgeklärte Vernunft zu den entweder individuell verdrängten oder gesellschaftlich abgedrängten Bereichen menschlicher Emotionalität verhält. Wir werden uns der Frage zuwenden, was diese Abspaltung des religiösen Bewußtseins von der träumenden Psyche, der visionären Mystik und der ekstatischen Erfahrung zu bedeuten hat: ob damit die Religion endlich zu sich selber gekommen ist oder ob sie sich bloß der dogmatischen Oberfläche und der gesellschaftlichen Übereinkunft angepaßt hat. Warum hat der christliche Gottes- und Schöpfungsglaube in der Neuzeit solch großen Widerstand aufgeboten, um seine Traumseite, seine visionäre Emotionalität und seinen mystischen Charakter überhaupt zu verdrängen?

Das denkende Rohr – der intuitive Mensch

D er Mensch ist nur ein sehr schwaches Rohr der Natur; aber er ist ein denkendes Rohr«, schreibt Blaise Pascal. Die beiden Brillengläser des 19. Jahrhunderts, wie Kurt Hildebrandt einmal die exakte naturwissenschaftliche Mechanik und die abstrakte rationale Logik genannt hat, haben uns ganz im Sinne des »denkenden Rohrs« zwar bis in die feinste Stofflichkeit der Natur hineinsehen lassen, uns aber gleichzeitig blind gemacht gegen die Natur, soweit sie sich nicht logisch oder mechanisch fassen läßt. Ihre äußere Struktur kennen wir wie keine Zeit vor uns, ihr Wesen ist uns so unkenntlich geworden wie kaum einer früheren Zeit.

Langsam versucht auch die Physik wieder Anschluß an die Metaphysik zu gewinnen, wenngleich noch sehr zaghaft und unsicher. Langsam bricht sich die Erkenntnis Bahn, daß das Objekt unserer Naturbetrachtung nicht die wirkliche Natur war, sondern eine »ersonnene Natur«, wie Goethe es einmal in seiner leidenschaftlichen Polemik gegen Newtons Farbenlehre genannt hat. Und welchen Weg hat diese objektive Naturforschung hinter sich!

Für die antike Menschheit ruhte die Erde im Mittelpunkt der Welt. Der Mensch war das wichtigste Lebewesen und »entsprach« als Mikrokosmos dem Makrokosmos. Nach dem ptolemäischen Weltbild, das bis zu Kopernikus für Europa maßgebend blieb, dachte man sich die Planeten und Fixsterne befestigt im Äquator beweglicher, sich umhüllender, durchsichtiger Kugelschalen, den Sphären. Beim Aneinander-Vorbeidrehen dieser Sphären vernahm das geistige Ohr die Sphärenmusik. Diese durchsichtigen Kugelschalen, die Aristoteles Kristallsphären genannt hat, bewegten sich um ihre, von einer rotierenden Sphäre getragenen Pole in gleichmäßiger 24stündiger Drehung um die Erde. Die innerste dieser Sphären war die des Mondes, die äußerste die der Fixsterne, die an der letzten Wölbung unbeweglich befestigt waren (daher ihr Name: *stellae fixae*). Die Planeten hingegen bewegten sich außer mit dem 24stündigen Lauf ihrer Sphären um die Erde noch um einen von ihrer Sphäre getragenen und fortgeführten Punkt in immer neuen Kreisen, den sogenannten Epizyklen. Ein außerordentlich kompliziertes System, das dem heutigen Menschen, der vor allem logisch denken, aber kaum mehr anschaulich sehen kann, schwer vorstellbar ist. Aber mit diesem komplizierten System gelang es den Anhängern dieses Weltbildes durch das Zusammensetzen der verschiedenen Sphärenbewegungen, die künftigen Planetenbewegungen bis auf geringe Fehler genausogut auszurechnen wie die späteren Kopernikaner.

Kopernikus hat die Erde und damit natürlich auch die Menschen aus dem Mittelpunkt der Welt gerissen. Dank Kepler, Galilei und Newton trat an die Stelle der Sphärenmusik die Himmelsmechanik, die die heliozentrische Kosmologie experimentell zu beweisen und logisch zu begründen suchte.

War für die antike Menschheit die Welt durch eine riesige durchsichtige Hohlkugel begrenzt, die alle Sphären umschloß, so lehrte Giordano Bruno den unbegrenzten Raum, den noch Platon leugnete. Diese Theorie ließ sich in der Maxime von der Unendlichkeit der Welt im unendlichen Raum zusammenfassen. Die Folge der von Bruno ins Grenzenlose erweiterten kopernikanischen Theorie mußte natürlich sein, daß die Erde im Kosmos zu einer belanglosen Winzigkeit zusammenschrumpfte und der Mensch auf ihr noch weniger bedeutet als ein Vogel im Petersdom. Vom Standpunkt der Logik und Mechanik aus ist es durchaus unbegreiflich, weshalb die Wissenschaft einem solchen Vogel überhaupt noch irgendwelchen Wert beimißt, außer dem, den er mit jedem anderen Vogel teilt.

Wurde die Erde mit der Unendlichkeit der Welt im unendlichen Raum ganz folgerichtig immer mehr zu einem Nichts und jeder besonderen Würde beraubt, so war sie natürlich im Ganzen ihres Sonnensystems erst recht belanglos, ohne Einwirkung auf die anderen Weltkörper und diese ohne Einwirkung auf sie. Nur die physikalische Wirkung der Sonnenstrahlen konnte nicht geleugnet werden. Aber schon der ihr zunächst seine Bahn laufende Mond war gänzlich einflußlos; selbst seine Einwirkung auf Ebbe und Flut wurde längere Zeit in Frage gestellt, obwohl Newton glaubte, sie exakt nachgewiesen zu haben. Einander fremd und jeder für sich rollen die Sterne, zwar in mathematisch bestimmbaren Bahnen, sonst aber stumm und gleichgültig durch das All.

Der antiken Welt waren die Einwirkungen der Planeten auf die Erde so selbstverständlich, daß sie sogar mit ihrer Einwirkung auf den einzelnen Menschen als einem Mikrokosmos im Makrokosmos rechnete. Diese Einflüsse zu beobachten und zu berechnen war die Aufgabe der Astrologie, auf welche die Astronomie bis heute nur mit Verachtung herabblickt. Dabei steht das heutige astronomische Weltbild gar nicht mehr so sicher auf den Beinen, wie die Durchschnittsastronomie uns Laien immer noch glauben machen will. Schon Albert Einsteins Relativitätstheorie kommt ihr sehr in die Quere, denn nach ihr sinken unsere Naturgesetze zu bloßen statistischen Gesetzen innerhalb eines bestimmt begrenzten Anwendungsgebietes herab, hätten also durchaus keinen absoluten oder ewigen, sondern nur noch einen relativen Wert. Wir ahnen jetzt eine ganz unerforschte Welt, die noch voller Rätsel ist und der wir ebenso stumm und einfältig gegenüberstehen wie ein eingeborener Wilder den Wirbeln Poincarés, den Wellen von Hertz, den Mikroben Pasteurs oder der Relativitätstheorie Einsteins.

Wir sehen, daß sich selbst auf Gebieten, die der Physik am ehesten zugänglich sind, mit Hilfe der Logik sozusagen alles beweisen läßt oder auch nichts, was dasselbe ist. Woher kommt das? Ein paar Gedankengänge aus Henri Bergsons »Einführung in die Metaphysik«, die jeder lesen sollte, der sich für solche Probleme interessiert, sagen das wohl am klarsten und eindeutigsten. Um einen Gegenstand zu erkennen, gibt es nur zwei Wege. Entweder geht man um ihn herum, um ihm von außen beizukommen, wie es die exakte analytische

Wissenschaft tut, oder man dringt mit Anstrengung der Ein-
bildungskraft, wie Bergson die Intuition nicht gerade glücklich
umschreibt, in ihn ein. Auf dem ersten Weg kann man den
Gegenstand nur relativ erkennen, nur auf dem zweiten Weg
ihn absolut erfassen. Auf dem ersten Weg kommt man zu
einer Summe, nur auf dem zweiten zu einer Ganzheit, um es
vereinfacht zu sagen. Deshalb sagt Bergson, Philosophieren
müsse darin bestehen, die gewohnte Richtung der Denkarbeit, die analytische, umzukehren zu dem, was er metaphysische Intuition nennt. Sonst gibt es überhaupt keine Erkenntnis des Wirklichen in seinem Wesen.

Rund vierhundert Jahre vor Bergson hat Nikolaus Krebs,
Schiffersohn aus Kues bei Trier, als berühmter Kardinal demselben Gedankengang sein Buch *De docta ignorantia* (Von der
Wissenschaft des Nichtwissens) gewidmet und als Mystiker
den Sachverhalt so zum Ausdruck gebracht: »Alle (intellektuelle) Erkenntnis ist ungewiß, denn sie besteht darin, das Unbekannte mit einem Bekannten zu vergleichen, welcher Vergleich nie ganz genau ausfallen kann.«

Selbstverständlich sagt Bergson nichts gegen den Wert der
Analyse und der Wissenschaft: »Man erhält nicht vor der
Wirklichkeit eine Intuition von dem, was sie an Innerstem besitzt, wenn man nicht ihr Zutrauen durch lange Kamerad-
schaft mit ihren nach außen gerichteten Offenbarungen gewonnen hat.« Aber die metaphysische Intuition, so Bergson
weiter, sei etwas anderes als die Synthese realer Kenntnisse.
Der alten Welt war die Intuition ein durchaus geläufiges Er-
kenntnismittel, dem wir uns heute weitgehend entfremdet haben. Nur *einem* Objekt gegenüber üben wir uns auch heute
noch in intuitiver Erkenntnis, nämlich gegenüber der Realität
unserer eigenen Person.

In der alten Welt bildete diese Wahrnehmung der eigenen
Person einen wichtigen Weg zu aller Welterkenntnis, da ja der
Mensch als die kleine Welt (Mikrokosmos) der großen (Ma-
krokosmos) entsprach. Die Künstler und Mystiker aller Zei-
ten sind diesen Weg gegangen. Leonardo da Vinci nennt den
Menschen das Modell der Welt, Novalis die Analogiequelle

für das Weltall, Paracelsus sagt: »Der Philosophus findet nichts anderes im Himmel und in der Erde, denn was er im Menschen auch findet, und der Arzt findet nichts im Menschen, denn was Himmel und Erde auch haben.« Und der weise Lao-tse lehrt im »Tao Te king«:

»Ohne aus der Tür zu gehen,
Kann man die Welt erkennen.
Ohne aus dem Fenster zu blicken,
Kann man des Himmels Sinn erschauen.
Je weiter einer hinausgeht,
Desto weniger wird sein Erkennen.
Also auch der Berufene:
Er wandert nicht und kommt doch ans Ziel.
Er sieht sich nicht um und vermag doch zu benennen.
Er handelt nicht und bringt doch zur Vollendung.«

Die philosophischen Ansichten Bergsons beruhen auf uralten Einsichten. Nur kleiden sie sich als Kinder des ausgehenden 19. Jahrhunderts, ob sie wollen oder nicht, in unsere Begriffssprache, so wie sich die Einsichten der alten Welt in die Sprache der Bilder kleideten. Sie ist besonders lebendig und daher für die Wiedergabe intuitiver Erkenntnisse angemessener. Wer aus der Rationalität des 19. Jahrhunderts kommt (erst recht, wer die Fatalitäten der Naturwissenschaft des 20. Jahrhunderts erlebt hat), versteht die Kraft intuitiver Erkenntnis nicht mehr ohne weiteres; sie ist ihm nicht mehr zugänglich. Diese Rationalität des 19. Jahrhunderts prägt unsere Geisteshaltung so nachhaltig, daß wir uns kaum daraus zu befreien vermögen. Dazu ein geradezu klassisches Beispiel.

Als Friedrich Schiller zum erstenmal mit Johann Wolfgang von Goethe zusammentraf, war er auf ein Gespräch über Kunst und Dichtung gefaßt. Statt dessen unterhielt sich Goethe mit ihm über die Metamorphose der Pflanzen, die ihm bei seiner Beschäftigung mit den Naturwissenschaften intuitiv aufgegangen und von der er so besessen war, daß er über etwas anderes einfach nicht sprechen konnte. Schiller bemerkte dann: »Das ist keine Erfahrung, Herr Geheimrat, das ist eine Idee.« Worauf Goethe antwortete: »Herr Hofrat, das freut mich eben, daß ich solche Ideen habe.«

Die beiden Sätze sind für beide Männer gleich bezeichnend. Schiller, der Kantianer und aufgeklärte Denker, glaubte damit das Wesentliche an Goethes Auseinandersetzung erfaßt und durch seinen Einwand aus dem Bereich des erkennbar Wirklichen verwiesen zu haben. Goethe, der in reiferen Jahren um philosophische Systematik gern einen weiten Bogen machte, Goethe, der Empiriker, wußte dem Einwurf nicht anders zu begegnen als dadurch, daß er das letzte Wort aufgriff und ins Witzige wandte, um nicht bei der ersten persönlichen Begegnung unhöflich zu werden. Er redete eine Sprache, die Schiller mißverstand, wie Goethe aus dem Einwurf sofort klar wurde. Es war auch gar nicht möglich, daß sich beide auf diesem Gebiet sofort verstehen konnten, denn Goethe ging von dem Erlebnis seiner Intuition aus, Schiller aber von den Erfahrungen der Analyse. Für Schiller war nur wirklich, was innerhalb der analytischen Methode denkbar ist. Für Goethe dagegen war intuitives Erleben in solchem Maße Wirklichkeit, daß er, wie wir wissen, auf Grund dieser Intuition lange Zeit nach der Urpflanze suchte, als könne er ihr irgendwo in der Formenwelt der irdischen Flora begegnen. Was Goethe suchte, war das Urbild der Pflanze überhaupt, von dem die irdischen Pflanzen Abbilder sind.

Es ist gar nichts dagegen zu sagen, wenn sich Analytiker auf die Welt der Erscheinungen beschränken. Aber es widerspricht der Empirie von Jahrtausenden, wenn sie deswegen die metaphysische oder mystische Wirklichkeit leugnen. Der Abgrund zwischen diesen beiden Wirklichkeiten wurde erst durch das Begriffsdenken künstlich errichtet, ist also weder natürlich noch naturgegeben. Nicht einmal das gewöhnliche logische Denken ist ganz ohne metaphysische Realität möglich. Daß beim Nachdenken nicht wir etwas tun, sondern uns etwas einfallen muß, wird uns häufig nicht klar.

Für viele Menschen heute, die der Logik verhaftet sind, bleiben nur noch Begriffe ohne weiteres sagbar, Bilder aber nicht mehr. Mystische Erkenntnis, mystische Sprache sind jedoch ohne Bilder überhaupt nicht vorstellbar. Das erkennende Bewußtsein teilt sich in Gedanken mit, das schauende Bewußtsein in Bildern. Wir erleben das alle noch mehr oder weniger häufig und deutlich in Träumen, ohne uns weiter darüber zu wundern. Wir wundern uns erst, wenn wir – wach werden. Versucht ein heutiger Durchschnittsmensch, sich anders als durch Begriffe mitzuteilen, so kommt dabei bestenfalls eine Allegorie heraus, selten ein Symbol. Wo ein solches lebendig wird, ist nicht der erkennende Mensch tätig, sondern der schauende, nicht der rationale Denker, sondern der intuitiv begabte. Denn als denkendes Rohr bleibt der Mensch ja immer noch ein sehr schwaches Rohr der Natur.

Seele und Vernunft

Die emotionale Dimension der mystischen Liebe zur Erde ist nicht zu erschließen ohne eine Wahrnehmung des vielbeschworenen Gegensatzes zwischen Denken und Erfahrung, Intellekt und Intuition, Scholastik und Mystik, Wissen und Weisheit, Rationalität und Emotionalität. Alle diese Begriffspaare weisen auf ein Grundproblem der menschlichen Einstellung zur Natur, das seine historischen Wurzeln bereits im Mittelalter erkennbar werden läßt. Die zwei wichtigsten Elemente der mittelalterlichen Geistesstruktur sind die mystisch-intuitive und scholastisch-rationalistische Einstellung. Das mittelalterliche Lebensgefühl und Denken ist ganz von der Spannung bestimmt, die hier – etwas vereinfacht – als »Scholastik« und als »Mystik« gekennzeichnet werden soll, die sich in einem Gegensatz zueinander befinden, manchmal auch zu scheinbarer Harmonie durchdringen oder sogar zu einer wirklich harmonischen Verbindung ineinanderfließen.

Schauen wir uns diesen Gegensatz etwas genauer an. Die mittelalterliche Mystik sucht nach einer freien Entfaltung des Gefühls, das sich durch logische Reflexionen keine Einschränkungen gefallen läßt. Sie ist wesentlich irrational und achtet nur wenig auf die begriffliche Verständigung innerhalb eines Denkprozesses oder eines argumentativ ausgetragenen Diskurses. Um die Überbrückung des schmerzlich empfundenen Abgrunds zwischen dem transzendenten und dem realen Sein zu erleben, sehnt sich der Mystiker nach Erfahrungs- und Erlebnisformen: Traum, Vision und Ekstase führen zum Eingehen des Individuums in den Grund der Welt. In dieser Emotionalität der Erfahrung drängt sich die Existenz des Menschen in ein einziges großes Gefühl zusammen: in das Gefühl, Gott nahezukommen.

Das Denken der Scholastik bemüht sich dagegen um Befreiung von irrationalen Einstellungen. Die inneren Gefühle spielen für den Scholastiker eine geringere Rolle: Er strebt vor allem nach einer scharfen begrifflichen Prägung seines Denkens, das nicht von der intuitiven Erkenntnis unmittelbaren seelischen Erlebens bestimmt ist, sondern von sich allmählich aufbauender Reflexion. Er braucht nicht an einen individuell erfühlten Schöpfer gebunden zu sein, sondern zielt auf das Kollektivprodukt vieler Generationen und großer Denkgemeinschaften. Der Scholastiker geht streng von Frage und Gegenfrage aus, um den Gedanken in seine Bestandteile zu zerlegen und auf dem beschwerlichen, aber deutlich markierten Umweg über Axiome, Folgerungen, Schlüsse und Beweise zu einem Ergebnis zu kommen, das sein Verstand akzeptieren kann.

Während also der Mystiker nach der einheitlichen Schau in seinem inneren Erleben strebt, versucht der Scholastiker mit den Mitteln der formalen Logik die Erkenntnisobjekte zu analysieren und in den feststehenden Grundplan seines übersichtlich geordneten Weltbildes einzufügen.

Anselm von Canterbury, Hugo und Richard von St. Viktor, Bonaventura, Albertus Magnus und Thomas von Aquin suchen diese beiden verschiedenen Geisteshaltungen des mittelalterlichen Denkens miteinander zu vereinigen. Wenn auch eine der beiden Richtungen gewöhnlich die überwiegende ist, so werden doch auch die Elemente der anderen geschickt in den Gesamtbau eingefügt. Typisch dafür ist das Denken des Thomas von Aquin, des Scholastikers schlechthin, der trotz einer scholastischen Grundhaltung wesentliche Forderungen der Mystik berücksichtigt. Und auch ein so ausgesprochener Mystiker wie Meister Eckhart ist in seinen lateinischen Schriften sehr oft scholastisch orientiert.

Diese Möglichkeit einer Verbindung der mystischen und scholastischen Elemente innerhalb der mittelalterlichen Kultur beruht darauf, daß beide Strömungen – trotz der Gegensätzlichkeit ihrer seelischen Motive – in gleicher Richtung fließen: Bei beiden überwiegt das Bestreben, zunächst der Gewißheit der inneren Erfahrung oder Reflexion zu vertrauen. Zwar erkennt der Mystiker die Wurzeln seines Verlangens nach Gewißheit in den tiefen Kräften seiner Seele, der Scholastiker in einer bewußten Arbeit seiner natürlichen Vernunft, aber sie gehen doch von der gleichen, ihnen selbst unbewußten Voraussetzung aus. Sie verzichten auf eine Beeinflussung ihrer Erkenntnisarbeit durch Anschauung der »Welt der äußeren Tatsachen«. Wenn das Denken letztlich von aller Empirie frei ist, so ist auch das gedachte Sein davon unberührt. Nicht der Welt mit ihren realen Problemen wendet sich das mittelalterliche Denken mit gespannter Aufmerksamkeit zu, sondern es sucht die Kommunikation mit den Sphären des Transzendenten.

Deshalb ist auch das, was der neuzeitliche Mensch »real« nennt, im mittelalterlichen Denken kein wirkliches, wesenhaftes Sein, sondern »real« ist nur der Begriff der Sache, um die es geht. Die Welt ist die Widerspiegelung eines wirklichen Seins, und jedes Ding bekommt eine transzendente Beziehung auf das *ens realissimum*. Während die Mystik nach einer engen Verbindung zwischen göttlichem und irdischem Sein drängt, muß die mehr dualistisch ausgerichtete Scholastik eine Verschiedenheit verlangen zwischen dem, was erdacht, und dem, was erlebt wird. An diesem Punkt entstehen die Konflikte zwischen Nominalismus und Realismus, Theologie und Philosophie, Mystik und Scholastik.

Das Moment des Erlebens, des Gefühls im mystischen Erkennen spielt eine große Rolle, und so wird auch der Gegensatz zwischen dem göttlichen Urgrund und der irdischen Welt stark empfunden. Das Sakrament des Abendmahls wird der gewaltigste und in den breiten Massen wirksamste Ausdruck der neuen Mystik des Erlebens: Hier wird die Verbindung eines unbegreiflichen transzendenten Seins mit der Materie möglich, so daß Geist und Fleisch eins werden. Ebenso wie die Ekstase, in der die Vereinigung des Menschen mit dem göttlichen Grund ersehnt wird, innerhalb der Mystik eine unschätzbar wichtige Rolle spielt, so wird auch das Mysterium der Verwandlung zum eigentlichen Zentrum des Gottesdienstes.

Nüchternes, kritisches Denken setzt in der romanischen

Epoche ein; so empfiehlt beispielsweise Berengar von Tours ein rationalistisches Philosophieren und warnt vor jedem Mystizismus. Schärfere Ausprägung erfährt diese scholastische Richtung durch Anselm von Canterbury, bei dem die Tendenz offen hervortritt, theologische Wahrheiten philosophisch zu begründen. Und Abälards kühle Reflexion schafft den späteren Scholastikern das Schema, in welches das immer mehr erstarkende scholastische Erkennen zum Schutz gegen mystische Verflüchtigung eingepreßt wird und sich gegen jede emotionale, mystische Verdichtung immunisiert. Denjenigen Denkern, denen die Verbindung von Mystik und Scholastik nicht mehr so glückt, wie beispielsweise Anselm von Canterbury, und die zu einer einseitigen Ausbildung der rationalistischen Denkarbeit neigen, schaffen damit eine scharfe – und für das scholastische Denken typische – Ausbildung der dualistischen Weltsicht; sie bereiten die spätere Trennung von Glauben und Wissen wirksam vor. Ihnen fehlt völlig das mystische Erlebnis einer unmittelbaren Nähe Gottes. Offenbarungen und Erlösungswunder werden durch Vernunftschlüsse zu stützen gesucht. So verschwindet in dieser Richtung allmählich jedes platonisch-mystische Erleben zugunsten eines aristotelisch klaren Denkens. Nur die Mystik sucht weiterhin nach einer Vereinigung von Gott und Welt. Nur die Mystik führt später zur Naturphilosophie der Renaissance: Die meisten der naturphilosophischen Anschauungen des Mittelalters und der Renaissance entstehen nicht auf dem Boden der ins Abstrakte zielenden und dualistisch denkenden Scholastik, sondern auf der Grundlage einer emotionalen Mystik, die den Dualismus im Erleben aufzuheben sucht.

Bei der Zerstörung des mittelalterlichen Weltbildes zeigen die beiden Grundströmungen des Denkens eine verschieden starke Widerstandskraft. Während die Scholastik infolge ihrer rationalistischen Fundierung fast vollkommen zusammenbricht, erfährt die Mystik durch die ursprüngliche Kraft ihrer seelischen Motive immer wieder neue Aufschwünge. Sie zeigt die Fähigkeit, sich mit kabbalistischen und insbesondere mit arabischen Elementen zu verknüpfen. Mit der Zerstörung der Scholastik in der Renaissance und Reformation brechen alle beengenden Schranken, so daß die mystische Richtung ungehindert in die Renaissance hineinströmen kann. Der Höhepunkt dieser Entwicklung ist erst im 15. und 16. Jahrhundert zu erkennen und wird vor allem durch Nikolaus von Kues, Paracelsus und Giordano Bruno bestimmt.

Weltflucht oder Hingabe an die Welt?

Die Welt der Mystik ist eine Welt der Träume, oder besser: eine Welt nicht bewußt gesteuerter Wahrnehmungen, jenseits der Rationalität, jenseits auch des berechnend-kalkulierenden Zugriffs auf die Welt. Die Mystik vertraut auf die »eigene Erkenntnisquelle« einer vom Seelischen bestimmten Wirklichkeit, die Herkunft und Zukunft zu einer »inneren Gegenwart« zusammenfaßt. Sie ist das nicht-aktive, geschehenlassende Moment der Weisheit, das verhindert, unser eigenes Wort für Gottes Wort, unser Nichtwissen für Allwissenheit zu halten. Sie begegnet dem Schweigen Gottes mit dem eigenen Schweigen, mit der Versenkung in Innenbezirke der Erfahrung, die an sich selber geschehen läßt, was ihr widerfährt. Natürlich stehen die mystischen Elemente der weisheitlichen Suche in der Gefahr der Flucht in vernunftlose Tiefe oder jener fragwürdigen Mythisierung der Realität, die das Leiden der Menschen durch mythische Identifikationen der humanen Verantwortung entzieht und dem bloßen ästhetischen Schein ausliefert. Mystische Welterfahrung, das Erlebnis der die Natur, das Leben bestimmenden Kräfte, ist symbolisch und poetisch wie die Maxime Goethes: »Poesie deutet auf die Geheimnisse der Natur und sucht sie durchs Bild zu lösen.« Die gleiche Funktion hat die Mystik in der Religion: Sie versucht, sich die Geheimnisse der Natur zu eigen zu machen, sie nicht zu ergründen oder zu erforschen, sondern sie in sich selber wirken zu lassen – in gelassenem Vertrauen, daß die Bilder ihre lösende, ja erlösende Aufgabe wahrnehmen, alles das zu entbinden nämlich, was das Bewußtsein gefangensetzt und -hält.

Die Mystik wird weithin als Weltflucht derer verstanden, die den Boden der Wirklichkeit unter den Füßen verloren und sich in eine erträumte Welt zurückgezogen haben, wo sie sich in eigensüchtiger Weise in ihrer Isoliertheit verschließen. An diesem Vorwurf ist wahr, daß alle wirkliche Mystik mit einem »Sich-Verschließen« gegenüber der Welt beginnt, daß sie den Menschen aus der bunten Vielfalt des täglichen Lebens zurückführt in die verborgenen Abgründe der Psyche. Und doch ist die angezielte Entfremdung gegenüber der Welt bei den allermeisten Mystikern kein dauerndes und absolutes, sondern nur ein vorübergehendes und relatives Phänomen. Andernfalls hätte es auch absolut keinen Sinn, von einer »mystischen Liebe zur Erde« zu sprechen. Die Weltabkehr ist nur eine Phase auf dem Weg zur Begegnung mit dem Göttlichen. Sie ist allerdings nötig, weil nur die Abgeschiedenheit vom Lärm der äußeren Welt, die Loslösung der Verhaftung im eigenen Ich, die Gelassenheit jene Voraussetzungen für die Hingabe an das Göttliche schaffen, ohne die Mystik völlig undenkbar wäre. Doch authentische Mystik bleibt nicht in der Isolierung und Vereinzelung, in der Passivität und Abgeschiedenheit; sie findet im Gegenteil aus dem Erleben Gottes einen neuen Zugang zur Erde und zum Menschen, sie empfängt aus der *Unio mystica* und auch schon auf dem Weg dorthin Impulse zu einer neuen Bejahung des Kosmos.

Ein Mißverständnis legt sich nahe: daß Mystik aus ihrer inneren Anlage und Entwicklung heraus eher duldet als kritisch unterscheidet, eher quietistisch-beruhigend als aktivistisch-verändernd ist. Doch viele Mystikerinnen und Mystiker erkennen gerade aus ihrer meditativen Vertiefung Besitz- und Machtstrukturen mit besonderer Schärfe. Das gilt für die christliche und islamische Religion ebenso wie für die hinduistische (Mahatma Gandhi, Sri Aurobindo), für die Zeit des Mittelalters und der Renaissance (Franziskus von Assisi, Teresa von Avila, Johannes vom Kreuz) ebenso wie für die Neuzeit, in der die alten scheinbaren Gegensätze zwischen Mystik und Politik (Johann Baptist Metz), Kampf und Kontemplation (Roger Schutz) oder Hin- und Rückreise (Dorothee Sölle) zu überwinden versucht werden. Gesellschaftskritik und politische Relevanz können durchaus mystisch motiviert sein (Thomas Merton, Dag Hammarskjöld, Ernesto Cardenal). Mystik ist eine besondere Realitätserfahrung, die gesellschaftliche und politische Wirklichkeit klarer erkennen und beurteilen hilft.

Dieser Drang von der *vita contemplativa* zur *vita activa* – die als Komplemente, nicht als Gegensätze zu sehen sind – ist in der christlichen Mystik besonders ausgeprägt, beschränkt sich allerdings keineswegs auf sie. Die großen Mystiker des östlichen, mittleren und westlichen Asien haben diesen Weg aus der Stille in die Welt ebenfalls beschritten, wenn auch in verschiedener Weise. Schon die Vermittlung mystischer Erfahrung erfordert Aufgeschlossenheit für die Menschen in der Welt. Vier charakteristische Beispiele können diese verschiedenen Wege aufzeigen, auf denen die Mystiker in die Welt zurückgefunden haben: das *Wu-wei* (»Nicht-Tun«) Lao-tses als sozialethisches Prinzip; die *bhakti* (»glaubende und liebende Hingabe an Gott«) der Bhagavadgîtâ, das universale Mitleiden des Buddha und die Gottesliebe der persischen Sûfî als Prinzip einer universalen ästhetischen Liebe zur Erde.

Philosophische Orientierungen

Bevor sich dieses Buch ganz der mystischen Hinwendung zu Natur und Schöpfung widmet, sollen wenigstens ein paar Hinweise andeuten, wie es mit der großen Schwester der Mystik, der Philosophie, weitergeht. Die Philosophie nimmt immer wieder mystische Impulse auf und befruchtet mit ihnen ihre Denk- und Erkenntnisprozesse. Viele Mystiker sind philosophisch wach und bedeutsam, viele Philosophen lassen sich inspirieren von der Weisheit der Mystik.

Spekulativer Tiefsinn und Ideenreichtum sind die herausragenden Eigenschaften jener die Natur denkenden Philosophie, die in Deutschland heimisch wurde. Vielleicht könnte man die Deutschen als das am meisten metaphysisch veranlagte Volk der Neuzeit bezeichnen, das, philosophisch gesehen, in der Moderne ungefähr dieselbe Rolle spielte wie die Griechen in der Antike. Die Gestalt des Faust im 16. Jahrhundert wurde nicht zuletzt in der Dichtung Goethes zum Symbol des am Übergang vom Mittelalter zur Neuzeit um Erkenntnis und Macht kämpfenden Geistes. Den Magier, der, umgeben von einer phantasiebegabten Schülerschar, die Naturrätsel beobachtet, auf übernatürliche Hilfe hoffend und von einer verzehrenden Sehnsucht nach Wissen getrieben, kann man in den verschiedensten Philosophen wie Paracelsus von Hohenheim, Agrippa von Nettesheim und anderen wiedererkennen. Man kann sich diese Gestalt nur schwer aus der Atmosphäre der Renaissance sowie überhaupt aus dem Land Luthers und Dürers wegdenken und in ein anderes nördlicheres oder südlicheres Land versetzt vorstellen. Jene seltsame Mischung von Qual und Glück gedanklicher Arbeit bei aller Größe der metaphysischen Konzeption enthält einen typisch deutschen Zug, ähnlich der schwer analysierbaren grüblerischen Kontemplation eines Richard Wagner, Friedrich Nietzsche oder

Arthur Schopenhauer, mit einem deutlich ausgeprägten Hang zur Ideologie und zum Verlorensein in die Betrachtung der Weltmöglichkeiten, das von klarem Blick und zielbewußtem Handeln oft weit entfernt ist. Bis zur Weltmüdigkeit können diese düsteren Spekulationen mitunter führen, verknüpft mit dem Pessimismus der schwerflüssigen deutschen Philosophie. Doch dagegen lassen sich auch andere Beobachtungen kontrapunktisch setzen, von denen hier ausführlich die Rede sein soll: Der Panharmonismus eines Paracelsus, Agrippa, Leibniz beweist das Gegenteil, auch das Naturdenken Goethes. Sie haben ein Moment diesseitiger, instruktiver Kraft des Glaubens an die gute Ordnung der Welt und der Entwicklung des Menschen in die Denkweise der Philosophie hineingetragen.

Vom Augenblick ihres Entstehens an hat die englische Philosophie einen ausgesprochen metaphysikfeindlichen Zug, der die englischen Denker lange vor David Hume von der spekulativen Ergründung des Weltsinns hinweggeführt hat zu utilitaristischen, positivistischen und pragmatischen Einstellungen, vermittelt mit der aufs praktische Handeln gerichteten Mentalität des englischen Seefahrer- und Kaufmannsgeists. In England und auch in Amerika erscheinen metaphysische Kontemplation und Naturmystik als geistiger Luxus, dem Existenzberechtigung abzusprechen ist. Auch die französische Philosophie ist von einer naturbezogenen Mystik weit entfernt, jedenfalls nach Descartes und Malebranche, den beiden großen französischen Rationalisten des 17. Jahrhunderts. Seit Voltaire ist die wechselseitige Beeinflussung zwischen der englischen und französischen Philosophie ununterbrochen lebendig; sie reichte über Comte, Mill und Spencer bis weit in die zweite Hälfte des 19. Jahrhunderts hinein und bewirkte eine Annäherung des französischen Typus von Philosophie an den englischen, während die deutsche Philosophie bis zum Tod Hegels 1831 im europäischen Kontext ziemlich isoliert dastand.

In Deutschland können wir von einer Tradition des naturspekulativen Denkens sprechen, die wir von Leibniz, Jakob Böhme, Paracelsus, Nikolaus von Kues bis zu Meister Eckhart zurückverfolgen können und die immer Elemente mystischer Erfahrung in sich integriert hat. Erst mit der Aufklärung wurde eine Traditionslinie unterbrochen, in der Philosophie und Religion eine starke Verbindung eingegangen waren. Die nahe Verwandtschaft von Philosophie und Religion war bei den erwähnten Gestalten ebenso da wie bei Schelling und Hegel, Novalis, Franz von Baader und Friedrich Schleiermacher. Die Kultur des religiösen Lebens und der Mystik erhält von der Philosophie her denkerische Tiefe bis hin zur Synthese, wie sie zum Beispiel bei Goethe und Schleiermacher in ihrem pantheistischen Abhängigkeitsgefühl von einer transsubjektiven Naturmacht der Fall ist.

Deutschland ist das Land der Religionskämpfe, die religiösen Innovationen haben sich mit tiefen seelischen Erschütterungen verbunden, und aus diesem explosiven Untergrund artikulieren sich immer wieder mystische Strömungen. Während sich in England die Reformation mehr in Form eines politischen Aktes vollzog, der verhältnismäßig kurz und schmerzlos vorüberging und die Kirche des Landes mit einem Schlag umformte, das französische Volk, das noch im 16. Jahrhundert seine Hugenottenkriege erlebt hatte, sich im 17. und 18. Jahrhundert vom Religiösen überhaupt ab- und einer stark skeptischen Einstellung seines Denkens und Fühlens zuwandte, hat Deutschland den ganzen Schmerz um die *Confessio Augustana* jahrhundertelang durchlebt. Diese religiösen Erosionen beeinflussen die deutsche Psyche ebenso wie die politischen Erschütterungen. Der typische Deutsche ist nicht zuletzt auf Grund solcher Erfahrungen im tiefsten Wesen ein Mensch der Phantasie (man kann auch sagen: der Unzufriedenheit), der Zerrissenheit, der seelischen Weichheit, der Romantik, den die Wirklichkeit immer enttäuscht. Auf diesem Boden von Traum und Sage erhält die mystische Liebe zur Erde immer wieder neue Nahrung.

In der deutschen Philosophie ist also eine gewisse Abkehr vom Irdischen ebenso erkennbar wie das Verlangen, die aufgebrochenen Abgründe zur Einheit mit der Natur zu überwinden. Der Theismus hat sich in der deutschen Geistesgeschichte länger gehalten als in anderen Ländern, in Luthers und des ganzen 16. Jahrhunderts Angst vor dem Teufel, im »Riesenkampf der Pflicht« noch, den uns die Ethik Kants auferlegt, um die wilden Naturtriebe zu bändigen, im sehnsüchtigen Blick nach dem Himmel, wohl auch im Pessimismus und Nihilismus des 19. Jahrhunderts, dieser wenig erfreulichen, aber originalen Leistung der deutschen Philosophie, in der die Welt durchweg als unselig und heillos empfunden wird. Ein Erschrecken über die Vehemenz, mit der der Strom der Wirklichkeit über die Seele hereinbricht, scheint ein Grundzug der philosophischen Gemütsverfassung vieler deutscher Denker zu sein, zum Beispiel Schiller, Hölderlin, Novalis, Wackenroder, Eichendorff. Die seelische Sehnsucht nach unbedingter Einheit mit der Natur, geboren aus einem Gefühl des Nichtgenügens an der Welt, wie sie ist, hat diese Philosophie diktiert, metaphysisch (Leibniz und Hegel), religiös (Mystik des 13./14. und Romantik des 19. Jahrhunderts), moralphilosophisch (Kant und Fichte), geschichts- und kulturphilosophisch (Idealismus seit Winckelmann und Herder). Sie hat diesen charakteristischen, nachdenklichen Blick für mögliche Welten, unter denen eine (aber nicht immer die wirkliche) die beste ist, bald energisch wie im Marxismus, dann wieder zweifelnd oder gar verzweifelnd. Anders als die im angelsächsischen Raum zu beobachtende Hingabe an die Welt des Tatsächlichen ist die Voraussetzung der deutschen Philosophie ein eigentümliches Verlangen nach Überwindung von Gegensätzen, nach Utopien, nach Einheit des Systems und des Denkens.

Metaphysische Elemente lassen sich vorphilosophisch bereits im Minnesang und höfischen Epos erkennen, wie bei Wolfram von Eschenbach mit seiner christlichen Weltflucht und Erlösungssehnsucht in der Gralsmystik. Aus diesen Quellen in Verbindung mit dem übernationalen universalen Denken der Scholastik entsteht die mystische Philosophie, das Gegenstück zum literarischen Höhepunkt des Mittelalters, dem Minnesang. Hier kommt die geschilderte spekulative und ethisch-religiöse Veranlagung des deutschen Denkens erstmalig zum vollen Ausdruck, während erst die Aufklärung des 17.

und 18. Jahrhunderts eine von der mystischen Erlebnisweise grundsätzlich verschiedene geistige Haltung in das philosophische Denken der Deutschen hineinträgt.

Geht man noch weiter zurück in der Geistesgeschichte, und zwar bis zum siebten Jahrhundert, der Entstehungszeit der altdeutschen Heldensage, können wir ohne Mühe eine merkwürdige Allianz von Dichtung und Philosophie beobachten, die in der Mythologie einen universalen Ausdruck findet – ganz wie im antiken Griechenland der Vorsokratiker. Es wäre sicherlich eine reizvolle Aufgabe, die spekulativen Elemente in den Göttergestalten von Walhalla herauszuarbeiten und eine Philosophie der Edda oder des Nibelungenliedes zu schreiben. Die althochdeutsche und altnordische Theogonie und Kosmogonie, die Fülle der Sagen sowie vor allem der düster-visionäre Weltbrandmythos, der sich bei den Griechen nicht findet und dem das Erlebnis nordischer Naturereignisse (Heide- und Waldbrände) zugrunde zu liegen scheint, böten sicherlich interessantes und originelles Material genug zu einer solchen Konstruktion.

Doch bleiben wir beim Naturdenken, das im Herzen des alten Europa um die Wende des 16. und 17. Jahrhunderts aufblüht, als in Italien die Renaissancephilosophie in Bruno ihre definitive Gestalt erhält, beim Paracelsismus sowie der Theosophie von Franck, Schwenckfeld, Weigel, Böhme, die für deutsches Denken außerordentlich charakteristisch sind. Sicherlich können diese ins Magische und Mystische hinübergleitenden Formen von Philosophie, was die Strenge der Gedanken anlangt, nicht mit der philosophischen Wucht und Systematik eines Bacon und Descartes, die kurz darauf entstehen, gleichgesetzt werden. Später, wenn die deutsche Philosophie in den internationalen Zug des Aufklärungsdenkens einbiegt, scheint ihr diese Frische der Naturmystik genommen. Die Wurzeln der mystischen Liebe zur Erde im alten Europa liegen in der eigenwilligen Form der spekulativen niederrheinischen Mystik des ausgehenden Mittelalters, die von der Kirche als häretisch empfunden wurde, sowie in der skeptischen Kritik des Nikolaus von Kues am Rationalismus der Scholastik. Aber auch der Humanismus der Renaissance, der das Studium der Griechen, des Plato und des Aristoteles, aber auch der Kabbala nach Deutschland trägt, wird positiv in der Naturphilosophie des Paracelsus und seiner zahllosen Nachfolger sichtbar, wenn die Theosophie des 16. Jahrhunderts sich auch im religiösen wie philosophisch schöpferischen Protest gegen die Verweltlichung der im heiteren Süden entstandenen Renaissancekultur artikuliert.

ZWEITER TEIL

Die Morgenröte des Ostens

Der Mensch bildet sich nach der Erde;
Die Erde bildet sich nach dem Himmel;
Der Himmel bildet sich nach dem Tao;
Das Tao bildet sich nach der Natur.

LAO-TSE

Die Seele des Menschen sehnt sich danach, zu Gott oder zu ihrem Ursprung zurückzukehren – es ist eine Art Suche nach der Heimat. Darum ist allen großen Religionen der Gedanke eines Goldenen Zeitalters gemeinsam, der sich häufig mit politischen Visionen verknüpft. Die phantasiebegabten Dichter, Philosophen und Mystiker haben das Land des Goldenen Zeitalters als nicht von dieser Welt, sondern als etwas Geistiges dargestellt. Es ist vor allem ein Land, wo es keinen Unterschied zwischen Göttern und Menschen gibt. Für diejenigen, die der Phantasie mißtrauen und keine Gleichnisse aus der sinnlichen Welt nötig haben, ist es das Meer des Geistes, in dem sich die Seele auflöst. Es ist die Ewigkeit, die Unendlichkeit, das Absolute, und es geht über alle Schöpfung, über die Sterblichkeit und über die Vernunft hinaus. Dort ist das Böse für immer gebannt, dort gibt es keinen Tod, dort sind alle Menschen Brüder und Schwestern in der Verbundenheit mit dem Göttlichen. Weisheit und Verständnis treten an die Stelle von Kenntnissen.

Die Völker des Fernen Ostens, die Inder, Chinesen und Japaner, die philosophisch reifer sind als die Völker des Westens, können in abstrakte Begriffe wie höchste Weisheit, Vereinigung mit dem Göttlichen und allumfassende Liebe eine konkrete Bedeutung hineinlesen. Es ist für sie eine Erfahrung, die alles übersteigt, was mit körperlichen Fähigkeiten wahrzunehmen ist. In der Mystik des Ostens steht die charakteristische Suche nach Möglichkeiten, das Individuum mit dem Absoluten zu verbinden, viel stärker im Mittelpunkt der Religion als im Westen. Es ist daher kein Zufall, daß die beiden wichtigsten Vertreter des mystischen Lebens, die am konsequentesten den Geist über den Körper stellen – Lao-tse und Gautama Buddha –, im Fernen Osten lebten.

Der taoistische Weg

Von allen großen mystischen Strömungen in der Geschichte der Religionen und Philosophien ist der Taoismus unbestritten eine der zentralen Urformen mystischer Erfahrung. Auch im Vergleich zu den anderen Religionen des Fernen Ostens kann er wesentlich als Mystik beschrieben werden. Während der Konfuzianismus sich vorwiegend ethisch orientiert und sich als eine staatstragende, erzieherische Orientierung für die Praxis versteht, der Buddhismus den Weg zur Erleuchtung, zum Wissen zeichnet, schöpft der Taoismus seine Kraft aus mystischer Weisheitslehre. China hat diese Religionen nie als einander ausschließend erkannt, sondern immer als komplementär. Die traditionelle Volksreligion Chinas besteht aus einem Synkretismus, gründend auf der Verehrung der Ahnen, der dann buddhistische und vor allem taoistische Elemente aufnimmt. Man hat diese verschiedenen Glaubensvorstellungen und heterogenen Kulte wie in einem Sammelbecken zusammengefaßt, und das chinesische Neujahrsfest, zu dem der »Empfang aller Götter« in der Neujahrsnacht gehört, das »beste Kompendium der Religion Chinas« genannt.

Heute lebt der Taoismus als Volksreligion besonders in Taiwan und in Hongkong weiter sowie in überseeischen chinesischen Niederlassungen. Wieweit er in der gegenwärtigen Volksrepublik China noch eine Rolle spielt, ist umstritten. Der bedeutende Taoismus-Forscher John Blofeld, der aus eigener Erfahrung den Taoismus in China noch vor der kommunistischen Revolution von 1949 kennengelernt hat, ist skeptisch und spricht vom »Aussterben eines uralten, so farbenprächtigen und zugleich gültigen Organismus«.

Einklang mit dem Kosmos

Während das Abendland alles Erkennen typischerweise als eine von außen eingreifende Macht versteht, die dem Leben ähnlich wie der Bildhauer dem Marmorblock Gestalt verleiht, begreift der Osten Erkennen als eine organisierende Kraft, die das Leben von innen her verwandelt. Wird in dem einen Fall der Weg der Reflexion beschritten, so in dem anderen der Weg der Meditation, die einen geistigen Wachstumsvorgang einleitet. In der Sichtweise des Ostens sind also Leben und Erkennen unmittelbar aufeinander bezogen, da nach seiner Auffassung die Seinsstufe auch die Erkenntnisstufe bestimmt.

Einklang mit dem Kosmos ist die Maxime der Gedankenwelt Chinas. Das Universum gleicht hier einem allumfassenden Organismus, der jedem Wesen einen ihm vorbehaltenen Platz zuweist. Das Weltgeschehen erscheint dem chinesischen Weisen als ein sinnvolles Zusammenspiel, in dem alle Bereiche der Wirklichkeit einander ergänzen. Bekanntlich regeln zwei kosmische Mächte, *Yang* und *Yin*, als polare Kräfte dieses Zusammenspiel: Yang wird als männlich-zeugendes, also als aktiv gestaltendes Prinzip verstanden; Yin dagegen bezeichnet das weiblich-empfangende und bewahrende Prinzip. Keines kann ohne das andere sein und wirksam werden, zwischen diesen beiden Urmächten herrscht nicht Kampf – wie in westlichen Mythen etwa in der dualistischen Auseinandersetzung zwischen Licht und Finsternis oder Gutem und Bösem, aus deren Ringen um die Herrschaft dann der gesamte Weltprozeß abgeleitet wird. Der Wandel der Dinge bedeutet hier vielmehr nichts anderes, als daß sich die Gewichte bald zum einen, bald zum anderen Pol hin verlagern, immer aber eine ausgeglichene Balance anstreben. Immer wieder findet dieses Spiel kosmischer Mächte zum Ausgleich zurück und löst sich auf in Harmonie. In seinem Schnittpunkt und damit gleichsam im Zentrum des Alls steht der Mensch: Er ist das eigentliche Thema der Philosophie Chinas. Aber anders als in der jüdisch-christlichen Tradition beansprucht der Mensch keine exklusive Mittelpunktstellung, die ihn über alles kosmische Sein erhebt. Das chinesische Bild des Kosmos umschließt vielmehr Natur und Menschenwelt als harmonische Einheit. Es kennt daher auch keine Spannung zwischen Naturgesetzlichkeit und ethischen Forderungen. Deshalb darf aber dieses Weltbild nicht in dem uns geläufigen Sinn naturalistisch genannt werden, wie es oft geschieht. Vielmehr will es sagen, daß bereits allen Naturgesetzen eine ethische Bedeutung zukommt. Zwar finden die Geschehnisse im Kosmos auch im Menschen und seiner Welt ihre Entsprechung, zugleich aber verbürgt die Ordnung der menschlichen Welt die Ordnung im Universum.

Das chinesische Denken sah sein Ziel vor allem darin, den Einklang von Mensch und Kosmos zu wahren. Ein streng geregelter Kult mit ausgeprägten Riten, der dem Rhythmus des Jahreskreislaufs folgte, sollte diesen Einklang immer wieder herstellen und versinnbildlichen. Konfuzius hatte sich das Ziel gesetzt, alte Weisheitslehren in eine ethische Lehre zu fassen, die alles menschliche Verhalten zu leiten vermag. Diese Lehre will mehr sein als praktische Lebensweisheit, als die sie in der westlichen Welt bisweilen mißverstanden wird. Auch die Lehre des Konfuzius schließt die Voraussetzung ein, daß »rechtes Handeln« nichts anderes bedeutet, als im Einklang mit dem Weltgesetz zu handeln. Während es Konfuzius um den Weg zu *aktiver Verwirklichung* des Daseinssinnes geht, richtet Lao-tse das *Einswerden* mit dem Weltengrund, dem *Tao*, in den Mittelpunkt. Wer im Tao ruht, der ist in ihm aufgehoben und wird von ihm geführt. Es bedarf eigentlich keines Nachdenkens darüber, was das jeweils Richtige sei. Im Volksbewußtsein sind die »drei Lehren« des Konfuzius, des Lao-tse und des Buddha bald zu einer Einheit verschmolzen, man sah darin keine sich einander ausschließenden Gegensätze, sondern verschiedene Wege zu dem gleichen Ziel. Die Lehren haben nicht die Gestalt architektonisch gegliederter Systeme angenommen, haben sich nicht zu »Weltgebäuden aus Gedanken« nach der Art westlicher Philosophien entwickelt. Vielmehr werden die Erkenntnisse in der Form von Spruchweisheiten vermittelt, die lehren wollen, was in unmittelbarer Teilnahme an der Wahrheit erfahren werden kann.

Auch Konfuzius hat kein eigentliches System hinterlassen, obwohl seine Lehre ein in sich geschlossenes Ganzes bildet. Zur Voraussetzung hat sie die intuitive Gewißheit, daß eine alles umfassende kosmische Ordnung im Naturgeschehen wie auch im menschlichen Dasein in Erscheinung tritt. Der Mensch, von Natur aus gut, findet sich in ihr uranfänglich eingefügt, und nur Irrtum kann ihn dazu führen, daß er diese Ordnung verläßt und Böses tut.

Das große Tao

Die chinesische Weisheit hat sich in einigen zentralen Begriffen, die bereits kurz genannt und auch entfaltet wurden, konzentriert. Das große Tao des Lao-tse ist vermutlich der wichtigste, so daß er hier zu Recht am Anfang der weiteren Darstellung chinesischer Weisheit und Mystik steht. In Lao-tse haben wir vielleicht einen ansprechenderen Führer zu den Schätzen östlicher Mystik als Buddha, weil er nicht so schwere Forderungen stellt und der »menschlichere« von beiden ist. Lao-tse betont mehr, daß es sich um Wege zur Fülle des Lebens als um Unterdrückung von Wünschen und Loslösung von der Welt handelt. Seine Lehre beruht so ganz auf der Natürlichkeit der geistigen Lebensweise, daß er doppelt überzeugend wirkt. Mit Leidenschaft hebt er Demut, Frieden und Freiheit der Seele hervor. Er betrachtet und empfindet mit tiefster Anteilnahme alle harmonischen Vorgänge, alle rhythmischen Bewegungen der Natur. Er unterstreicht die Aufgabe, schöpferisch zu sein, aber schöpferisch auf eine ruhige, geistige, ungezwungene Art, aus dem »Tal des Geistes heraus, aus dem Himmel und Erde entstand: aus der unversieglichen Quelle, die ständig fließt, damit der Mensch sie gebrauche«.

Die Schrift des Lao-tse, das Buch vom Tao (*Tao Te King*), berichtet vom Weg, den alle Dinge im Kosmos nehmen, und vom Weg zur Ewigkeit, vor allem aber von einem Lebensrhythmus, einem Einklang mit den rhythmischen Vorgängen in der Natur, durch den der Mensch das Tao erreicht, am harmonischen Fluß des Lebens, der ihm aus der Unendlichkeit des Tao gegeben wird, teilhat.

Wer dieses Buch vom Gesichtspunkt des Rationalismus und Pragmatismus aus liest, dem bleibt es völlig unverständlich. Es entwickelt eines der großen zusammenhängenden Systeme transzendentaler und praktischer Philosophie. Da im Chinesischen die aus Bildsymbolen entstandenen Schriftzeichen viele verschiedene und komplexe Bedeutungen haben können, sind die teilweise erheblichen Unterschiede der Auffassung in den westlichen Übersetzungen des Buches vom Tao begreiflich. Die Sprache ist außerordentlich reich an Obertönen und Nuancierungen und außerordentlich ungenau. Erst das bildhafte Denken macht sie anschaulich. Wenn je ein Buch danach verlangt, dem Geist und nicht dem Buchstaben nach verstanden zu werden, wenn je ein Buch mit Vorstellungsvermögen, Einsicht und Einfühlung gelesen werden muß, so ist es das »Tao Te King«.

Das Tao ist der archaische Grundgedanke, die einheitliche Komponente der Religion Chinas. Friedrich Heiler hat das Tao »den Grundbegriff der chinesischen Religion« überhaupt genannt. Das taoistische Leitmotiv ist zum zentralen Inhalt der chinesischen Philosophie und der religiös-mystischen Lebenspraxis geworden.

In Lao-tses Buch »Tao Te King« wird das Tao zum in seiner Tiefe unübertroffenen, fundamentalen Grundbegriff einer neuen Sicht der Welt. Mystisch ist dieses Werk vor allem deshalb zu nennen, weil es eine unmittelbare Begegnung mit dem letzten Grund, ein Transzendieren aller Gegensätze zur Sprache bringt. Ob Tao gleichbedeutend mit Gott ist, entzieht sich einer schlußendlichen Festlegung; es ist letztlich auch unbedeutend. In der Mystik wird das Tao *erfahren*, allerdings nicht wie im Christentum als ein persönlicher Gott. Näher kommt man der Erfahrung des Tao, die sich auf keinen Begriff bringen läßt, wenn man es als ein Naturprinzip identifiziert. Deshalb ist es für die Geschichte der Naturmystik von nicht zu unterschätzender Bedeutung: Das Tao ist »der Lauf, der Fluß, das Treiben oder der Prozeß der Natur«, das deshalb Alan

Watts »den Lauf des Wassers« in seinem gleichnamigen Buch
genannt hat. Das Tao ist der Ursprung und die Herkunft alles
Seienden. Völlig unchinesisch muten alle westlichen Versuche
an, das Tao mit irgendeinem Begriff oder irgendeiner konkreten Vorstellung in Einklang zu bringen, so daß es definierbar
wäre. Das Tao entzieht sich allen Feststellungen, weil es ursprünglich, übergöttlich, innerweltlich und unaussprechlich
zugleich ist. Es macht bereit für den Zugang zur tiefsten Tiefe
allen Seins: »Des Geheimnisses noch tieferes Geheimnis ist
das Tor, durch das alle Wunder hervortreten«, heißt es schon
im ersten Kapitel des »Tao Te King«.

Lao-tse hat das Wort *Tao* nicht erfunden. Es heißt ganz ein-
fach »Weg«, in den verschiedenen konkreten und abstrakten
Bedeutungen, die dem Wort in den Wörterbüchern des We-
stens gegeben werden: Weg, Pfad, Richtung, Art und Weise.
Was ist das Tao? Es ist das Absolute, das Unendliche, das
Eine. Es ist gleichzeitig alles, was ist – und der Grund und das
Geheimnis hinter allem. Es ist grenzenlos, namenlos, allum-
fassend. Das Tao war vor aller Schöpfung, es ist vor allem Da-
Sein, es ist der Geist, die Seele, die Natur des Universums und
geht weit über Kosmos, Leben und Wahrheit hinaus. Es ist
der harmonische Zusammenklang aller Vorgänge und aller
Dinge. Es ist die unteilbare Einheit von Yang und Yin, dem
Männlichen und dem Weiblichen, dem Harten und dem Weichen, dem Angreifenden und dem Nachgebenden, dem Hellen und dem Dunklen im irdischen Leben.

In einem anderen Sinn ist Tao der himmlische Weg, der
Pfad, den man gehen, die Vollkommenheit, nach der man
streben, das wunderbare Geschehenlassen, mit dem man in
Einklang kommen muß. Schweigend, von aller Schwere des
Irdischen befreit, im Strom der Unendlichkeit eintauchen zu
können, das ist das Ziel des Lebens. Damit sind auch die beiden Ziele der Mystik in aller Welt ausgesprochen: erstens das
Ewige und Gültige im täglichen Leben zu finden und in allem
Erschaffenen die Ausstrahlung des Geistes zu fühlen, zwei-
tens den Sinn für das Fluten des Geistes zu bekommen, eins zu
werden mit der Natur, dem Absoluten, dem All.

Man findet das Tao überall, man ist sogar selbst vom Tao erfüllt. Wenn man den Lebensstrom in allem entdeckt, wird man sich seiner Verwandtschaft mit allem, was da ist, bewußt. Der chinesische Weise ist mit dem Tao eins, er handelt, wie das Tao wirkt, so findet er Ruhe und Zufriedenheit. Der Taoist will Frieden, und ausgehend vom Ideal des Tao wird Gesellschaftskritik geübt, auch wenn der Taoismus angesichts der Widrigkeiten des Lebens das Zurücktauchen in eine archaische Idylle fordert:

»Das Land sei klein, das Volk gering an Zahl.
Auch wenn es viele Werkzeuge gibt – man benutzt sie nicht.
Lehrt die Menschen, den Tod ernst zu nehmen und nicht in
    die Ferne zu ziehen.
Auch wenn es Boote und Wagen gibt – man besteige sie
    nicht.
Auch wenn es Harnisch und Waffen gibt – man verwende
    sie nicht.
Laßt die Menschen zur Knotenschrift zurückkehren.
Die Speisen seien süß, die Kleider schön, die Hütten sicher;
das Leben sei fröhlich.
Die Nachbarstaaten liegen dicht beieinander, so daß das
    Gackern der Hühner und das Bellen der Hunde von
    hüben und drüben zu hören ist.
Und doch verkehren die Menschen bis zu ihrem Tod nicht
    miteinander.«

Es ist zu einfach, zu behaupten, daß mit solchen archaischen Vorstellungen nur Passivität, Verzicht auf gesellschaftlichen Fortschritt und Verinnerlichung verbunden werden. Geschichte soll gewendet werden, zurück zu einem Zustand der Schlichtheit, in dem alle Menschen von selbst gleich sind. Die Skepsis gegen das Fortschrittsdenken mündet aber zugleich in die Kritik der Drangsalierung des Volkes durch die Herrschaft. Das Ideal der taoistischen Einfachheit und Genügsamkeit ist Ausdruck der Suche nach einem ökologischen Gleichgewicht ebenso wie nach der Balance, der Ausgeglichenheit antagonistischer Gegensätze. Im Tao fallen die Widersprüche zusammen. Wenn sich die Welt im Unbestimmten auflöst, ist von ihr kein Wissen zu gewinnen. Zum Tao gelangt man nur durch Konzentration nach innen, nicht aber durch Erkenntnis der Dinge. Mit dem Taoismus prägt sich eine neue Qualität abstrakten Denkens aus, das in der Funktion von Tao als *Unio mystica* spirituell-religiöse Elemente in sich aufnimmt und verarbeitet.

Polares Denken

Die mystische Liebe zur Erde in der chinesischen Weisheit ist also bestimmt von einer tiefen Aufmerksamkeit für den Kreislauf, das Vorübergehende im Ablauf einer unendlichen Bewegung und einer sich bis ins Unendliche entfaltenden Ordnung. Hinter dem pulsierenden wechselvollen Dualismus und hinter dem Zusammenwirken zwischen dem Tao des Himmels, dem Tao der Erde und dem Tao des Menschen ist die Unendlichkeit des allumfassenden Tao zu spüren, die Heimat der Seele.

Mit dem antiken chinesischen Denken breitet sich ein diesseitiger, der sinnlichen Vorstellung verhafteter Realismus aus, der dualistisch-dialektisch geprägt ist. Urbild dieser Dialektik ist der bekannte Dualismus von Yang und Yin, von dem bereits kurz die Rede war, der hier aber etwas präziser veranschaulicht werden soll, weil das polare Denken für die chinesische Weisheit und Mystik außerordentlich charakteristisch ist.

Die beiden Schriftzeichen für Yang und Yin reflektieren eine bestimmte Urbedeutung: Das Zeichen *Yin* besteht aus einem Hügel, über dem sich eine Wolke befindet; das Zeichen *Yang* zeigt einen Hügel, über dem die Sonne strahlt. Daraus ist zu schließen, daß Yin ursprünglich Schatten, Yang ursprünglich Licht bedeutete. Diese Vorstellung wurde im Rahmen der Geomantik, der religiös-rituellen Orientierung im geographischen Raum, benutzt. Yin und Yang entscheiden darüber, ob ein Ort günstig oder ungünstig ist für den Bau eines Palastes, die Anlage einer Stadt und so weiter. Dabei ge-

winnt Yang auch die Bedeutung »Südhang eines Berges« und »nördliches Ufer eines Flusses«, Yin entsprechend die Bedeutung »Nordhang eines Berges« und »südliches Ufer eines Flusses«. Woher aber kommt dann die Tradition, daß Yin auch als Bezeichnung des Weiblichen, Yang als Bezeichnung des Männlichen dient? Möglicherweise ergibt sich die Beziehung daraus, daß der Tätigkeitsbereich des Mannes auf dem Feld, in der Sonne, der der Frau hingegen im Haus, im Schatten, lag. Alle Vegetation gedeiht im Zyklus von Sonne und Schatten, Tag und Nacht, Sommer und Winter. Der Wechsel von Yin und Yang bringt Leben hervor, wie die Beziehung von Männlichem und Weiblichem Leben hervorbringt. Yin steht schließlich auch für Erde, Yang für Himmel. Kamen aus dem Zusammenwirken von Yang und Yin zunächst Vegetation und Fruchtbarkeit, so dienten diese beiden Bilder später zur Bezeichnung des Gegensätzlichen, des Antithetischen überhaupt. Sie wurden auf alle Gegensätze, auf alle Dualitäten der Wirklichkeit angewandt. Allerdings waren sie von Anfang an keine Gegensätze, die einander ausschließen, die sich im »Kampf« befinden, sondern einander ergänzende Momente, also Komplemente.

Die mystische Hingabe

Te, die andere Hälfte des Titels *Tao Te King*, verbindet das Individuum mit dem Himmel. Es ist das Verbindungsglied der beiden Pole. Die Übersetzung von Te als »Tugend« ist verständlich und im westlichen Sinn folgerichtig, trifft den Sinn aber nicht genau. Te ist der im Leben fühlbar werdende Rhythmus des Geistes, das sich im Wesen des Individuums entfaltende Tao. Es ist der ungehemmte Fluß der aus dem Tao gewonnenen Kraft, Anpassung an die natürliche Ordnung, Mitschwingen im Rhythmus der von Lao-tse so sehr bewunderten harmonisch belebten Natur. Lebenskunst, die Kunst, in der Welt zu sein, in einer geistigen Bewegung mitzuschwingen, wird durch Te bewirkt.

Wie soll man sich nun im Getriebe des Lebens verhalten, um die harmonische Kraft des Te zu erlangen und die Vereinigung mit dem Tao zu erreichen? Erstens, sagt Lao-tse, indem man *Wu-Wei* übt. Wu-Wei wird gewöhnlich mit »Nicht-Handeln« übersetzt, mit Widerstandslosigkeit, Gelassenheit, Geschehenlassen, aber genauer heißt es paradoxerweise »Handeln, als handelte man nicht«, »Handeln, ohne zu sehr mit dem, was man tut, verbunden zu sein«. Das Wort enthält eine Warnung vor übertriebenem Ehrgeiz, allzu großer Tüchtigkeit, unnatürlichem Eifer, Hybris und Überschätzung der eigenen Fähigkeiten. Aber es bedeutet nicht völlige Passivität oder ein Dasein in Untätigkeit.

Das Ideal der taoistischen Mystik liegt darin, im Einklang mit den mühelosen Vorgängen in der Natur zu leben, eins zu werden mit dem Geist des Tao, der alles Sein durchströmt. Die Betonung liegt auf »mühelos«, denn Wu-Wei ist die Vorbereitung auf das bewußte Erleben des Tao, und Te ist der Ausdruck des Tao: Sei ohne Absicht, folge der unabänderlichen Gesetzmäßigkeit der Natur, ruf keine Schwierigkeiten, keinen Streit hervor, mach den Lebensrhythmus des Geistes zu deinem eigenen. Laß Mühelosigkeit dein Prinzip sein. Alles andere wird sich ergeben.

Diese mystische Hingabe des Ich an den Geist bedeutet ein

Leben der Einfachheit, des Friedens mit der Natur und des Mitgefühls mit aller Kreatur. Und, so widerspruchsvoll es klingt, es bedeutet das Abenteuer großer Taten. »Du wirst nie eine wesentliche Schwierigkeit haben, wenn du jede Schwierigkeit als wesentlich ansiehst«, das ist nur eines der vielen Paradoxe und Parallelismen im Denken Lao-tses, die berühmt geworden sind. Die Lehre von Wu-Wei ist zutiefst ökologisch, nicht Untätigkeit, sondern Zurückhaltung im Handeln, Vernetzung mit dem Geist der Natur, ein Handeln, mit dem man wartet, bis man fühlt, von der mühelosen, nie irrenden Weisheit des Tao inspiriert. Wissen ist nützlich, Verstand kann viele untergeordnete Schwierigkeiten des Lebens überwinden, doch beide können den Menschen nicht zum Tao führen. Vielleicht, sagt Lao-tse, beginnt der Fortschritt sogar damit, daß man einen großen Teil von dem, was gemeinhin als wertvolles Wissen anerkannt wird, verlernen muß. Ziehe dich aus dem materialistischen Leben, aus der fiebrigen Zivilisation zurück, rät er, verlasse die Welt der vielfach einander widerstreitenden Tätigkeiten, der künstlichen, auf Gewalt aufgebauten Systeme, um den Einklang mit der Natur zu finden. Laß uns den positiven Teil unseres Daseins als etwas ansehen, das im Raum für das Wachstum der Seele verwandelt werden kann.

Die mystische Maxime des Nichts-Tuns führt zu einem letztlich pazifistischen Ethos, das auch für den Umgang des Menschen mit der Natur von geradezu paradigmatischer Bedeutung wird – und wieder werden kann. Die taoistische Religion übersteigt die konfuzianische Konzentration auf moralische Pflicht und reglementierte Ethik. Sie ist in diesem Sinn skeptisch gegenüber allem allzu vernünftigen Handeln, und sie ist kulturkritisch, weil die auf moralisches Handeln gegründete Kultur bereits vom ursprünglichen naturgemäßen Verhalten entfremdet ist.

Lao-tse fordert daher die Rückkehr zu den Ursprüngen, die Einkehr in sich selbst zunächst, dann aber auch Besinnung auf die spontanen Antriebe zu einem der Natur gemäßen Handeln. Nicht die aktive Tat, sondern das geschehenlassende Nichttun steht im Zentrum. Das rechte Tun ist naturgemäßes

Tun. Die taoistische Mystik ist hierin weitgehend antiaktivistisch, wenn sie der Stille zutraut, das Recht von selbst hervorwachsen zu lassen. Darin drückt sich ein großes, »bewegendes« Vertrauen auf die Macht der Geduld und des Wartens aus, auch ein Zutrauen in die gewaltlose Kraft der Schwäche. Ethische Maximen sucht man daher im »Tao Te King« vergebens: keine Umkehrung der Werte, wohl aber die Verteidigung der Schwachen, Armseligen und Niedrigen. Wie Kinder sollen die Menschen werden – ein Bild, das uns aus dem Neuen Testament vertraut ist und das wir bei Lao-tse oft antreffen können. In seinem Buch hat es den Sinn, »Weichheit« zu erreichen, die Weichheit des Wassers, die den härtesten Stein bricht. Es ist nur eine Frage der Zeit...

Das Warten, die Stille, das Zurückhaltende prägen die pazifistische Grundhaltung der taoistischen Erfahrungswelt. Der Krieg wird abgelehnt – eine ganz naturgemäße Folgerung aus dieser Einstellung –, der Krieg zwischen den Menschen und Völkern, der Krieg, den jeder mit sich selbst führt, der Krieg gegen die Natur. Die Kreisläufe der Rache werden damit durchbrochen, Vergeltung bleibt ein sinnloses Unterfangen, der Mensch kann, wenn er in der Erfahrung des Tao bleiben, dem Wesen der Dinge nahe sein und dem rechten Sinn folgen will, über Tod und Niederlage nur trauern.

In diesem Dokument fernöstlichen Denkens finden wir die Grundhaltungen eines Pazifismus, den das Christentum nie erreicht hat. Ein Mensch, der im Tao lebt, so unnennbar und unbegreifbar es ist, übt sich im positiven Handeln, eher affirmativ als kritisch, eher friedenstiftend als sich auseinandersetzend. Mystik übersteigt an diesem Punkt die individuelle Erfahrung, sie wird zur versöhnenden, lebenfördernden Praxis dieses den Himmel und die Erde transzendierenden Tao. Die Begegnung mit dem persönlichen Gott im christlichen Glauben und die ambivalente Bestimmung des Tao sind nicht so ohne weiteres zu vergleichen, aber eine unübersehbare Nähe von Immanenz und Transzendenz »Gottes« in der »Schöpfung« ist in beiden mystischen Traditionen deutlich zu erkennen. Demut, Bescheidenheit und Zärtlichkeit mit dem

Geschaffenen sind von Lao-tse, Buddha und Jesus übereinstimmend in das Zentrum ihrer »Lehre« gerückt worden. Unter Demut verstanden sie nicht Schwachheit, naive Unterwürfigkeit gegenüber anderen Menschen, sondern Zurückhaltung, Geltenlassen, Ehrfurcht, restlose Hingabe an Gott oder an die natürliche Harmonie, oder an das Tao – und das ist mystische Erfahrung. Die Hauptsache des »chinesischen Weges« ist, daß der Mensch sich von falscher Geschäftigkeit freimacht und am natürlichen, rhythmischen Fluß des Tao, »alles dessen, was ist«, teilhat. Die »Weisheit des lächelnden Lebens« (Lin Yutang) folgt nicht nur den Eingebungen dieses Flusses im eigenen Herzen, sondern erlebt den Pulsschlag der Welt in seinem Wesen und im immer wiederkehrenden Vorgang des Wachstums, des Lebens und Vergehens. Erkenne das Ewige im Vergänglichen, rät Lao-tse, fühle das Leben als Ausdruck des Unendlichen, finde das Tor dazu in dir selbst. Ruhe im Tao. Empfinde seine Ebbe und Flut. Tauche ein in seine Unendlichkeit.

Der buddhistische Weg

Der Buddhismus fordert am meisten von allen großen Religionen die Abkehr von der Welt und das Aufgehen im höchsten Licht der Weisheit, und diese Tatsache könnte uns zu der Annahme verleiten, es mit einer durch und durch mystischen Bewegung zu tun zu haben. Die buddhistische Philosophie verwirft die Kasteiung des Leibes ebenso wie die außerordentlich schwierigen geistigen Übungen, die den Vedantismus (in seiner reinen Form) zu einer »besonderen« Religion gemacht haben. Die buddhistische Lehre ist einfach, ansprechend, eindeutig: »Ich bringe die Lehre vom Leiden und von der Überwindung des Leidens«, spricht Gautama Buddha und fügt hinzu: »Es gibt Leiden, und es gibt einen Grund für das Leiden, und der Grund des Leidens kann beseitigt werden.« Damit redet Gautama eine Sprache, die von allen Menschen verstanden werden kann. Er verspricht, daß Religion, Erkenntnis der Wahrheit, zum Aufhören des Leidens führen werde. Wenn der Mensch dem von ihm vorgeschlagenen »Pfad« folgt, werden seine Leiden durch die Überwindung der Wünsche, der Fixierung auf das Reich der Sinne und des Egoismus ein Ende haben. Buddha verspricht also zum Schluß Aufgehen im Göttlichen oder im Licht oder wie immer man das Meer der Glückseligkeit jenseits des geschaffenen Weltalls nennen will.

Religion des Mitleidens

Die buddhistische Mystik träumt vom Glück des ewigen Lebens, vom Aufgehen im Unerschaffenen, von der unaussprechlich beglückenden Erleuchtung des Nirwana. Das Wort, das Buddha am häufigsten für mystische Erkenntnis gebraucht, ist »Erleuchtung«, obwohl sie gelegentlich auch die Vorbereitung, der Weg zum höchsten Ziel bedeutet. In der geistigen Sphäre, in die sich der Mystiker erhebt, ist es dann ziemlich gleichgültig, ob er seine Sehnsucht auf einen irgendwie vorgestellten oder persönlich gedachten Gott oder auf ein Absolutes oder ein Licht oder auf Befreiung richtet. Im höchsten geistigen Bewußtsein ist die Fähigkeit des bild- und verstandesmäßigen Erfassens ohnehin längst im Strom des Fühlens untergegangen.

Das Besondere an Gautamas Mystik liegt in den ersten Schritten im Verhalten und in der Meditation auf dem Weg der Vorbereitung. Keiner der anderen großen Propheten hat in so einzigartiger Weise die völlige Überwindung der Sinneswünsche und des Egoismus gepredigt, kein anderer hat so nachdrücklich betont, das Bewußtsein müsse auf das schlußendliche Aufgehen im Meer des Unerschaffenen gerichtet bleiben. Kein anderer ist so überzeugt davon gewesen, daß jede gedankliche Spekulation über die Gedankenfolge hinaus, die sich aus Ursache, Wirkung und Erlösung – Sinneswünsche, Leiden, Aufhören des Leidens, geistige Erleuchtung – ergibt, unnötig, ja sogar nachteilig ist.

Gautama Buddha ist von unendlichem Mitleid erfüllt, für den Menschen, für die Kreatur. Obwohl der Buddhismus im wesentlichen ein freudiger Glaube ist und eine Art zu leben zeigt, die von Traurigkeit unbeschwert und vom Lichte der Ewigkeit erleuchtet ist, beginnt die Logik der Lehre beim Gedanken an das menschliche Leiden. Es gibt Veränderung und Verfall, das irdische Leben ist in ständigem Fluß, und dauernder Wechsel ist seine wahre Natur. Schmerz entsteht, wenn man sein Herz an vergängliche Dinge hängt. Erkenne daher den Grund des Leidens: Bindung durch Wunsch, Leidenschaft, Selbstsucht und Ehrgeiz, Gier nach Besitz.

Meer der Unsterblichkeit

Der Buddhismus glaubt nicht an ein Fortbestehen des Ich. Nach einer Reihe von Wiedergeburten und aufeinanderfolgenden Leben verlöscht die Seele im grenzenlosen Licht des Nirwana. Es gibt jedoch etwas im Menschen, das unsterblich ist – etwas Namenloses, Unnennbares, Unbeschreibliches, Unfaßbares –, und das kehrt in das Meer der Unsterblichkeit zurück. Das Karma eines Menschen ist seine Bilanz von Recht und Unrecht, von Verdienst und Versagen vor dem im ganzen Weltall geltenden Gesetz. Es ist das Ergebnis seines moralischen Verhaltens, die Summe seiner Gedanken und Taten und ihrer Folgen. Der Mensch beeinflußt durch sein Verhalten alle Vorgänge, das Gleichgewicht des Kosmos. Er hat mit der ganzen Schöpfung und mit dem, was dahinterliegt, zu rechnen. Die Lehre vom Karma ließ einen ethischen Kodex entstehen, der bis ins einzelne geht und mehr Maximen des Handelns enthält als die taoistische Ethik, wenn er auch in seiner Betonung der Nicht-Einmischung an Lao-tse erinnert. Die buddhistische Ethik ist vielleicht die menschlichste und mitfühlendste aller bekannten Moralsysteme.

Der wahre Zweck des Lebens ist mystischer Natur: Befreiung aus dem irdischen Gefängnis und Auflösung, völlige Hingabe, Verlöschen des Ich. Die vom Buddhismus verheißene Seligkeit ist die reinste und am wenigsten mit irdischen Ideen durchsetzte. Sie ist ein Dasein in einem abstrakten, seelenlosen Himmel.

Erleuchtung: Erkenntnis der Universalität

Die mystische Intuition hat die originäre Aufgabe, die Erleuchtung und die Einsicht in die Möglichkeit der Überwindung des menschlichen Daseins vorbereiten zu helfen. Die erwähnten »vier Wahrheiten« der Lehre Buddhas – Inhalt, Ursache, Aufhebung des Leidens und der Weg zu dieser Aufhebung – bilden eine Art Erlösungsweg, der die Fähigkeit zur

Meditation und Versenkung voraussetzt. Die Welt ist das, was uns als Welt in ihrem Wirken, nicht im Sein zu Bewußtsein kommt. Die »Wirklichkeit«, von der die Religionen sprechen, ist nach buddhistischer Auffassung nicht ein »Jenseits«, ein von unserer Welt unterschiedener Bereich oder eine zukünftige Himmelswelt, sondern das, was unserer alltäglichen Realität zugrunde liegt, was wir aber nicht sehen können, solange unser Blick nach außen gerichtet ist. Die innere Umkehr, die Umstellung im tiefsten Sitz unseres Bewußtseins, die Wendung vom Äußeren zum Inneren, zur Ganzheit, zur allumfassenden Universalität des Geistes, ist das einzige Wunder, das Buddha anerkennt. Der Buddhismus ist also nicht darauf bedacht, übernatürliche Kräfte zu erlangen, sondern das durch die Ausrichtung auf die Welt der Sinne gestörte Gleichgewicht seiner seelischen Fähigkeiten wiederherzustellen, durch Aktivierung des Tiefenbewußtseins und durch Erkenntnis der potentiellen Universalität. Im Wunder der inneren Umkehr liegt der erste Schritt zur Erleuchtung, zum vollen Erwachen der Wirklichkeit.

Das mystische Erleben der »anderen Wirklichkeit« tut sich in Tausenden von Werken religiöser Literatur, der Dichtung und der bildenden Kunst kund. Es ist »mystisch«, nicht, weil es dunkel und diffus ist, sondern weil es direkt, unvermittelt, spontan und nicht dem urteilenden Intellekt zugänglich ist. Die Mystik bildet den Grund der Weltbegegnung: So wie unser Tiefenbewußtsein das Reservoir universeller Erfahrung, wie unser individuelles Gedächtnis das Behältnis unserer persönlichen Erfahrung ist, so ergibt sich die Möglichkeit, in Versenkung oder Verinnerlichung, das heißt nach Ausschaltung des intellektuellen, nach außen gerichteten Oberflächenbewußtseins, ein Wissen zutage zu fördern, das weder in diesem individuellen Leben erworben noch durch »persönliche« Erfahrungen bedingt ist. An allen zeitgenössischen Gottesvorstellungen vorbei, jenseits des Theismus wie des Atheismus, zeigt Buddha den Weg zum Erlebnis des Göttlichen im Menschen selbst. Der Buddhismus ist letztlich nicht-theistisch, er strebt statt einer persönlichen oder auch kollektiven Gottesvorstellung die Verwirklichung des Göttlichen, des Unendlichen im Menschen an. Die einzige Kontinuität, die alle Lebensformen überbrückt und alle ihre Erfahrungsinhalte zu einem organischen Ganzen verwebt, ist jenes universelle Bewußtsein, das wie ein Ozean alle individuellen Strömungen umfaßt und trägt.

Die Natur als Quelle der Freude

Wenn man Buddha buchstäblich verstehen wollte, würde die Ermahnung, den Geist von allem Veränderlichen abzuwenden und das Augenmerk einzig und allein auf das Unwandelbare zu richten, die Liebe zur Erde ausschließen. Doch es wird immer wieder berichtet, wie Gautama einen Fluß, einen Baum, eine Blüte, die ihm vertraut sind, liebend anblickt. Seine mitleidsvolle Rücksicht auf »alles, was da lebt«, ist die stillschweigende Anerkennung einer alles umfassenden Einheit – eine Art Verlängerung des Fadens der Unsterblichkeit bis in alles Erschaffene hinein, die alle Wesen und Dinge unendlich liebenswert macht.

Andere große mystische Religionen verbinden die Natur mit dem Absoluten oder Göttlichen. Das Bestreben, im Absoluten aufzugehen, ist ein großes Geltenlassen alles Geschaffenen. Der Buddhist kann sich in der Meditation oder abstrakten Träumerei, in der er seine Umgebung und alles, was um ihn vorgeht, vergißt, verlieren. Aber außer dieser intensiven Konzentration findet er in der Natur eine Quelle der Freude und fühlt sich eins mit Menschen und Tieren. Er sieht nicht »eine Welt in einem Körnchen Sand. Und einen Himmel in der wilden Blume« (William Blake) und entdeckt nicht Gottes Spur in einer Wolke. Er ist weit entfernt von der Begeisterung des Taoisten über die Schönheit der »unverdorbenen Natur«. Aber der Sinn dafür, daß die Natur vom Geist durchdrungen ist, lebt doch sehr stark in ihm.

Die Naturmystik, die Symbolsprache, die Bilderwelt nehmen im Buddhismus eine besondere Stellung ein. Die Lehren des großen Weisen und ihre Inspiration sind nicht ohne ausgeprägte Naturverbundenheit denkbar. Kunst und Dichtung sind die Blüten der Religion; eine Religion ohne Kunst ist tot. Wenn Symbole in Begriffe umgeschmolzen werden, verlieren sie ihre Vitalität und gerinnen zu flachen Klischees. Symbole sind die Schlüssel zur »anderen Wirklichkeit«. Wo immer der Buddhismus Fuß faßte, blühten Kunst und Literatur, symbolisches Gestalten also; Skulptur, Malerei und Architektur, Dichtung und Lebensphilosophie, Musik, Tanz und Drama werden zu Ausdrucksformen religiösen Naturgefühls und die Natur selbst zu einem lebendigen Buch verinnerlichten Schauens, wie es uns die Dichter und Landschaftsmaler in der Tradition des Zen und Taoismus vor Augen führen.

DRITTER TEIL

Das Erwachen des inneren Auges

O edelstes Grün,
das wurzelt in der Sonne
und leuchtet in klarer Heiterkeit,
im Rund des kreisenden Rades,
das die Herrlichkeit des Irdischen nicht faßt:
umarmt von der Herzkraft himmlischer Geheimnisse
rötest du wie das Morgenlicht
und flammst wie der Sonne Glut.
Du Grün
bist umschlossen von Liebe.

HILDEGARD VON BINGEN

Hildegard von Bingen:
Visionen des Kosmos

Im Jahre 1098 oder 1099 wird dem reichen Adligen Hildebert und seiner Frau Mechthild eine Tochter geboren, die in der Taufe den Namen Hildegard erhält. Schon als kleines Mädchen fällt diese junge Rheinländerin aus dem Durchschnitt und zeigt einen starken Hang zur Innerlichkeit. Mit acht Jahren übergeben die Eltern ihr Kind dem Nonnenkloster auf dem Disibodenberg zur Erziehung. Später wird Hildegard Nonne, dann Äbtissin und gründet mit 18 adligen Töchtern auf dem Hubertusberg bei Bingen ein eigenes Kloster, das sie der Benediktinerregel unterstellt, dem sie aber gleichzeitig eine schriftlich genau umrissene Selbständigkeit sichert. Hildegard, die Mystikerin und erste große deutsche Visionärin, zeichnet sich durch einen klaren und praktischen Verstand aus, der sich nicht gängeln läßt und ihren Oberen einiges zumutet. Gleichwohl sie sich selbst eine »luftige Natur« nennt, die stark von Witterungseinflüssen abhängig sei und anfällig für Krankheiten – heute würde man sie eine zugleich selbstbewußte und sensible Frau nennen –, bleibt sie bis zu ihrem Tod als 82jährige rüstig und tätig. Es gelingt ihr, fast alles durchzusetzen, was sie sich einmal vornimmt. Hildegard ist eine höchst energische Frau, die mit weiblicher List ihre Pläne zu verwirklichen weiß. Stößt sie bei ihren Vorgesetzten auf Widerstand, wird sie krank und immer kränker, je länger der Widerstand dauert, bis schließlich Erzbischöfe, Äbte und Beichtväter die Waffen strecken. Dann ist sie plötzlich im Handumdrehen wieder gesund und erreicht ihr Ziel. Ebenso aber wird sie schwer krank und scheint dem Tode nahe, wenn sie in innere Konflikte gerät. Wie bei fast allen Mystikerinnen sind Krankheit und Leiden keine »Masche«, sondern eine fast zwangsläufige Notwendigkeit. Heute würde man Hildegard

eine hypernervöse Frau nennen, und geriete sie in die Hände der Schulmedizin, könnte sie leicht das Etikett einer Hysterikerin bekommen. Daran würden auch ihre Schriften nichts ändern.

Hildegard bewegt sich außerhalb der Maßstäbe von geistiger »Normalität«. Sie ist außergewöhnlich in jeder Hinsicht. Sie gilt als erste schriftstellernde Ärztin, als Visionärin von außerordentlichem Anschauungsvermögen und Plastizität der Sprache. Um das Jahr 1000 hat es ein ungewöhnlicher Mensch selbst als Frau in dem, worauf es ihm ankommt, immer noch leichter als neunhundert Jahre später, auch innerhalb der römischen Kirche, der heute ebenfalls bei allem, was das Maß des Durchschnitts übersteigt, höchst unbehaglich wird.

Ergriffen von Visionen

Von Hildegard von Bingen als Mensch und als Mystikerin erhalten wir eine deutliche Vorstellung durch ihre wichtigsten Schriften, die teils naturwissenschaftlicher, teils visionärer Art sind, durch die kurze Lebensbeschreibung zweier Mönche, die sie kannten, und durch einen Brief an Wibert von Gembloux. Schon in jungen Jahren wird Hildegard von ihren Träumen und Visionen ergriffen; im Vorwort zu ihrem wohl wichtigsten Werk *Scivias* (»Wisse die Wege«), das Visionen und Offenbarungen enthält, schreibt sie:

»Als ich vierzig Jahre und sieben Monate alt war, kam vom geöffneten Himmel feuriges Licht von höchstem Glanze, durchgoß mein ganzes Gehirn, entzündete mein Herz und meine ganze Brust wie mit einer Flamme, die jedoch nicht brannte, sondern nur erwärmte, so wie die Sonne einen Gegenstand erwärmt, auf den sie ihre Strahlen sendet.«

Drei Jahre später hört sie vom Himmel eine Stimme, die verlangt, alles das aufzuschreiben, was sie sieht und hört. Hildegard sträubt sich zunächst dagegen, weil sie sich dazu nicht für fähig und gebildet genug hält. Im Kloster, so wird sie sich gesagt haben, habe ich nicht viel mehr als Psalmen und Chorgesang gelernt und vor allem kein Latein. Angesichts des hohen Status der Gelehrsamkeit, den die Benediktiner seit jeher für sich reklamiert haben, wird diese Scheu nur zu begreiflich. Der Konflikt zwischen der Stimme aus dem Himmel und ihrer geringgeschätzten Bildung wirft sie sofort auf das Krankenlager, von dem sie sich erst wieder erhebt, als sie sich zu einem Entschluß durchgerungen hat. Seitdem schreibt sie ihre Offenbarungen, Visionen, Auditionen auf, und man kann ihre Energie nur bewundern, denn auch dem gelehrtesten Mönch wäre bei solch visionären Stoffen das Ringen mit der Sprache nicht erspart geblieben. Hildegard aber fühlt, daß sie dichterisch begabt ist, daß sie poetisch und präzise zugleich schreiben kann.

Nur ihrem Beichtvater vertraut sie ihr Geheimnis an. Der erwägt »diese allem Herkommen widersprechende Erscheinung« und legt die Sache dem Konvent vor. Nun nimmt der Vorfall seinen Lauf: Der Abt begibt sich mit den Schriften zum Erzbischof nach Mainz. Als Papst Eugen III. 1147 oder 1148 in Trier weilt, wendet sich der Erzbischof an ihn. Der Papst wiederum schickt eine theologische Kommission in Hildegards Kloster, um den Fall zu untersuchen. In Trier liest der Papst Hildegards Schriften einem größeren Kreis vor, unter dem sich auch Bernhard von Clairvaux befindet. Da alle von den Schriften begeistert sind, bestätigt der Papst Hildegards Aufzeichnungen. Sie gehören für die römische Kirche seitdem zu den »approbierten Privatoffenbarungen«, die empfohlen werden, ohne daß ihnen gegenüber eine Glaubensverpflichtung wie bei den Dogmen besteht.

Trotz oder wegen ihrer Visionen bleibt Hildegard eine nüchterne, klar denkende und handelnde Frau. Sie beobachtet sich selbst genau und exakt, reflektiert streng über ihre Erfahrungen und zieht Folgerungen aus ihnen in einer Sprache, die oft fast wissenschaftlich anmutet. Auch der philosophische Plotin hätte sich nicht verständlicher über das Wesen der mystischen Erfahrung ausdrücken können. Und ebensowenig wie Plotin ist diese Nonne eine weltabgewandte Träumerin, sondern eine weltverändernde Persönlichkeit, die, wenn es darauf ankommt, alle Mittel und Wege kennt und alle Hebel in Bewegung zu setzen weiß. Nicht nur in ihrem eigenen Kloster, wo sie von trübsinniger Innerlichkeit und depressiver Verstimmtheit nichts wissen will und ihre Nonnen allmonatlich in Festgewändern, Kränze im offenen Haar, zum Abendmahl gehen läßt, sondern auch vor der großen Öffentlichkeit. Sie tritt als Predigerin vor die Konvente der Mönchsklöster und auf die Märkte der Städte in Köln, Metz, Trier, Würzburg und Bamberg, rheinauf, rheinab. Sie erweist sich als großartige Ärztin und Heilkundige, als Helferin aller Kranken und Leidenden, wie ihre zahlreichen Rezepte und Anweisungen für die Gesundheit beweisen. Auch in der Küche weiß sie gut Bescheid, denn sie zieht gern Vergleiche aus diesem Gebiet heran.

Für die Echtheit ihrer Visionen spricht unter anderem der Umstand, daß sie ganz wie Berichte von Träumen wirken, die wir ja alle kontrollieren können. Was Friedrich Nietzsche vom Mythos sagt, gilt auch vom Traum: »Er teilt eine Vorstellung von der Welt in der Abfolge von Vorgängen, Handlungen und Leiden mit, ist also selbst ein Denken« – ein vorlogisches Denken, könnte man ergänzen.

Blickt man in Hildegards naturwissenschaftliche Werke (»naturwissenschaftlich« im mittelalterlichen Sinn natürlich, also eher »naturweisheitlich«), in die *Causae et curae* (Ursachen und Heilungen) und die *Physika* (Subtilitatum diversarum naturarum creaturarum libri novem), so fällt sofort auf, daß es sich dabei nicht mehr um Naturphilosophie im antiken Sinn handelt. Hildegard geht in der Wahrnehmung der Natur einen entscheidenden Schritt weiter. Sie systematisiert und beschreibt nicht analytisch, sondern will auch bei der Natur in ihr kosmisches Wesen eindringen. So sagt sie zum Beispiel: »Die Pupille des Auges ist die Sonne, die dunkle oder graue Farbe, welche die Pupille umgibt, dem Mond ähnlich, das äußere Weiß des Auges gleicht den Wolken.« Auch hier ist sie Mystikerin und zugleich eine scharfe Beobachterin. Wir müßten schon spätägyptische »Naturwissenschaft« zum Vergleich heranziehen, um die große Wandlung zur vernunftgeleiteten

Betrachtung hin zu ermessen. Hören wir, was Hildegard über das Wetter zu sagen weiß: »Ist in der Luft größere Wärme und Feuerhitze, so bewirkt diese Hitze ein plötzliches Aufkochen und gefährliche Überschwemmungen aus den Gewässern und sendet sie zur Erde. Daher entstehen die Stürme und die Zerreißung der Wolken. Es ist, wie wenn ein Topf an ein großes Feuer gestellt wird und dann plötzlich aufkocht und Gischt auswirft. Solche Unwetter kommen meist auf Gottes Gericht hin... Wenn schließlich Feuer und Wasser die Luft gut temperieren, dann entsendet sie auch gemäßigte Witterung, wie der Topf an mäßigem Feuer linde erwärmt wird. Steigt aber die Sonne empor, so daß ihr Feuer in der Himmelshöhe stark brennt, dann ist die Luft zuweilen von der Sonnenglut trocken und ausgedörrt, und es berührt das Feuer der Sonne zuweilen das des Donners.«

Gewiß, unsere Meteorologie arbeitet nicht mehr mit der Analogie des Kochtopfes, und den lieben Gott läßt sie ganz aus dem Spiel, aber ob die gelehrten Formeln kontinentaler Wetternachrichten von den zahlreichen Seestationen dem *Wesen* des Wetters besser auf den Grund kommen, mag dahingestellt bleiben.

Vergleichen wir dann etwa Hildegards Rezepte gegen Zahnschmerzen mit einem altbabylonischen Beschwörungstext gegen dasselbe Übel, so ist der Abstand noch größer. Bei Hildegard findet sich nichts, was auch nur von ferne an Beschwörung oder Magie erinnern könnte, sondern sie geht schon ganz praktisch mit Mundausspülen, Wermut, Eisenkraut, Aloe und Myrrhe vor, wie es weithin auch heute noch in der Naturmedizin geschieht.

Hildegard ist ein Multitalent: Neben ihren Aufgaben als Äbtissin schreibt sie nicht nur mehrere Bücher, sie pflegt eine umfangreiche Korrespondenz, verfaßt theologische, exegetische, hagiographische Schriften, naturwissenschaftliche und medizinische Werke, Lieder und sogar ein Singspiel. Obwohl ihre Werke so verschiedene Gattungen umfassen, sind sie doch fast alle Visionsschriften. Um Hildegard zu verstehen, muß man den visionären Charakter ihres Schreibens berücksichtigen. Selbst in ihren Briefen – nach den Niederlanden,

England, Frankreich, der Schweiz, Italien, Griechenland – mit Adressaten auf höchster politischer und kirchlicher Ebene (Päpste, Bischöfe, Kaiser, Könige, Fürsten) herrscht eine visionäre Überzeugungskraft vor. Umstritten ist in der Fachwelt, was mit Begriffen wie »Vision«, »Erscheinung« und »Traum« bezeichnet werden soll. Peter Dinzelbacher versteht unter einer Vision, »wenn der Mensch ein Erlebnis hat, aus seiner Umwelt auf außernatürliche Weise in einen anderen Raum versetzt zu werden, er diesen Raum beziehungsweise dessen Inhalt als beschreibbares Bild schaut, diese Versetzung in Ekstase (oder im Schlaf) geschieht und ihm dadurch Verborgenes offenbar wird«.

Hildegard beschreibt nun ihre Visionen wie folgt: »Und meine Seele steigt, wie Gott es will, in dieser Vision in die Höhe des Firmamentes... Ich sehe aber diese Dinge nicht mit den äußeren Augen und höre sie nicht mit den äußeren Ohren, auch nehme ich sie nicht mit den Gedanken meines Herzens wahr noch durch irgendwelche Vermittlung meiner fünf Sinne. Ich sehe sie vielmehr einzig in meiner Seele, mit offenen leiblichen Augen, so daß ich dabei niemals die Bewußtlosigkeit einer Ekstase erleide, sondern wachend schaue ich dies, bei Tag und Nacht. Und ich werde durch Krankheiten stark gehemmt und oft derart in schwere Schmerzen verstrickt, daß sie mich zu Tode zu bringen drohen. Doch hat Gott mich bis jetzt immer wieder neu belebt.«

Hildegard sieht ihre Visionen in engem Zusammenhang mit ihren häufigen Krankheitsanfällen, sonst hätte sie nicht ihre Schwäche- und Schmerzzustände im selben Atemzug wie ihre Visionen beschrieben. Das Phänomen der Krankheit scheint für mittelalterliche Visionen typisch zu sein. Allerdings erlebt Hildegard ihre Visionen nicht generell in extremen Situationen; häufig wird sie erst nach den Schauungen krank. Ihre Krankheiten versteht sie als Prüfungen Gottes, manchmal sogar als Strafen; ihre Visionen dagegen bedeuten ihr Momente der Glückseligkeit: »Aber solange ich es schaue, wird alle Traurigkeit und alle Angst von mir genommen, so daß ich mich wie ein einfaches junges Mädchen fühle und nicht wie eine alte Frau.«

Eine kosmische Schau der Schöpfung

Immer wieder betont die Mystikerin, ihre Visionen seien Zeichen der Größe und Gnade Gottes und nicht Produkte ihrer selbst. Hildegards Sprache verlangt nach einer symbolischen Deutung ihrer Visionen. Sie weisen alle die gleiche Struktur auf: Zunächst beschreibt Hildegard das bildhaft Geschaute, dann gibt sie eine Erklärung, die sie von einer »himmlischen Stimme« gehört hat, wortwörtlich wieder, ihre Audition. Schauen wir uns das an einem Beispiel, der dritten Schau des ersten Buches der *Scivias*, näher an. Diese Vision ist Hildegards erste kosmische Schau, in der die Beziehungen zwischen Mensch, Kosmos und Schöpfer thematisiert werden. In ihr offenbart sich am deutlichsten das Naturverständnis Hildegards.

In dieser Vision sieht Hildegard ein eiförmiges Gebilde, das wie eine Zwiebel aus verschiedenen Schichten aufgebaut ist. Jede Schicht besteht aus besonderen Elementen (Feuer, Luft, Wasser, Dunkelheit), die verschiedenen Kräften ausgesetzt sind. Durch die einzelnen Schichten kann Hildegard bis zum Kern des Gebildes, einer Sandkugel, hindurchsehen. Ein mittelalterlicher Leser wird dieses Ellipsoid wahrscheinlich auf Anhieb als Weltall erkannt haben. Die äußerste Sphäre des Kosmos besteht in Hildegards Vision aus hell loderndem Feuer (*lucidus ignis*), in dem die Sonne als roter Feuerball von drei Leuchten (*tres faculae*), wahrscheinlich Planeten, gehalten wird. Die Sonne steigt aus dem Feuerkranz empor und taucht wieder hinab. Von dieser Zone geht ein warmer Wind, der Südwind, aus. Unter dem Feuermantel liegt eine finstere Schicht (*pella umbrosa*), in der ein Wirbelwind (*flatus cum turbinibus*) und ein düsteres Feuer (*tenebrosus ignis*) wüten. Dies ist die Unwetterzone des Weltalls, in welcher der Nordwind seinen Ursprung nimmt. Im Sommer gehen von dieser Zone Gewitter aus, im Winter Frost und Hagel. Der ganze Kosmos wird von solchen Unwettern erschüttert.

Die nächste Sphäre besteht aus reinstem Äther (*purissimus aether*), in der eine weißglänzende Feuerkugel schwebt, der

Mond. Darüber stehen zwei Planeten (*duas faculae*) und halten den Mond, damit er seine Bahn nicht überschreitet. Über den ganzen Ätherraum sind Sterne verstreut, in die der Mond zuweilen sein Licht ausgießt und sich dann an der Sonne neu entzündet. So entstehen die Mondwechsel. Auch von der Ätherschicht geht ein Wind aus, der Ostwind.

Unter dem Äther liegt eine Sphäre dunstiger Luft (*aquosa aera*), darunter eine weiße Haut (*alba pella*). Die Dunstzone spendet der Welt die nötige Feuchtigkeit. In ihr entsteht der regenbringende Westwind.

Im Mittelpunkt des Kosmos sieht Hildegard eine Sandkugel (*arenosus globus*), die von der weißen Haut eingehüllt ist. Das ist die Erde mit ihrer Lufthülle. Manchmal gerät die Erde durch den Aufruhr der Elemente und Winde etwas ins Schwanken, doch ist sie vor dem Abstürzen gesichert. Hildegard erblickt auf der Erde zwischen Norden und Osten einen Berg, dessen Ostseite hell erleuchtet ist und dessen Nordseite im Finstern liegt.

Auch wenn der Leser in der Vision eine Beschreibung des Kosmos vermuten kann, bleibt ihm das Geschaute und Mitgeteilte trotzdem unverständlich, denn mit seiner realen Welt hat es wenig gemeinsam. An diese Situation des Lesers knüpft die »himmlische Stimme« an, indem sie die beiden wesentlichen Aussagen der Vision zusammenfaßt: Gott sei der Schöpfer von allem, und seine Schöpfung verweise nicht nur auf das Sichtbare und Zeitliche; vielmehr sei in ihr Unsichtbares und Ewiges angelegt. In 18 Kapiteln werden nun die einzelnen Visionsmotive nacheinander erklärt. Jedem Element der Visionsbilder kommt eine spezifische Bedeutung zu, jede Phase des Geschehens, jeder Vorgang und jede Bewegung werden explizit ausgelegt. Die ganze Sprache und Symbolik steckt voll von biblischen und altkirchlichen Traditionen. Die allegorische Deutung der Vision geht vom trinitarischen Bekenntnis über die Auswirkungen des Bösen in der Welt bis zur heilsvermittelnden Funktion der Kirche (insbesondere ihrer Sakramente). Sie umgreift die Gottesebenbildlichkeit des Menschen und seine Rolle in der Schöpfung und stellt den Sündenfall des Menschen in den Kontext der Erlösung Christi. An diese allegorischen Deutungen, die hier nicht im einzelnen referiert werden können, schließt sich eine prophetische Rede an, die den Menschen warnt, sich über seinen Schöpfer zu erheben. Der Schwäche und Ohnmacht des Menschen wird die Größe und Allmacht Gottes entgegengesetzt.

Für Hildegard ist es völlig selbstverständlich, in den realen Dingen und Sachverhalten Verweise auf die Sphären des Unsichtbaren zu sehen. Der Text beginnt mit einem Hymnus auf Gott, auf den der ganze Kosmos hinweist. Mit seinem Feuermantel der Tröstung (*ignis consolationis*) umfängt er die Gläubigen, die Abtrünnigen stürzt er dagegen ins Verderben. Die Sonne des Kosmos symbolisiert Gottes eingeborenen Sohn, in Anlehnung an Maleachi 3,20 (»Sonne der Gerechtigkeit«). Die drei Sterne über der Sonne stehen für den Engel, der den Retter verkündet, und den Menschen (Maria?), der ihn in Körper und Seele aufnimmt. So erinnert das Auftauchen der Sonne an die Geburt Christi, das Hineintauchen in den Feuerkranz an seine Himmelfahrt. Die finstere Haut der Unwetterzone versinnbildlicht die Kraft des Bösen. Aus diesem düsteren Feuer geht der Nordwind als böse Rede unter den Völkern aus. Der warme Südwind dagegen ist Zeichen für das gute Wort Gottes. Auch wenn das Böse den ganzen Kosmos in Aufruhr bringt, siegt am Ende doch die Macht Gottes: ein tiefes Vertrauen in die letztlich gute Schöpfung.

Der reine Äther symbolisiert den unerschütterlichen Glauben, in dem die unbesiegte Kirche (der Mond) schwebt. Vom Alten und Neuen Testament, den zwei Sternen über dem Mond, wird der Kirche ihr Weg vorgezeichnet. Wie der Ostwind des Äthers kündet der Glaube die Wahrheit bis an die Grenzen der Welt. Die oberen Wasser, die den Kosmos mit Feuchtigkeit versorgen, versinnbildlichen das Sakrament der Taufe. Dieses Evangelium breitet der Westwind über dem ganzen Kosmos aus. Die Erde als Mittelpunkt der Welt ist die Krone der Schöpfung. Wenn die Elemente in Aufruhr geraten, das Schöpfungswunder Gottes verkünden, wird der Mensch in Leib und Seele erschüttert.

Prophetisch nimmt Hildegard auch die Schwächen des Menschen ins Visier: Hochmut und Überheblichkeit, Machthunger und Herrschsucht. Ebenso warnt die himmlische Stimme vor Magie und Sterndeuterei. Der Zusammenhang zwischen Hildegards Visionen und ihren Auditionen ist ganz wichtig: Alle Bilder können nur in einer bestimmten Art und Weise verstanden werden. Damit keine Fehldeutungen entstehen, muß die richtige, das heißt göttlich autorisierte Interpretation gleich mitgeliefert werden. Nur eine wortwörtliche Wiedergabe der »himmlischen Stimme« garantiert die angemessene Vermittlung an die Leser: »Und was ich schreibe in einer Vision, das sehe und höre ich, und ich setze keine anderen Worte als die, die ich höre und in ungefeilten lateinischen Worten, so wie ich sie in der Vision höre, kundtue.« Und als ob Hildegard den Spott einiger Reformatoren geahnt hätte, ein solch wackliges Latein könne unmöglich vom Heiligen Geist diktiert sein, betont sie: »Denn ich werde in der Schau nicht gelehrt, wie die Philosophen zu schreiben. Die Worte in dieser Schau klingen nicht wie die aus Menschenmund, sondern sie sind wie eine blitzende Flamme und wie eine im reinen Äther sich bewegende Wolke.«

Der innere Sinn

Auf dem sozialgeschichtlichen Hintergrund des 12. Jahrhunderts sieht Elisabeth Gössmann in der visionären Legitimation für eine Frau eine der wenigen Möglichkeiten, sich Gehör zu verschaffen, theologische Überzeugungen und Kritik an Staat und Kirche zu äußern.

Aber über diese prophetische Gabe hinaus ist die Kosmologie Hildegards eine ganz eigene Schöpfung aus weiblicher Phantasie, die sich von Gott inspiriert weiß. Heinrich Schipperges schreibt: »Die volle Einheit der Schöpfung – in der Engelwelt, in der Natur von Pflanze und Tier, im Sinnenleben, im Seelenringen, im Gnadenwirken – ist durchlaufendes Thema aller Visionen Hildegards. Ihre Schau soll zeigen, wie alle Welt ihren Schöpfer verherrlicht, aber auch, wie sehr der Mensch – in seiner Verbindlichkeit von Leib und Geist, zwischen Welt und Kirche, in Natur wie Gnade – bei aller Berufung zu höherem Einklang in der harten Verantwortung seiner sittlichen Entscheidung immer nur bestehen oder versagen kann.« Hildegards Visionen sind also einerseits kosmische Träume voller Einklang mit dem Lebendigen und Geschaffenen, erfüllt von einer tiefen Wärme für die Ordnung des Kosmos, andererseits prophetische Appelle zum richtigen, das heißt gottgemäßen Umgang mit der Schöpfung. In den Wahrnehmungen der Sinne, schreibt sie, »wird Gott, der alle Kreaturen geschaffen hat, vermittelt und abgebildet«. Daraus resultiert eine durchgehende Ehrfurcht vor dem geschaffenen Kosmos, durch den sich Gott mitteilt: »Gott kann ja nicht direkt geschaut werden; Er wird vielmehr durch die Schöpfung erkannt.«

Bei Hildegard fallen Transzendenz und Immanenz Gottes in der Schöpfung nicht unterschiedslos zusammen, aber sie denkt – besser: sie schaut –, wie die ganze Welt in die Begegnung mit dem fleischgewordenen Logos geführt wird: »Denn diese Erde ist der Grundstoff des Werkes Gottes am Menschen, der wiederum die Materie bildet für die Fleischwerdung des Gottessohnes.« Darin ist sie eine Vorläuferin Teilhard de Chardins, in dieser Christozentrik der kosmischen Schau. Als lebendiges Gewand Gottes offenbart der Kosmos den Schöpfer, offenbart er eine Ordnung, die in Christus ihre Spitze und Vollendung erfährt. Alle Erscheinungen der Welt werden also zum lebendigen Zeichen göttlichen Geistes: »die Schönheit der Gefilde und die Erhabenheit der Gebirge, die Schauer der Abgründe und des Grünen in Wurzel und Blatt, die Leuchtkraft der Gestirne und der Glanz der Gezeiten, die Fruchtbarkeit der Geschlechter und die Folge der Generationen, aber auch die Widersprüche des Lebens, die Krisen der Existenz, das Krankwerden und Sterben –: alles das meint sich selbst und noch einen wesentlich innigeren Sinn, der uns mitgeteilt und vermittelt werden soll« (Heinrich Schipperges). Hildegard von Bingen entwickelt eine Mystik des Kosmos aus lebendiger Gottesbeziehung, deren inneres Licht alle Gestalten und Vorgänge der Erde umgreift und in ihrem letzten Ziel erkennen läßt.

Franziskus von Assisi:
Sympathie mit der Kreatur

Im Jahr 1182 wird in Assisi ein Sonntagskind geboren und in der Kirche Maria Maggiore getauft. Behütet wächst Giovanni Francesco Bernardone auf, den wir künftig mit seinem hier bekannten Namen Franziskus nennen wollen. Sein Vater Pietro Bernardone ist durch den Seidenhandel ein reicher Kaufmann geworden (Umbrien ist eines der Modezentren Italiens). Die Bernardones gehören zu den angesehensten Familien Assisis.

Unbeschwert verläuft die Jugend des Franziskus, gekennzeichnet von spontaner Hingabe an das Leben. Der lebenslustige Franziskus, geschickt in kaufmännischen Dingen, sehr reich, leichtsinnig und unbekümmert, gilt als Anführer der Jugendlichen Assisis, der verschwenderisch mit Geld um sich wirft, ein geselliger und charmanter Luftikus, für den alles ein Spiel ist. Er ist der Mittelpunkt der Feste, der ausschweifenden Nächte. Franziskus ist nicht nur von Reichtum und Luxus gefesselt, sondern auch vom Ritterideal. Der ewige Streit der kleinen italienischen Städte macht selbstverständlich auch nicht vor den Toren Assisis halt.

Hier einige Anmerkungen zum sozialgeschichtlichen Kolorit, ohne das die Geschichte des Franziskus eigentlich nicht zu verstehen ist. Wir befinden uns im 12. Jahrhundert, am realen Anfang universalen Kaufmanns- und Handelsgeists, der sich dann im Bauch der alten Gesellschaftsordnung zum Gewerbe-, Manufaktur- und Industriekapitalismus auswächst.

Der Streit zwischen Kaisertum und Papst befindet sich auf dem Höhepunkt, die Herren bekriegen sich untereinander um Würde und Macht. Es ist die Zeit, da sich das Bürgertum zu einem neuen Feudalismus entwickelt. Es ist die Zeit, da der

Kinderkreuzzug von 1212, jene Wahnsinnstat katholischer Überheblichkeit, damit endet, daß die Mädchen geschändet und dann auf dem Sklavenmarkt von Alexandria verkauft werden. Wie immer am Beginn von historischen Umschwüngen, steht das Prinzip der Zeit in übertriebener Deutlichkeit vor uns: einerseits Verelendung der bäuerlichen Massen, andererseits unersättliche Habgier. Das Prinzip des Raffens, Besitzens und Vergeudens hat damals nicht nur die bürgerlichen Menschen ergriffen, sondern auch den Klerus. Die Ideologie war: Wer nichts besitzt, hat auch keine Rechte. Nur wer Grundbesitz hat, ist politisch relevant. Gleichzeitig haben wir in dieser grausamen Mischung von Verfall und Aufschwung die Gründung der ersten Universitäten zu verzeichnen, die große, viel zu wenig beachtete, ganz fortschrittliche Bewegung der Troubadours und der landfahrenden Sänger.

Ein Fest in der Sonne

Franziskus also ist angesteckt vom Ideal des ritterlichen Menschen. Vom Ruhm künftiger Taten und vom Heldentum träumend, wird er irgendwann auf einem der leichtfertig angezettelten »Kreuzzüge« junger Burschen gefangengenommen und muß von seinem Vater freigekauft werden.

In seiner luxuriösen Umgebung lebt Franziskus in jugendlichem Übermut. Nichts kann seine Lebensfreude trüben. Es wird noch eine Weile dauern, bis sich bei ihm etwas verspüren läßt von dem Phänomen »linke Kinder von rechten Eltern«, bis er auf seine eigene, ursprüngliche Art die Ungerechtigkeiten seiner Zeit erkennt.

Assisi, die Stadt in Umbrien, ist zwar ein immerwährendes Fest in der Sonne, aber auch ein Ort großer sozialer Unterschiede, die vom mächtigen Adel über die starke Kaufmannschaft bis hinab zu den kleinen Leuten, den Metzgern, Schustern, Webern reichten. Nicolas van Doornik schreibt: »Man fragt sich, wie dies alles in diesen Mauern geborgen werden konnte. Das Leben in den Straßen und auf den Plätzen ohne Zebrastreifen und Verkehrspolizisten muß ein tosendes Chaos gewesen sein, in dem die Menschen unmittelbar nebeneinander lebten und all ihre Sorgen und Freuden auf die Straße brachten. Jeder kannte jeden, und ein einziger Funke konnte in dieser entzündbaren Menge Aufruhr oder Feststimmung auslösen.«

In diesem Assisi will Franziskus die ganze Welt in Festfreude versetzen. Doch sein übersprühendes, dionysisches Lebensgefühl erhält einen empfindlichen Dämpfer durch eine schwere Krankheit, die ihn auf lange Zeit an sein Zimmer fesselt. In einem Gefühl der Ohnmacht, Leere und Langeweile bleibt Franziskus die lärmende Welt nur noch in der Erinnerung. Die Einsamkeit mit dem leidenden Körper macht ihm zum erstenmal den Kontrast zu seinem bisherigen Leben bewußt. Nur schwer gelingt es ihm, seine Krankheit zu verarbeiten.

Nach langer Konvaleszenz will er sich, tatendurstig und hochgestimmt, erneut einem Streit seiner Heimatstadt als Kämpfer anschließen. Und hier erlebt der Troubadour, der Tänzer und Unterhalter, der Animateur und Berater führender Aristokraten, ein Fiasko: Er ist zu krank, zu geschwächt, um mitmachen zu können. Er kehrt zurück und ist wie verwandelt. Als er das Haus verläßt und von der Höhe herab über die sonnige Ebene schaut, befällt ihn eine tiefe Niedergeschlagenheit. Wer die Ebene kennt, weiß, was Franziskus gesehen hat: Umbrien mit seinen Hügeln und Olivengärten, mit seinen Bächen und Feldern ist nicht großartig, nicht überwältigend, aber es stimmt zärtlich. Dies ist die Geburtsstunde für Franziskus' Naturgefühl. Die Monate der Krankheit und des einsamen Grübelns haben in ihm etwas umgewühlt, durch das eine Tiefe des Gefühls aufgebrochen ist, ein Gefühl, das noch völlig ziel- und orientierungslos ist. Die nächtlichen Gelage und Umzüge über die Piazza Grande setzen sich zunächst fort, aber Franziskus hat keine rechte Lust mehr. Eines Tages langt er an einem Punkt an, von dem es kein Zurück mehr gibt. Was folgt, ist ein Abschied.

Franziskus beginnt, seine Freunde zu meiden. Er wohnt in einer Höhle vor der Stadt, gesellt sich zu den Kranken, die damals vor die Mauern verwiesen sind. Man hält ihm den Schock der Krankheit zugute, läßt ihn gewähren, es gibt allerhand merkwürdige Käuze damals. Fasziniert erlebt Franziskus, wie sich in ihm alles umzukrempeln beginnt, wie er vor das Neue, das Wagnis gestellt wird. Und immer schwieriger wird es für ihn, sich in der alten Welt zurechtzufinden, ihr eine positive Seite abzugewinnen.

Die Schmerzen der Konversion

Auf einem Ritt zum Jahrmarkt in Foligno (1206, mit dem Geld des Vaters in der Tasche) kommt er zu einer kleinen verfallenen Kapelle. Er betritt den düsteren Raum des Kirchleins von San Damiano und stellt sich vor das große, zwei Meter hohe gemalte Kreuz. Was sich hier abspielt, ist mit »mystischer Ekstase« nur unzureichend beschrieben. Eine Frage quält sich hoch in Franziskus, er hört eine Stimme, die ihm sagt: »Francesco, siehst du nicht, wie mein Haus zu einer Ruine zerfällt? Gehe hin und stelle es für mich wieder her.«

Franziskus erlebt diese Frage nicht in einem großen Zusammenhang. Er denkt nicht an die Kirche, die nach einer inneren Reform ruft, die gestützt und wieder aufgerichtet werden will. Franziskus versteht die Worte vom Kreuz buchstäblich. Und er will sich an *diese* unbedeutende Aufgabe machen, das Kirchlein San Damiano wieder aufzubauen. Die Rückkehr nach Assisi scheint ihm plötzlich nicht mehr möglich zu sein. Eine neue Aufgabe wartet auf ihn, San Damiano wartet auf ihn. Er bittet den Priester, der neben der Kapelle wohnt, um Unterkunft und bietet ihm sein Geld an. Der Don wird Franziskus erstaunt angeblickt haben, er kennt ihn als den Anführer einer lärmenden Gruppe junger Menschen. Daß Franziskus bei ihm bleibt, will der alte Mann zwar gestatten, aber aus Furcht vor dessen Vater weigert er sich, das Geld anzunehmen. Da bricht für einen Augenblick

das Temperament mit Franziskus durch. Er wirft das Geld
auf die Fensterbank, und nie mehr wird er eine Münze besitzen.

Der Skandal auf der Piazza

Nun gibt es für Franziskus keinen Schritt mehr zurück in das
Leben, das hinter ihm liegt. Dramatisch wird sich der Konflikt
zwischen ihm und Vater Pietro Bernardone zuspitzen. Dieser
fühlt sich blamiert; es ist nicht das Geld, das er verschmerzen
kann, vielmehr der Unsinn, Geld zu verschenken, statt es zu
benutzen, der ihn wütend macht. Pietro Bernardone zieht aus,
gefolgt von der halben Bevölkerung, die Gerüchte verbreitet
und sich über die Blamage freut, den verrückten Sohn zu holen. Zerrissen und zerlumpt erscheint dieser vor seinen Augen, rasend vor Wut packt er sich den Sohn, schleppt ihn unter
Schlägen und wüsten Beschimpfungen nach Haus und sperrt
ihn ein. Die Mutter befreit ihren Sohn, der erneut flieht. Jetzt
tobt der Vater wieder, man muß das verstehen: Der Sohn, bestimmt für eine glänzende Karriere, ausgestattet mit Geld,
Einfluß, Prestige, läuft als armer Irrer durch die Straßen der
Stadt. Pietros Ruf als Kaufmann hat zugenommen, sein Geschäft hat geblüht, solange sein Sohn Dichter und Ritter war,
das ließ sich im Werbebudget unterbringen. Nun fürchtet er zu
Recht, »Vater des Verrückten« genannt zu werden. Er gibt
sich nicht zufrieden, sondern versucht mit allen Mitteln, Franziskus aus San Damiano zurückzuholen. Er schickt die Konsuln des Stadtrates – vergeblich. Er wendet sich sogar an den
Bischof Guido und strengt einen Prozeß gegen seinen eigenen
Sohn an. Manch einer würde das Geld ohne weiteres zurückgegeben haben und wieder im Dunkel seines Daseins verschwinden. Franziskus zeigt jedoch sein spielerisches, phantasiereiches Talent. Nun kommt die große Schlüsselszene, und
die ist bunt, theatralisch, dramatisch, aber in ihr verbirgt sich
auch das Neue, das Kleine und Schüchterne. Da steht der Vater, ein sehr reicher und beachteter Kaufmann der Stadt, mit

seinen Angehörigen als Kläger, natürlich zu diesem Anlaß repräsentierend, stattlich, ja fürstlich gekleidet. Da ist die Reihe der Richter, der hohe Klerus, in prunkvollen Gewändern, da sind die adligen Prozeßbeobachter aus dem Stadtrat. Der Sohn tritt auf, hört die Klagerede des Vaters. In einer dramatischen Geste, ohne ein Wort zu sagen, entledigt er sich all seiner Kleider und wirft sie seinem Vater vor die Füße. Völlig nackt bleibt er vor den Anwesenden stehen, bis der Bischof aufsteht und ihm einen Mantel um die Schultern legt. Die Gesellschaft ist erstarrt, sie begreift nichts als dieses ungeheuerliche Bild des dünnen, schwachen, kranken Körpers und der mächtig gekleideten, runden, gesunden Herren. Aber man wird doch geahnt haben, was hier vor sich geht. Das Schauspiel des Franziskus verlangt eine tiefere Erklärung. Vor der ganzen Menge bricht er sein Schweigen und ruft aus: »Bisher nannte ich Pietro Bernardone meinen Vater. Fortan kann ich in aller Freiheit sagen: Für mich gibt es nur noch einen Vater unser im Himmel. Ich gebe das Geld zurück und alles, was ich von zu Hause besitze, auch die Kleider. Nackt werde ich meinem Herrn entgegengehen.«

Alle normalen sozialen Beziehungen, die zu Vater und Familie, die zu Herkunft und Herrschaft, die zur eigenen Vergangenheit, werden von Franziskus zerschnitten. Er sieht sich vor das Äußerste gestellt; in dieser Sekunde spürt er den tiefen, unversöhnlichen Bruch zwischen der Welt, die herrschen, und der Welt, die dienen will. Zwei Welten gehen auseinander, und sie werden nie wieder zusammenkommen. Die individuelle Schamlosigkeit verweist auf die Schamlosigkeit der Normalität, des Hasses, des Besitzstreits, der Konkurrenz, der Habsucht, des Neides, der Geldgier, der Konvention anständiger Bürger. Franziskus ist damals 28 Jahre alt, als er angeblich endgültig verrückt wird, als die Kinder auf den Straßen »pazzo, pazzo« (Narr) hinter ihm herrufen. Der Bischof allein hat die ungeheuerliche Symbolik verstanden, die in dieser Weltentsagung durch Entblößung liegt.

Suche nach der Quelle

Wir kennen den Begriff »nackt, wie die Natur ihn schuf«. Der nackte Franziskus, damit beginnt eine ungeheuer tiefe Liebe zur Natur, zu dem, was der Mensch in Kommunion mit den Geschöpfen in Wirklichkeit ist. Nach der Auseinandersetzung mit dem Vater zieht Franziskus in die Berge, und van Doornik beschreibt das neue Seinsgefühl poetisch: »Die Spannung ist verschwunden. Durchströmt von einer wunderbaren Freiheitserfahrung, steigt er singend den beschneiten Subasioberg hinauf wie ein Mann, der nichts mehr zu verlieren hat, weil er alles weggeworfen hat. Stundenlang zieht er über die stillen Pfade, die er früher mit seinen Freunden gegangen war. Aber jetzt ist er allein, und die provenzalischen Lieder der Troubadoure finden keine anderen Hörer als einige erschreckte Vögel.«

Zwei Jahre lang streift Franziskus durch die Natur. Er lernt hören auf das Schweigen. Einige Kilometer vor der Stadt findet er eine Kapelle (im Wald der Steineichen, Portiunkula genannt). In diesem kleinen Raum liegt er Tage und Nächte im Gebet, wandert von diesem verlassenen Kirchlein aus immer wieder in die Wälder Umbriens, in einer Spiritualität, die den Ursprung, die Quelle sucht, einfach, arm und geheimnisvoll. Ein Leben, das ganz Gebet ist. Ein Beten, das Leben ist, ein Heraussingen der Liebe. Dieses Beten kostet Franziskus das ganze Sein. Er ist nicht der liebliche Wandersmann, der harmlos mit den Tieren spricht. Das Leben, das er führt, ist erbarmungslos, wüstenhaft, wie die Natur erbarmungslos ist.

Franziskus liebt die Schöpfung unendlich, sie ist das einzige Kleid, das der fast nackt aus Assisi fliehende Pazzo akzeptiert. Er liebt die Erde in einer Einfachheit, die man nur wehmütig bewundern kann, wenn man sie erfassen will, in einer unverbrauchten Zuwendung, die uns heute fremd geworden ist. In dieser grenzenlosen Einsamkeit erfährt Franziskus Begegnung mit der Schöpfung. Aus dieser wüstenhaften Verlassenheit kommt er zurück zu den Menschen. »Jeder, der christlich leben

will, muß zuerst mit Christus in der Gottunmittelbarkeit gestanden und ›gestorben‹ sein«, sagt Hans Urs von Balthasar.
»Deshalb kommen die Gesendeten Gottes irgendwie aus der
Wüste. Christus kommt aus dreißig Jahren Verborgenheit und
aus vierzig Tagen des Ringens in der Gottunmittelbarkeit der
Wüste. Der Täufer kommt aus der Wüste. Paulus kommt aus
drei Jahren Arabien.«

Die kleine Kommunität

Hier, an der Grenze des hohen Mittelalters, kommt individuelle Souveränität zum Vorschein, eine Souveränität freilich, die aus der Verbundenheit mit der Erde ihre Kraft erhält. Franziskus bleibt in der Nähe von Assisi, als Prediger
und Sänger, der sich durchs Leben betteln muß. Eine Botschaft hat er, beredsam weiß er sie zu verkündigen, verstanden wird er nicht. Zu radikal erscheint den Leuten von Assisi
die Wandlung vom verschwenderischen Francesco zum be-
tenden Francesco. Dieser jedoch gründet eine Gemeinschaft;
die Nachfolge beginnt bei intellektuellen und denkenden
Geschöpfen. Bernardo di Quintavalle und Pietro di Catta-
neo, vornehme, gelehrte und weitgereiste Brüder, bitten
Franziskus, sich ihm anschließen zu dürfen. Franziskus wird
Leiter einer kleinen Gemeinschaft, eine nicht einfache Aufgabe, die ihn vor ungewohnte Probleme stellt. Er ist kein Organisator, er improvisiert, liest mit den neuen »Brüdern« die
Bibel und trägt ihnen auf, das Evangelium zu verwirklichen,
Wort für Wort, es buchstäblich zu leben. Es ist der 16. April
1209. Die drei neuen Gefolgsleute – der arme Bauer Ägidius
ist dazugekommen – geben sich Lebensregeln. Sie schlagen
die Bibel auf, und was sie finden, legen sie zugrunde: »Ver-
kaufe alles und gib es den Armen, ihr sollt nichts mitnehmen
auf dem Weg. Wer mir nachfolgen will, verleugne sich
selbst.« Sofort geben die Männer ihr Wort, sofort beginnen
sie mit diesem Werk, keine ernste Feier, keine feierlichen
Versprechen, keine spektakulären Reden. Sie machen wahr,

was uns die Botschaft in Wirklichkeit aufträgt, in immer
neuen Geschichten: anfangen. Beginne, gehe hinaus, tue des-
gleichen.

Franziskus und seine Brüder besitzen nichts, teilen ihr Geld
aus, reden in ihrer äußerlichen Erbärmlichkeit von dem, was
sie erfüllt und reich macht. Eine Botschaft des Verzichts auf
Geld, Macht, Karriere, Familie, Freunde, Ansehen. Was
bleibt? Die Ehrfurcht vor der Schöpfung, die Freundschaft zu
den Geschöpfen und die Freiheit zu lieben. Das ist so anzie-
hend an diesem Franziskus, daß ihm allmählich die Männer
folgen, die in der Plausibilität ihres Alltags nicht länger aufgehen wollen, Männer, die nicht ihre Armut, sondern ihren
Wohlstand verlassen, die sich einem Abenteuer anschließen,
das ihnen nichts verspricht als ein erbärmliches Leben, ein er-
barmendes Leben.

Sie vagabundieren durch die Welt, mit geöffneten Augen
und brennenden Herzen. Sie werden wache Menschen, ein-
fühlsam, spirituell durchdrungen und doch realistisch. Ein
Feuer beginnt mit Franziskus, dessen Funken überspringen,
das klein gehalten, ausgetreten, gelöscht werden soll und das
noch heute sein Licht zeigt.

Aus allen Ständen strömen die Leute ihm zu. In Zweier-
gruppen gehen die Anhänger des Franziskus durch die ober-
italienischen Städte, betteln, sprechen von Liebe, Armut,
Frieden. Ursprünglich leben diese Gefährten des Franziskus,
betend, mit Sonne und Wolken weiterziehend, verwoben in
das schöpferische Geschehen der Natur um sie herum. Inspiration ist in der kleinen Kommune, die durch die Welt zieht.
»Dies«, sagt Karl Rahner, »ist die Erfahrung, daß der Sinn des
Menschen nicht im Sinn und Glück dieser Welt aufgeht.« Er
warnt uns davor, das Leben in Portiunkula als ein romantisches Abenteuer des franziskanischen Troubadours zu sehen, der mit seinen Brüdern sorglos durch die sonnige italienische Landschaft in ungestörter Glückserfahrung umherzieht.

Die Macht der Ohnmacht

Franziskus verfaßt eine erste Regel, sie ist nicht erhalten geblieben. Sie ist der Niederschlag seines Erlebnisses, kein Schlußdokument einer sich zu Ausgewogenheit durchringenden Kommission. Mit dieser Regel zieht Franziskus zusammen mit elf Gefährten durch Umbrien nach Rom, um sie dem Papst vorzulegen. Es ist dies eine seltsame Geschichte: Da gehen einige zerlumpte Gestalten durch die prunkvollen Paläste des Lateran zu einem Mann, der Könige absetzt und unbegrenzte Macht hat, Stellvertreter Christi auf Erden, erhoben über alle geistlichen und irdischen Mächte.

In Franziskus und seinen Brüdern auf der einen Seite und Papst Innozenz III. auf der anderen konzentriert sich die Auseinandersetzung innerhalb der Kirche. Wir sollten uns diesen Papst etwas genauer ansehen, weil er bei der unvermeidlichen Parteinahme für Franziskus leicht in Gefahr gerät, verzeichnet und verkannt zu werden. Innozenz III. ist kein mittelalterlicher Skandalpapst, der Franziskus ein unmenschliches Spiel aufgezwungen hat: hier der mächtige Diener der Diener Gottes, dort der Habenichts. Sicherlich geht im Laufe der Geschichte viel von der franziskanischen Spontaneität des Glaubenslebens gerade auch in der Auseinandersetzung mit der Kirchenführung verloren; vieles wird glattgezogen, eingepaßt, wegverordnet. Schmal ist der Grat zwischen Isolation und Integration des Poverello in diese große, übermächtige Kirche, und schwer tut sich die Tradentin des Glaubens mit dem armen Francesco und seinen Brüdern.

Innozenz III. jedenfalls ist ein imponierender Kirchenfürst, überaus intelligent, gewandt im diplomatischen Umgang, politisch versiert, ein Taktiker, ein Jurist, ein Organisator – kein Seelsorger. Ein Pontifex, wie er im Buche steht: unbestechlich, brillant, mutig, einer, der, gemessen am Strom der Zeit, verhältnismäßig milde mit Ketzern umgeht und der ein ungewöhnliches Augenmaß für die Sorgen und Nöte seiner Kirche besitzt. Ein intelligenter Realist also, ohne prophetische Intuition, doch ein Genie der Organisation der *ecclesia triumphans*.

Ein Stück Pergament, auf dem die Regel steht, bringen Franziskus und seine Brüder über zweihundert Kilometer zu diesem Papst im Lateran und erwarten sein Urteil. Auf mehreren Umwegen werden sie schließlich vorgelassen; bettelarm und bescheiden stehen sie vor Innozenz, der nach Lektüre der schmalen Regel den Kopf schüttelt. Innozenz III. hält nicht viel von Armut; dieser Papst begreift genau, daß das Armutsideal seiner Kirche als einer durch Reichtum sehr mächtigen Organisation Abbruch tun kann, ja daß diese Lehren, diese Armutspraxis deshalb so großen Zulauf haben, weil die Kirche so unevangelisch und so weltmächtig geworden ist. Der Papst nimmt den kleinen Bettelmönch sehr ernst, verhört ihn peinlich, und wir wissen, was das theologisch und politisch bedeutet. Der Papst versteht seine zwiespältige Situation: Franziskus will die Anerkennung der Gemeinschaft, die nach dem einfachen Sinn des Evangeliums lebt, die darum bittet, nichts behalten zu dürfen, bescheiden und dienstbar an der Reform einer Kirche mitwirken zu dürfen, die alles besitzen will. Erkennt der Papst dies an, so gleichzeitig die immanente Kritik an der kirchlichen Praxis. Erkennt er die Regel des Franziskus nicht an, so gesteht er damit ein, daß die Kirche die einfachen Lehren des Evangeliums nicht akzeptiert. Die evangelische Wahrheit und die politische Gestalt der mächtigen Kirche begegnen sich. Der Papst ist zu intelligent, um nicht zu begreifen, daß hier seine Macht endet, daß dieser nackte schwache Mann, den er sofort einkerkern oder foltern oder beseitigen lassen kann, ihm überlegen ist. Er versucht, ihn zu bestechen, einen Kompromiß zu machen, er beruft sich auf »vernünftige Argumente«. Franziskus bleibt stur.

Zwischen dieser ersten Begegnung des Franziskus mit dem Papst und der zweiten Zusammenkunft liegt die seltsame Legende vom Traum des Papstes einige Tage vor dem zweiten Besuch. Er sieht, wie die Lateranbasilika, die Mutterkirche der ganzen Welt, zusammenzustürzen droht. Und er sieht, wie ein kleiner Mann in brauner Kutte den Architrav mit seinen Schultern stützt und den Zusammensturz der Basilika verhindert. Innozenz lizensiert den Orden beziehungsweise die Regel. 1220 hat der Orden der minderen Brüder 5000 Mitglieder, um 1300 sind es 40000, im Jahre 1500 60000 Mitglieder. Viele werden Kleriker – Zeichen der Vereinnahmung durch die Kurie. Die Bewegung um Franziskus erfährt ihre erste Domestizierung. Die Regel schwächt der Papst nicht ab, und Franziskus verläßt den Lateranpalast ebenso ärmlich, wie er gekommen war. Die Kirche jedoch hat die Männer mit Beschlag belegt, sie werden gebraucht.

Franziskus hat der Kirche ihr eigentliches Paradox entgegengehalten: die Macht der Ohnmacht. Die neue Gemeinschaft bezieht sich auf die befreite Natur und Kreatürlichkeit. Franziskus meint, daß alle Kreatur gleich sei vor Gott, er verzichtet deshalb auf Rechte und Ansprüche. Betteln heißt nicht, etwas zu verlangen, auf das man ein Recht hat, im Gegenteil: Es setzt nichts voraus, als daß die allgemeine Armut geteilt werden könne – eine zutiefst kommunikative Vorstellung. »Als er alles weggegeben hatte«, schreibt van Doornik, »wurde alles sein Eigentum. Die umbrischen Hügel wurden sein Haus, die Fische und Vögel seine Freunde, die Wälder und blühenden Bäume wurden ihm vom Schöpfer als Geschenk angeboten. Und niemand von den Menschen stand mehr durch seine Stellung oder Armut unter ihm. Er gehörte zur niedrigsten Kaste, stand auf der untersten Stufe der Gesellschaft und konnte, wenn es um Menschen ging, nur noch nach oben blicken.« In der Begegnung mit Franziskus erhält der Mensch ein Gesicht. Er gibt dem Armen einen Status. Er gibt der Kreatur sein ganzes Gefühl, eine Würde, die unantastbar sein soll. Ich sage nicht, daß dies eine Antwort für uns bereithält. Ich erkläre nur, daß dieser erst individuelle, dann kommunitäre Aufstand eines Narren der Armut, mit einer Theologie der Freude und des Humors, der natürlichen und kreatürlichen Zuordnung, noch einmal den großen vergeblichen Versuch darstellt, die Welt anders als feudal oder bürgerlich zu organisieren. Die Geschichte des Ordens ist eine andere, nicht frei von Irrtümern, Auseinandersetzungen, Richtungsstreitigkeiten, Zerwürfnissen, die hier nicht erzählt werden kann. Die Einfachheit, die Franziskus mit seiner ganzen Existenz predigt, wird in der Kirche nicht verstanden. Es ist nie ein lautstarker Protest gewesen, mehr ein spiritueller, der gerade in seiner Wehrlosigkeit befreit.

Das ursprüngliche Bild der Schöpfung

In Franziskus können wir einen religiösen Typus erkennen, dem wir in der Geschichte der Mystik immer wieder begegnen. Diese religiöse Grundhaltung richtet sich an der Vereinigung, nicht an der Trennung, an der Symbiose, nicht an der Diastase, an der Integration, nicht an der Analyse aus. Sie ist Ausdruck eines mystischen Einheitsverlangens, einer Sehnsucht nach Kommunion, nach Vermischung, nach Aufhebung der (scheinbaren) Gegensätze. Diese leise brennende Sympathie will mit allem Geschaffenen, mit aller Kreatur und darin mit Gott kommunizieren.

Leonardo Boff erzählt eine Franziskus-Geschichte, anhand derer Fulbert Steffensky diesen Typus der »Vereinigungsreligion« verdeutlicht hat. Hören wir zunächst die Legende: »Franziskus fing an, Gott in allen Dingen zu erleben. Eines Tages ging er singend seinen Weg, und er lud alle zum Singen ein. Da kam er an einem Mandelbaum vorbei und sprach zu ihm: ›Mein Bruder Mandelbaum, erzähl mir von Gott!‹ Der Mandelbaum schüttelte sich ein wenig, als ob ein leiser Wind durch ihn führe. Er stand plötzlich ganz in Blüte, als ob der Frühling in ihn gefahren wäre. Franziskus ging weiter und kam zu einem Bach und sagte: ›Bruder Bach, erzähl mir von Gott!‹ Das Wasser begann zu sprudeln, als wollte es sprechen. Dann aber beruhigte es sich, bis es ein klarer Spiegel war. Franziskus schaute in die Tiefe, und er sah darin das Gesicht seiner geliebten Klara. Trunken vor Freude ging er weiter, und er sah eine Vogelschar. ›Erzählt mir von Gott!‹ sagte er zu ihnen. Die Vögel fingen an, ein Lied zu pfeifen, wie man es noch nie gehört hatte. Dann schwiegen sie, sie bildeten eine Art Kreuz und flogen davon. Schließlich traf Franziskus einen

Mann, der von einer weiten Reise zu kommen schien. Er sagte zu ihm: ›Lieber Bruder, erzähl mir von Gott!‹ Der Mann antwortete nichts, nahm Franziskus bei der Hand und führte ihn in eine Stadt. Sie gingen bis zum Stadtrand, wo die Armen wohnten. Der Mann ging auf den Platz, wo die Leute das Wasser holten, die Frauen die Wäsche wuschen, die Alten sich unterhielten und die Ärmsten um Almosen bettelten. Er öffnete einen Beutel und verteilte Brot unter alle. In dem Maße, in dem die Menschen das Brot, das sie selber erhalten hatten, unter sich verteilten, vermehrte sich das Brot im Beutel, und alle, die Hunger hatten, wurden satt. Der Mann schaute zum Himmel und sagte: ›Unser Vater!‹ Dann schaute er die Menschen an und sagte: ›Unser Brot!‹ Franz verstand und konnte sich vor Freude nicht halten. Denn im Brechen des Brotes und in den armen Geschwistern, die das Brot unter sich verteilten, hatte er Gott getroffen.«

Wir kennen solche Lesebuchgeschichten zur Genüge. Die »Moral« liegt allzu offensichtlich auf der Hand – »nur« eine Legende, eine fromme Erzählung. Aber im Grunde dieser Geschichte wohnt noch eine ganz andere Wahrheit, die wir nur erkennen können, wenn wir die moralisierende Schicht entfernen, die auf eine gutgemeinte Quintessenz zusammengeschnurrt ist. Unter dieser Schicht geht es um einen uralten Konflikt, den Fulbert Steffensky mit dem Gegensatzpaar »Trennungsreligion« und »Vereinigungsreligion« bezeichnet hat, das noch etwas mehr bedeutet als die bekannten Spannungen zwischen prophetischer und mystischer Religion, immanentem und transzendentem Gott-Denken. Steffensky deutet die Erzählung von Franziskus so: »Im Gegensatz zu einer Religion, die die Trennung als inneren Gestus hat, werden in dieser Geschichte alle Dinge zusammengebracht. Gott und Welt sind nicht mehr getrennt. Franziskus hat angefangen, so heißt es im Text, Gott in allen Dingen zu erleben. Die Brise im Mandelbaum bleibt nicht stumm, sie spricht von Gott. Er sucht Gott und findet in der Tiefe des Wassers das Gesicht der geliebten Frau. Er fragt nach Gott, und er findet ihn im geteilten Brot. Nicht die Separation, sondern die Mitteilung ist die Stelle des Lebens, der Heilung und der Erscheinung Gottes. Es entsteht eine produktive Undeutlichkeit und Verwechselbarkeit: Gott wird gesucht, und die Geliebte wird gefunden. Das Brot wird geteilt, und Gott wird erfahren. Gott und seine Welt sind nicht mehr getrennt. Geht das Verlangen des Franz nach Gott, so findet er die Frau, die er liebt; sieht er, wie die Menschen das Brot unter sich teilen, so erfährt er Gott. Dies aber, Gott und Mensch zusammenzubringen, ist ein Grundverstoß in der Religion der Trennung. Denn Gott bleibt in überlegener Getrenntheit dem Menschen gegenüber. In dieser franziskanischen Legende ist nicht nur neu, ungewohnt und für die Trennungsreligion blasphemisch, daß Gott erkannt und wahrgenommen wird in den alltäglichen Dingen des Lebens, im Rauschen des Mandelbaums, im Murmeln des Wassers.« Kühn und ungewöhnlich ist auch, so wollen wir diese Deutung Steffenskys weiterführen, daß die Wahrnehmung Gottes nur im Gefühl – man könnte sagen: in einer erotischen Geste – erfolgt. Die Erotik drängt auf Nähe, auf Zugewandtheit, auf Vereinigung. Sie will Verbundenheit, nicht Trennung. Sie zielt auf Inkarnation, nicht auf Abgrenzung. Die mystische Liebe artikuliert genau dieses Verlangen: Sie will Gott wahrnehmen, empfangen, nahe sein *in* der Natur, nicht außerhalb ihrer und auch nicht gegen sie. Sie braucht notwendig die Emotionalität, das Gefühl der Freude, der inneren Lebendigkeit, ja der Trunkenheit. Sie sucht Gottes Sprache in den Erscheinungen der Natur und entwickelt gerade aus dieser Suche ein Gefühl besonderer Vertrautheit mit der Schöpfung. Sie übt sich in Visionen, nicht in Begriffen, in Bildern, nicht in Argumenten. Sie will Gott nahe sein und spürt, daß diese Nähe sich in den Sinnbildern der Schöpfung finden läßt.

Das ursprüngliche Bild der Schöpfung können wir auch in einer der ungezählten Legenden von Franziskus wiederfinden, in der Geschichte der Begegnung mit dem Wolf von Gubbio: »Zu der Zeit, als sich Franziskus in der Stadt Gubbio aufhielt, erschien im Lande ein ungeheurer Wolf, schrecklich und wild, der nicht nur die Tiere, sondern auch die Menschen anfiel.

Daher waren die Bürger in großer Angst, denn er näherte sich des öfteren der Stadt. Alle gingen in Waffen, wenn sie die Stadt verließen, als zögen sie zur Schlacht. Aber sie konnten sich des Wolfes nicht erwehren, wenn er einen allein traf. Aus Angst vor dem Wolf trauten sich die Leute nicht mehr vor die Tür.

Franziskus taten die Leute des Ortes leid, und er machte sich auf, den Wolf zu suchen, obwohl ihm die Bürger davon abrieten. Er aber bekreuzigte sich und ging, sein ganzes Vertrauen auf Gott setzend, mit seinen Gefährten zur Stadt hinaus. Und als die anderen ihre Bedenken mitteilten, weiterzugehen, schlug Franziskus allein den Weg zu dem Ort ein, an dem der Wolf hauste. Viele Bürger, die hinausgeeilt waren, um sich das nicht entgehen zu lassen, sahen ein Wunder: Der Wolf kam mit offenem Rachen auf Franziskus los. Franziskus schlug ein Kreuz über ihn und sprach: ›Komm her, Bruder Wolf, im Namen Christi sollst du nichts Böses tun, weder mir noch anderen.‹ Kaum hatte Franziskus das Kreuz geschlagen, schloß der schreckliche Wolf den Rachen und hielt in seinem Lauf an. Sanftmütig wie ein Lamm kam er heran und legte sich still zu den Füßen des Franziskus. Da sprach Franziskus zu ihm: ›Bruder Wolf, du richtest viel Unheil an und hast große Missetaten verübt, indem du ohne Erlaubnis Gottes seine Kreaturen getötet hast. Du hast nicht allein Tiere umgebracht und gefressen, sondern du bist auch so dreist gewesen, Menschen, die nach dem Bilde Gottes geschaffen sind, zu vernichten. Du bist des Galgens schuldig wie ein gemeiner Räuber und Mörder. Jedermann schreit und murrt gegen dich, und das ganze Land hast du zum Feind. Ich aber will, Bruder Wolf, Frieden machen zwischen dir und ihnen. Du sollst ihnen kein Leid mehr zufügen, und sie werden dir verzeihen und davon absehen, die Hunde auf dich zu hetzen.‹

Nach diesen Worten bekundete der Wolf mit Bewegungen seines Leibes und des Schwanzes, mit Blicken und Neigen des Kopfes, daß er einverstanden war mit dem, was Franziskus gesagt hatte. Darauf begann Franziskus von neuem: ›Bruder Wolf, wenn du Frieden halten willst, verspreche ich dir, daß

107

du, solange du lebst, Kost von den Bewohnern des Landes erhalten wirst, so daß du keinen Hunger mehr zu leiden brauchst. Denn ich weiß sehr wohl, daß du aus Hunger Böses getan hast. Doch dafür will ich, Bruder Wolf, daß auch du mir versprichst, weder Menschen noch Tieren Schaden zuzufügen. Versprichst du mir das?‹ Und der Wolf nickte und versprach es durch das Nicken seines Kopfes. Franziskus sagte: ›Bruder Wolf, ich will, daß du mir die Hand gibst, damit ich darauf vertrauen kann.‹ Und als Franziskus seine Hand ausstreckte, hob der Wolf seine rechte Pfote und legte sie in die Hand des Franziskus. Darauf sagte Franziskus: ›Bruder Wolf, wir wollen im Namen Christi miteinander gehen und diesen Frieden im Namen Gottes bekräftigen.‹ Und der Wolf ging gehorsam mit ihm wie ein sanftmütiges Lamm.

Als die Bürger das sahen, waren sie sehr verwundert. Sofort verbreitete sich die Neuigkeit in der ganzen Stadt, und das ganze Volk, Mann und Frau, groß und klein, jung und alt, zog zum Marktplatz, um den Wolf mit Franziskus zu sehen. Als das Volk versammelt war, erhob sich Franziskus und begann zu predigen: ›Kehrt um, ihr Lieben, kommt zurück zu Gott und tut gerechte Buße wegen eurer Sünden. Gott wird euch befreien von dem Wolf in diesem und von dem Feuer der Hölle im künftigen Leben.‹

Als Franziskus seine Predigt beendet hatte, sagte er: ›Hört, meine Brüder! Bruder Wolf, der vor euch steht, hat mir versprochen und mir sein Wort gegeben, mit euch Frieden zu halten und euch kein Leid mehr anzutun. Ihr aber müßt versprechen, ihm täglich das zu geben, was er braucht. Ich verbürge mich dafür, daß er diesen Pakt des Friedens unverbrüchlich halten wird.‹

Darauf versprach das ganze Volk einstimmig, ihn regelmäßig zu verpflegen. Da sagte Franziskus vor dem Volk zum Wolf: ›Und du, Bruder Wolf, versprichst du, Frieden zu halten und niemandem mehr ein Leid anzutun, weder den Menschen noch den Tieren noch irgendeiner anderen Kreatur?‹ Und der Wolf ließ sich auf die Knie nieder und senkte den Kopf. Mit sanften Bewegungen des Körpers, des Schwanzes und der Ohren bezeugte er, so gut es ging, daß er sein Versprechen halten wolle. Darauf Franziskus: ›Bruder Wolf, wie du mir vor den Toren der Stadt dein Versprechen gegeben hast, so bekräftige es auch jetzt.‹ Darauf hob der Wolf die Pfote und legte sie in die Hand des heiligen Franziskus.

Darüber erwachte eine solche Fröhlichkeit und Bewunderung im ganzen Volk, sowohl wegen der Gottgefälligkeit des Heiligen als auch wegen des Friedens mit dem Wolf, daß alle begannen, dem Himmel zu danken und Gott zu loben, daß er ihnen Franziskus geschickt und sie von dem bösen Rachen des Untiers erlöst habe.

Danach lebte der Wolf noch zwei Jahre in Gubbio. Er ging sanftmütig von Tür zu Tür, ohne jemand ein Leid zu tun und ohne von jemand Leid zu erfahren. Er wurde freundlich von den Leuten gefüttert. Und wenn er im Freien oder in den Häusern umherlief, geschah es niemals, daß ihm ein Hund nachbellte. Am Ende, nach zwei Jahren, starb Bruder Wolf. Darüber waren die Bürger sehr traurig, denn wenn sie ihn so sanftmütig durch die Stadt wandern sahen, erinnerten sie sich an die Heiligkeit des Franziskus von Assisi.«

Mit dieser Geschichte haben wir ein geradezu typisches Beispiel für eine Legende vor uns. Die Legende – wörtlich: das zu Lesende – ist ein poetisch verklärtes Heiligenleben oder eine Episode daraus. Ihre Form ist die einfache, volkstümlich naive, vorbehaltlos gläubige Erzählung. In einer Gemeinschaft gewachsen, an einen religiösen Entstehungsraum gebunden, gibt die Legende keine historische Realität, sondern eine zur Wahrheit gesteigerte und stilisierte Wirklichkeit wieder. In unserer Legende ist Franziskus die Gestalt mit dem exemplarischen Lebenswandel, die durch Gott in besonderer Weise begnadet ist und die der erlösungsbedürftigen Menschheit religiösen Anreiz, Mut zum Wagnis des Glaubens und Trost in Anfechtung und Not geben soll. Durch das Vorbild des Heiligen sollen die Menschen zur Nachfolge Christi angeregt werden.

Alle diese klassischen Merkmale der Legende treffen auch auf diese Franziskus-Geschichte zu. Es geht ihr nicht um historische Faktizität und Realität, sondern um das Wesensmerkmal des Heiligen. Daher verbirgt sich in der Legende von Franziskus und dem Wolf von Gubbio auch die eigene Bekehrungsgeschichte des Franziskus. Der Wolf ist geradezu ein Spiegelbild des Mannes von Assisi, der in seiner unbekümmerten Jugend raubritterhaft das genommen hat, was er kriegen konnte. Die Leute erinnern sich an Franziskus, als sie den Wolf sehen, und aus dieser Spannung lebt die Legende ganz wesentlich.

Homo homini lupus – aber muß der Mensch ein Wolf des Menschen bleiben? Der eigentlich moralische Gehalt liegt in der Ungeheuerlichkeit, wie aus dem bösen getriebenen Tier ein umkehrfähiges Geschöpf wird. Die ökologische Deutung sieht die Moral der Geschichte darin, daß es möglich ist, Frieden zu stiften zwischen Mensch und Natur, Sympathie für die Kreatur zu entwickeln. Doch wir sollten wenigstens kurz bedenken, wie stark hier auf die Aggressivität und Vernichtungsbereitschaft des Menschen abgehoben wird. Wie tritt Franziskus dem Wolf gegenüber, wie begegnet er dem Wolf, der für die Menschen die Personifizierung des Bösen schlechthin ist? Er verhält sich nonkonform, er kommt mit offenen Händen, entwaffnend herzlich und vertrauend. Der Wolf wird als Bruder, als Geschöpf Gottes angesprochen und damit auf eine menschliche Ebene gestellt. Er ist nicht »von Natur aus« böse, sondern seine Bösartigkeit hat mit der Schuld des Menschen zu tun – das zeigt die »Predigt« des Franziskus ganz klar. Anthropologisch gewendet: Der Wolf wurde zum »Wolf« gemacht, zum Bösen getrieben.

Idealtypisch zeichnet die Legende daher das Bild vom kreatürlichen Verhalten im Reich Gottes und stellt ihm das Bild vom Verhalten unserer Welt gegenüber. Was ist in unserer Welt ein Wolf? Doch jemand, dem nichts anderes übrigbleibt, als sich mit Gewalt und List zu holen, was er braucht. Was in diesem geläufigen, durch alle Erfahrung abgestützten Sinn »natürlich« ist, widerspricht der Natur, die Gottes Schöpfung heißt; es ist für das Reich Gottes noch lange nicht normal.

110

Es verbietet sich, eine Legende Satz für Satz zu übersetzen und alle Bilder restlos auszudeuten. Die Spitze liegt aber erkennbar darin, daß sich hier zwei Welten begegnen: Natur und Gnade, und daß sie miteinander versöhnt werden. Waffenlos hingehen, Bruder sagen, Vertrauen schenken, Freundschaft besiegeln – damit könnten wir leben in der Natur und mit der Kreatur. Franziskus ist unilateral, so nennt man das wohl, er rüstet einseitig ab und setzt auf vertrauensbildende Maßnahmen. Das Lamm als Bild für den Frieden Gottes wird zur sinnbildlich neuen Existenz des Wolfes. Der Wolf hört auf, mit den Wölfen zu heulen. Die Hochzeit des Lammes mit dem Wolf ist der Friede, den Franziskus hier inszeniert – mitten in einer Welt der Gewalt- und Todesbereitschaft.

Der Gesang der Erde

Van Doornik, der holländische Biograph, schreibt: »Im August 1224 zog Franziskus mit einigen Brüdern den 1300 Meter hohen Alverna hinauf. Der Tourist, der heute mit dem Auto diesen Berg ›ersteigt‹, kann sich kaum mehr vorstellen, was es für den erschöpften Franziskus bedeutete, auf dem Rücken eines Esels den krummen Pfaden zum Gipfel zu folgen, wo das Gebirge plötzlich aufzubrechen scheint und ein steiler Fels Ausblick über die Täler bietet. Sorge, Entbehrung und Krankheit hatten den Leib dieses 42jährigen Mannes erschöpft... Franziskus hat sich auf den Bergesgipfeln immer zu Hause gefühlt. Auch jetzt wollte er weg aus diesen letzten Sorgen um seinen Orden, aus der Enttäuschung und aus dem Mißverständnis... Es ist Gottesanschauung, die er in der Einsamkeit des Alverna auf einzigartige Weise erlebt, vierzig Tage lang... Er schließt sich von seinen Brüdern ab, und nur Bruder Leo darf ihm täglich etwas Brot und Wasser bringen auf seinem geistigen Aufstieg zum Unsichtbaren. Frei von allen Sorgen, gibt er sich dem Gebet hin. Aber das Wort des Gebetes geht bei Franziskus ständig in wortlose Ekstase über... Aber dann trat allmählich die Stille ein. Der Leib lag

111

reglos in der Macht des Geistes, das Bewußtsein der Außenwelt schwand. Es gab kein Weitergehen mehr, keinen Strom der Zeit. Alles fiel weg vor dem, was der Geist auf unaussprechliche Weise wahrnahm. Wenn zufällig ein Bruder eintrat, nahm er eine Gestalt wahr, die kein Leben mehr verriet als nur durch den Ausdruck der Augen, die in eine unsichtbare, aber ekstatisch faszinierende Welt starrten.«

Franziskus wird mit den Zeichen der Erlösung gezeichnet. Es ist das, was wir heute Stigmatisation nennen.

In völliger Dunkelheit, geschwächt, mit schmerzenden Augen, erlebt Franziskus dann nach der Erfahrung des Alverna die Krise. Zwei Monate lang durchlebt und durchleidet er sie, bis er plötzlich zu singen beginnt. Er singt einen Sonnen-Gesang, ein innerstes Bekenntnis zu Gott und seiner Schöpfung. Hier geht die Sonne auf über seinem Wesen, die monatelang versteckt war, als Franziskus wie Ijob niederlag. Der Sonnengesang ist Franziskus' Befreiung in einem Gefühl, erlöst zu sein und aufgehoben in diesem Universum Gottes.

> Gelobt seist Du, mein Herr,
> mit allen Deinen Geschöpfen,
> vornehmlich mit der edlen Herrin
> Schwester Sonne,
> die uns den Tag schenkt durch ihr Licht.
> Und schön ist sie
> und strahlend in großem Glanze:
> Dein Sinnbild, Höchster.
>
> Und gelobt seist Du, mein Herr,
> durch Bruder Mond und die Sterne;
> am Himmel schufest Du sie
> leuchtend und kostbar und schön.
>
> Gelobt seist Du, mein Herr,
> durch Bruder Wind und die Luft,
> durch wolkig und heiter und jegliches Wetter,
> durch das Du Deinen Geschöpfen
> Gedeihen gibst.

Gelobt seist Du, mein Herr,
durch Schwester Wasser;
gar nützlich ist sie
und demütig und köstlich keusch.

Gelobt seist Du, mein Herr,
durch Bruder Feuer,
durch den Du die Nacht uns erleuchtest,
und schön ist er und fröhlich
und gewaltig und stark.

Gelobt seist Du, mein Herr,
durch unsere Schwester
Mutter Erde,
die uns ernährt und erhält,
vielfältige Frucht uns trägt
und bunte Blumen und Kräuter.

Gelobt seist Du, mein Herr,
durch jene, die aus Liebe zu Dir vergeben
und Schwäche tragen und Trübsal.
Selig, die bleiben in Frieden.
Du, Höchster, wirst sie einst krönen.

Gelobt seist Du, mein Herr,
für unsern Bruder, den leiblichen Tod;
ihm kann kein Mensch lebendig entrinnen.
Weh denen, die in Todsünden sterben;
doch selig, die er findet
in Deinem heiligsten Willen;
der zweite Tod tut ihnen kein Leid.

Lobet und preiset meinen Herrn,
und dankt und dient ihm
in tiefer Demut.

Franziskus stirbt. Nackt läßt er sich auf den Boden legen, denn er wird nichts behalten. Seine Freunde will er um sich sehen: Elias, Leo, Bernardo, Angelo und einige andere. Er beginnt die Feier seines Sterbens mit einer Agape. Es werden Brote gebracht, die er segnet und bricht und austeilt. Dann läßt er sich das 13. Kapitel aus dem Johannes-Evangelium vorlesen. Einige Stunden liegt er mit geschlossenen Augen da, der Erde verbunden. Seine letzte Liebe wird ihm genommen. Dann neigt sich Bruder Tod über ihn.

Meister Eckhart: Erkenntnis der Seele

In Meister Eckhart haben wir weniger einen Naturmystiker als vielmehr einen Seelenmystiker vor uns. Aber das muß kein Gegensatz sein, wie wir sehen werden. Um Meister Eckhart kommt keine Darstellung der mittelalterlichen Mystik herum, so zentral ist er für das Lebens- und Glaubensgefühl eines ganzen Zeitalters. Inmitten der Erneuerung der mittelalterlichen Ritter-, Minne- und Klosterpoesie duftet die blaue Blume der durch Meister Eckhart repräsentierten niederrheinischen Mystik, einer Philosophie voll Tiefe und Kraft.

Kirchenmann und Ketzer

Es ist nicht viel, was wir von der Person des Urhebers dieser weit durch die Jahrhunderte fortwirkenden geistigen Bewegung wissen. Josef Görres hat ihn eine »nebelverhüllte Gestalt« genannt. In Hochheim bei Gotha um 1255 bis 1260 geboren, tritt Johann Eckhart in das Dominikanerkloster in Erfurt ein und erhält dort seine Bildung. Die größten Theologen seines Ordens, Albertus Magnus und Thomas von Aquin, wird er wohl nicht mehr gehört haben, aber zeit seines Lebens empfand er sich als ihren Nachfahren. Um das Jahr 1300 finden wir ihn in Paris als Lesemeister der Philosophie an der Dominikanerschule. Dann ist er Prior im sächsischen Erfurt (1304), Generalvikar in Böhmen (1307), Professor der Theologie in Straßburg, Köln, Frankfurt (1317) und wieder in Köln. Er reist umher und predigt zum Volk wie Savonarola in Florenz. Er predigt in deutscher Sprache und macht sich überdies als genialer Ordensleiter mit ausgeprägten organisatorischen Fähigkeiten einen Namen – ein kirchlicher Manager. Sein Ruhm wächst, und Tausende strömen ihm zu. Seine Pre-

digten, in denen er seine Lehre verkündet, werden noch und
noch abgeschrieben, vervielfältigt und in Umlauf gebracht,
mit allen Fehlern und Unrichtigkeiten, die solche Abschriften
zwangsläufig haben müssen. Diese unkontrollierte Zirkula-
tion seiner Gedanken wird ihm das Genick brechen, denn er
gerät rasch unter den Verdacht der Häresie und Ketzerei. Der
Bannstrahl der Kirche bleibt nicht aus, aber er trifft ihn verhältnismäßig spät. Bis zu seinem vorletzten Lebensjahr, er
stirbt 1327, steht Eckhart in hohen kirchlichen Ämtern, anerkannt, ja berühmt seiner gefeierten Volkspredigten wegen.
Erst 1326 schreitet der Erzbischof von Köln gegen ihn ein.
Eckhart schreibt einen Beschwerdebrief an den Papst, der den
Dominikanern sehr verpflichtet ist. Aber der greift dann so
lau und halbherzig ein, daß nichts dabei herauskommt. Der
Kölner Erzbischof lädt Eckhart daraufhin vor sein eigenes
Tribunal und läßt die Untersuchung von zwei Franziskanern
führen – ein besonders hinterhältiger Trick, denn die Franzis-
kaner rivalisieren gegen die Dominikaner, wo sie nur können,
und untergraben auch den Ruf Eckharts nachhaltig. Sie bringen ihn letztlich zur Strecke und lassen ihn damit für Jahrhunderte aus dem Bewußtsein seiner Kirche verschwinden.

Eckhart läßt nicht locker, trotz seines fortgeschrittenen Al-
ters fordert er seine Widersacher vor den päpstlichen Stuhl
und will dort seine Lehre verteidigen. Auch läßt er nach der
Predigt durch Bruder Konrad von Halberstadt der Gemeinde
eine lateinische Erklärung vorlesen, die er selbst, Satz für
Satz, verdeutscht. Was seine Gegner vorbrächten, seien nur
Mißverständnisse, Unterstellungen, Halbwahrheiten.

Am 4. Januar 1327 stellt das Kölner Inquisitionstribunal 28
häretische Thesen aus seinen Schriften und Predigten zusammen und lädt den »Ketzer« nochmals vor. Kurz darauf stirbt
Eckhart, der das siebzigste Lebensjahr bereits überschritten
hat. Seine Lehre von der Selbsterlösung des Menschen, der
die Gottheit in sich trage, wird am 27. März 1329 durch eine
päpstliche Bulle geächtet. Diese Bulle verwirft die ersten 15
und die beiden letzten dieser 28 Sätze als Irrlehren und die anderen elf als »übel klingend« und der Irrlehre verdächtig. Die

28 Sätze klingen, aus dem Zusammenhang gerissen – bei der Vorliebe Eckharts für möglichst scharf zugespitzte Formulierungen, die gerade durch solche Zuspitzung tief in die Herzen der deutschen Hörer eindringen und zum Nachdenken und Meditieren anregen –, für römisch-italienische Ohren zum Teil ganz ungeheuerlich. Der Schluß der Bulle, daß Eckhart die beanstandeten und verurteilten Sätze widerrufen und sich der Entscheidung des apostolischen Stuhles unterworfen hätte, enthält eine objektive Unwahrheit, denn Eckhart hat *nicht* widerrufen und hielt sich und seine Lehre stets für christlich und auch für römisch verträglich.

Die Welt – ein einziges Sprechen Gottes

Die Wahrheiten des Meister Eckhart sind in erster Linie Gefühlsgewißheiten, weniger Glaubens- oder Vernunftwahrheiten. Auch das macht ihn so leicht angreifbar. Seine Erkenntnisse gewinnt er aus scharfer Reflexion *und* Intuition, die ihn den alten scholastischen Dualismus von Gott und Welt überwinden läßt. Gott ist in meiner Seele unmittelbar da, »Gott ist mir näher, als ich mir selbst bin«. Eckharts Gott ist intrapsychisch, um es mit einem modernen Begriff zu sagen. In der *scintilla animae divinae*, im göttlichen Seelenfunken, gipfelt die Welt. Man beweist dies nicht mehr, man erlebt es.

Die Kreatur geht aus Gott hervor, und hier berühren sich Eckharts Gedanken mit dem Pantheismus. Die ganze Schöpfung ist gottdurchflutet, sie ruht in Gott wie die Phantasievorstellung im Geist des Künstlers. In Gott sind unzählige Weltbilder »vorangehend«, ein »Widerruf der Dinge«, dazu ein »lustlicher« Drang, »daß er möchte schöpfen tausend Welten«. Diese Lehre von Gott als dem Gebärer von Weltbildern ist stark platonisch, sie lehnt sich an Plotin und Dionysos Areopagita an und greift später bis zu Leibniz' Entwürfen von Weltbildern aus, die alle das Moment des Beweglichen und Möglichen enthalten. Eine ungetrübte Zuversicht, die oft ganz »unchristlich« anmutet, schwebt durch diese Lehre, die im Bewußtsein des göttlichen Weltzentrums unserer Seele ihren Höhepunkt findet. »Alle Dinge, die in der Zeit sind, haben ein Warum. Warum lebst du? Wahrlich, ich weiß es nicht, aber ich lebe gerne.« Man erinnert sich an Goethes Wort: »Wie es auch sei, das Leben, es ist gut.« Meister Eckhart hat nur wenig Interesse an der Materie, sein Auge sieht die geistigen Formzüge der Welt durch die kreatürlichen Dinge der Wirklichkeit hindurchrauschen. Ein geistiger Organismus ist seine Welt; der Geist Gottes taucht nieder in den Nebel des verwehenden Staubes. Die Kreatur selbst ist nichtig, brüchig, »zergenglich«, »ein lûter nicht«, weniger als klein oder etwas, fast wesenlos. Aber die Gottheit ist in alle Dinge eingegossen, jedes Ding ist »voll gotes und ist ein buoch«. Eine Schöpfung aus dem Nichts im biblischen Sinn lehrt Eckhart nirgendwo. Die Welt ist ein einziges Sprechen Gottes. In der Seele leuchten die Wunder der Welt, weil und solange Gott in ihr leuchtet.

Nicht nur die Seele, die ganze Kreatur ist auf dem Weg in die »stille Wüste« begriffen. In allen Dingen ist ein »Rufen«, ein Eilen und Ziehen zu Gott. Wüßte ein Stück Holz, wie nahe es Gott ist, es wäre seliger als ein Engel. Das unerklärliche Weltselige grünt und blüht in allen Dingen, daß sie »fließen« von Gott, der sie »verborgenlich« in sich trägt. Sie suchen ihre Form, in der sie Ruhe finden. Die ganze Welt »suchet heimlich Gott«. Meister Eckhart faßt das so zusammen: »Gott liebt sich selber (in der Welt) und seine Natur und sein Wesen und seine Gottheit. Ich will sprechen, wie ich nie sprach: Gott schmeckt sich selber, und in dem Geschmack, darin er sich selber schmecket, schmeckt er alle Kreaturen.«

In dieser vom göttlich-liebenden Blick entzündeten Welt empfindet Eckhart mit trunkener Lust das Vorrecht, Seele zu sein, mehr als Holz, Stein, Erde, Ding. Die Welt ist eine einzige Theophanie, eine Erscheinung Gottes. Der Begriff der Sünde verblaßt dagegen (»Sünden verschwinden schneller im Abgrund Gottes, als ich meine Augen schließen kann«). Wenn der Mensch nur bereit ist, kommt Gott, muß er kommen. »Alle Kreatur mußt du unter deine Füße tun.« Aller

Glanz ruht auf diesen seelischen Regungen. Das »Fünklein« brennt und duftet, und wir steigen auf und fühlen, daß wir ewig unvergänglich sind in der »stillen Stillheit« Gottes.

Das Auge und das Holz

Der Versuch einer systematischen Darstellung der »Lehre« Meister Eckharts ist bisher noch immer gescheitert. Wir können an dieser Stelle nur einige Spuren im mystischen Denken und Erleben Eckharts freilegen, die sich mit Natur und Kreatur befassen, und das wird schwierig genug sein. Man kann eine systematische Darstellung jedes Scholastikers, aber keine solche eines Mystikers geben. Der Scholastiker arbeitet mit Begriffen, der Mystiker mit Bildern, mit Anschauungen, die alles, was er sagt, fließend, lebendig und nicht vom Lebendigen abstrahiert erscheinen lassen. Rein intellektuell ist es so wenig faßbar wie das Leben selbst; es ist zunächst nur vom Empfinden her erlebbar. Im selben Augenblick, wo sich der Verstand über das Erlebte »klar« werden, es begreifen oder systematisch einordnen will, ist das Leben schon aus dem Erlebnis gewichen und kann vom Verstand her nur unzulänglich so rekonstruiert werden, wie es wirklich war. Man gelangt auf diesem Weg immer nur zu einer Summe, nie zu einer Ganzheit. Es ist derselbe Unterschied wie zwischen einer Pflanze auf der Wiese und derselben Pflanze in einem Herbarium. Auch von dieser kann man sehr viel lernen und unendlich viel über sie schreiben – nur nicht nacherleben, was das Wesentlichste an ihr ist, das Leben.

Lassen wir also Meister Eckhart selbst sprechen in der Annahme, daß er dadurch noch immer am lebendigsten auch zu heutigen Menschen spricht, die überhaupt noch aufnahmefähig für Mystik und nicht nur für Technik sind:

»Alle gleichen Dinge lieben sich untereinander und vereinigen sich miteinander, alle ungleichen Dinge aber fliehen sich und hassen sich gegenseitig. Nun sagt ein Meister: Nichts sei einander so ungleich wie Himmel und Erde. Das Erdreich hat es in seiner Natur empfunden, daß es dem Himmel fremd und ungleich ist. Deshalb ist es dem Himmel entflohen an die unterste Stelle und verharrt dort unbeweglich. Seinerseits hat der Himmel in seiner Natur wahrgenommen, daß das Erdreich ihn geflohen und die unterste Stätte in Besitz genommen hat. Darum ergießt sich der Himmel in seiner ganzen Fülle befruchtend über das Erdreich. Ja die Meister behaupten, der breite, weite Himmel behielte auch nicht eine Nadelspitze breit zurück, so völlig gebäre er sich befruchtend in das Erdreich. Darum heißt das Erdreich die fruchtbarste Kreatur unter allen zeitlichen Dingen.

Dasselbe sage ich von dem Menschen, der sich an sich selbst, in Gott und in allen Kreaturen in ein Nichts versetzt hat. Ein solcher Mensch hat die unterste Stätte in Besitz genommen, und in ihn *muß* Gott sich völlig ergießen; oder er ist nicht Gott. Ich sage es bei Gottes ewiger Wahrheit; in jedem Menschen, der sich bis auf den Grund gelassen hat, muß Gott sich völlig ergießen...

Als ich heute hierher ging, bedachte ich, wie ich doch so anschaulich predigen könne, daß ihr mich verständet, und da fiel mir ein Gleichnis ein. Könntet ihr das wohl verstehen, so verständet ihr den Sinn und den Grund all meiner Gedanken, die ich je gepredigt habe. Das Gleichnis betrifft meine Augen und das Holz. Wird mein Auge geöffnet, so ist es ein Auge; und ist es geschlossen, so ist es dasselbe Auge. Durch das Sehen geht weiter auch dem Holze weder etwas zu noch ab. Nun versteht mich recht: Geschieht es, daß mein Auge, eins und einheitlich in sich selbst, geöffnet und im Anschauen auf das Holz geworfen wird, so bleibt ein jedes, was es ist, und doch werden beide – durch die Wirkung des Anschauens – so Eins, daß man sagen kann, das Auge sei das Holz und das Holz sei mein Auge. Wäre nun vollends das Holz frei von ›Materie‹, rein geistig wie das Sehen meines Auges, so könnte man in der Tat sagen, in der Wirkung des Sehens bestünden das Holz und mein Auge in Einem Sein. Gilt das nun schon von körperlichen Dingen, wieviel mehr von geistigen!«

Wir wissen leider nicht, vor wem Meister Eckhart diese Predigt gehalten, die des weiteren ausgreift zur Lehre von der Erkenntnis der Seele im ungeschaffenen Licht. Es müssen aber scholastisch gebildete Leute gewesen sein, sonst hätten sie seinen Gedanken nicht folgen können. Die Scholastik war ja für die römische Kirche eine ebenso wirksame Schule zur Schärfung des Verstandes, wie es der Talmud für die Juden ist. Meister Eckhart gelingt es, durch die mystische Bildsprache selbst einen so schwierigen Gedanken zu veranschaulichen, ihn für die Hörer lebendig, beseelt werden zu lassen. Die Schöpfungsvision wird klar und bildhaft zugleich: »Alle Kreaturen sind ein Sprechen Gottes... Alle Kreaturen wollen in all ihren Werken Gott nachsprechen... sie haben alle ein sehnsüchtiges Rufen, wieder hinzukommen, wo sie entströmt sind.« Analog die Seele: »Wie sich der Tropfen ins Meer verwandelt und nicht das Meer in den Tropfen, so geschieht der Seele, wenn sie Gott in sich zieht: derart, daß die Seele göttlich wird, Gott aber nicht die Seele.«

Das Herz des Universums

Dieser letzte Satz widersetzt sich allen allzu leichtfertigen pantheistischen Deutungen (wenngleich nicht behauptet werden soll, Eckhart sei frei von dem Pantheismus verwandten Gedanken gewesen): Ein wesentlicher Unterschied zwischen Gott und Kreatur, Gott und Seele bleibt gewahrt. Die Seelenmystik Eckharts stellt also eine Begegnung, ja auch Entsprechung, aber keine Identifizierung zwischen Gott und Seele fest. Aus dem »Seelengrund« entströmen alle Kräfte, und dieser Seelengrund ist mit Gott verbunden. Er geht in Gott auf wie ein Tropfen im Meer: »Womit ich Gott sehe, das ist dasselbe, mit dem Gott mich sieht. Mein Auge und Gottes Auge, das ist ein Auge, ein Sehen, ein Erkennen, ein Lieben.« Gott ist das Leben im letzten, mystischen, nie zu enträtselnden, wohl aber erleidbaren und erlebbaren Grunde. In den Tiefen allen Seins ruht die Tiefe Gottes (Lao-tse nennt es Tao). Er ist das eine große Herz, der letzte Kern des Universums, deshalb gilt für den Menschen als Mikrokosmos: »Willst du den Kern haben, so mußt du die Schale zerbrechen.« Deshalb ist auch Gott ohne Welt und eine Schöpfung aus dem Nichts zum Sein undenkbar, denn dann müßte man gleichzeitig auch eine Schöpfung Gottes annehmen.

In Eckharts Predigten trifft man so gut wie nie auf das den Theologen und Geistlichen so geläufige Klagen über die allgemeine Sündhaftigkeit und auf keinerlei moralische Zurechtweisung. Durch Eckharts Lehre scheint eine ungetrübte Sonne, strahlt ein reines, helles Licht der Daseinsfreude. Das Böse gehört zum Weltprozeß wie der negative Pol zum positiven, der Schatten zum Licht. Mit so völliger Verinnerlichung gehört zusammen, daß bei Eckhart, dem Mystiker, Moralforderungen eine ungewöhnlich geringe Rolle spielen.

Die Glut eines ungeheuren Erlebens muß durch die Kanzelreden Meister Eckharts gebrannt haben, die er in den düsteren Domen von Straßburg und Köln gehalten hat. Sie muß die Herrlichkeit einer von Gottes Geist durchrauschten Welt in den aufregendsten Farben gemalt und den Seelengrund Tausender im dunklen Chorgestühl aufgewühlt haben. Man kann sich das gar nicht dramatisch genug vorstellen: der mitreißende Volksprediger und die erregte Menge aus einer von tausend Ängsten geschüttelten Gesellschaft. Es muß wie eine lichte Offenbarung gewesen sein, dieses Gefühl vermittelt zu bekommen, die ganze Schöpfung sei in einem jedem zugänglichen Licht, in der Kraft meiner seelischen Emotionen gegenwärtig. Das große, schlafende Auge der Gottheit öffnet sich dem Geist. In der Liebe des Menschen zu Gott liebt Gott sich selbst, so wie er sich selbst im Menschen erkennt. Diese Intimität, die so tröstend und menschenliebend ist, drückt Spinoza später mit *Amo, inquantum amor* aus, und Schelling wird sagen: »Mache dich innerlich identisch mit dem göttlichen Geistgrund der Welt.«

Meister Eckhart hat als Mystiker und führender Gelehrter in einer Person klar, deutlich und in verständlicher deutscher Sprache auszudrücken versucht, wie der Mensch, der die Natursichtigkeit verloren hat, der aus der vorbewußten Einheit mit dem Kosmos herausgerissen wurde, das von innen her durch den wachsenden Verstand zerstörte Gleichgewicht wiedergewinnen kann. Dieses Wiedergewinnen der Harmonie, der Erlösung erreicht der Mensch mit der Kraft seiner Gefühle und dem Vertrauen auf die Begegnung der Seele mit Gott. Eckhart wird das nur deshalb vertreten haben können, weil er selbst mystische Erfahrungen gemacht hat, obwohl er selten von ihnen erzählt, und wenn, dann sehr verhalten. Als gelernter Scholastiker wäre er sonst nie darauf gekommen. So tritt an die Stelle der verlorenen Natursichtigkeit etwas, das man »Seelensichtigkeit« nennen könnte, das »innere Auge«. Mit dieser Lehre von der tiefen Erkenntnis- und Liebesfähigkeit der Seele erreicht die mystische Sehnsucht ihre Wurzeln in der Natur Gottes. Die Bedeutung des emotionalen Erlebens dieser Entsprechung von Gott, Seele und Kosmos liegt auf der Hand. Meister Eckhart hat eine Revolution der Naturwahrnehmung vorbereitet, indem er das innere Auge des Menschen geöffnet hat und das Licht einließ, das alles Leben beseelt.

Francesco Petrarca:
Entdeckung der Landschaft

Die Entdeckung der landschaftlichen Schönheit ist eine Erscheinung der italienischen Renaissance. Die Italiener gehören mit in die vorderste Reihe der Moderne, in der die Gestalt der Landschaft in ihrer ganzen Fülle und Schönheit sinnlich wahrgenommen wird. Sie setzen damit einen vorläufigen Höhepunkt in einer langen und komplizierten kulturellen Entwicklung, die mit Homers Schilderungen seiner starken Eindrücke der Natur, die in zahllosen seiner Worte und Verse hervorleuchten, begonnen hat.

Im Hochmittelalter, um 1200, ist eine erste, noch leise und zarte, von der erotischen Minne beflügelte Hinwendung zur Natur sichtbar geworden, die erstmals sentimentale Einflüsse erkennbar werden läßt: Man beginnt – in der Liebe, in der emotionalen Hochstimmung erotischer Sehnsucht – mit den einfachsten Erscheinungen der Natur, mit der Blumenpracht im Frühling, mit grüner Heide und Wald mitzuleben und mitzuempfinden. Aber in den Dichtungen der fahrenden Vaganten und Sänger fehlt noch der Blick in die Ferne, die Wahrnehmung der ganzen, der großen, der überwältigenden Landschaft, wenn auch die Nähe zuweilen in den glühendsten Farben geschildert wird.

In Italien ist die Natur um diese Zeit bereits gänzlich von Sündenvorstellungen und Dämonenglauben befreit. Franziskus von Assisi mit seinem Sonnengesang ist ein erster Bote, ein Vorläufer jener Poeten, die nun die Natur in ihrer Unschuld besingen. Dante schildert bereits überzeugend die Morgenluft mit dem fernzitternden Licht des sanft bewegten Meeres, den Sturm im Wald; Dante steigt auch schon auf hohe Berge mit der einzig möglichen Absicht, den Fernblick zu genießen.

Die Erweckung der Leidenschaft

Francesco Petrarca (1304–1374) schließlich, »einer der frühsten völlig modernen Menschen« (Jacob Burckhardt), erfaßt die Bedeutung der Landschaft für die sensible Seele. Er ist nicht nur ein bedeutender Geograph und Kartograph, der Anblick der Natur trifft ihn unmittelbar, erschüttert ihn bis ins Innerste, irritiert auch die Gefühlswelt dieses um exakte Wissenschaftlichkeit bemühten Forschers. Petrarca schildert den wunderbaren Golf von Spezia und Porto Venere, erkennt die Schönheit von Felsbildungen und trennt als erster die malerische Bedeutung einer Landschaft von ihrer Nutzbarkeit. Bei einem Aufenthalt in den Wäldern von Reggio wirkt der plötzliche Anblick einer großartigen Landschaft so auf ihn, daß er ein längst unterbrochenes Gedicht wieder fortsetzt. Die tiefste Aufregung aber überfällt ihn bei der Besteigung des Mont Ventoux unweit von Avignon. Diese Geschichte sollten wir uns etwas genauer ansehen, weil sie sehr bezeichnend ist für das erwachende Naturgefühl der italienischen Renaissance, vor allem aber für die Emotionalität, mit der von nun an Natur wahrgenommen wird.

Petrarca ist eine schillernde Figur am päpstlichen Hof zu Avignon, wohin er mit ausgezeichneten Empfehlungen gekommen ist. Ein Kanoniker, ein Humanist, ein Liebeslyriker von ungewöhnlicher Begabung, ein vielseitiger und geschmackvoller Verfasser von Abhandlungen über Moral und Leben, ein großer Briefschreiber, ein Enthusiast für die Antike und die Rhetorik Ciceros, ein eleganter Geistlicher – diese Reihe ließe sich mühelos fortsetzen. Petrarca hat einen Typ geschaffen, der gewiß in sich begrenzt und nicht ohne Probleme ist. Er ist ein Mensch der Bücher, näher freilich dem französischen *homme des lettres* als dem deutschen Bücherwurm. Er scheut starke Gefühle und Leidenschaften und fühlt sich doch getrieben von seinen Emotionen, die er stilisiert. Er liebt die poetische, nicht die asketische Einsamkeit, er hat das moderne Naturgefühl entdeckt, ohne es aus der christlichen Weltschau herausgerissen zu haben.

Als die Päpste in Südfrankreich ihr Zentrum aufbauen und dort ein Leben von ungeahnter Pracht entsteht, spielt der junge Weltpriester mit Überzeugung die Rolle des Playboys, eingefügt in das flutende Treiben der Geselligkeit und der internationalen Politik. Ausklang der Minne und Beginn des Humanismus – diese Stichworte könnte man über die päpstliche Regentschaft im Exil zu Avignon setzen. Avignon beherrscht die Mode und die Weltanschauung. Francesco, der damals noch den italienischen Namen seiner Florentiner Familie trägt und ihn erst später, einer Modeströmung des Humanismus folgend, in Petrarca latinisiert, dieser Francesco beginnt ein geselliges Leben der Partys und Empfänge, der galanten Abenteuer; bunt geschmückt und erlesen gekleidet, mit vollendeten Manieren ausgestattet, fügt er sich ohne Anpassungsschwierigkeiten in die Welt des Dolce vita der jungen Weltstadt ein.

Im Haus des schöngeistigen Kardinals Colonna kommt der junge Florentiner nachhaltig mit dieser großen Welt in Berührung. Dort, in der Kapelle des Kardinals, sieht er zum erstenmal Laura von Sade, die zur Geliebten seiner Seele wird, die er wie ein Troubadour zu umwerben beginnt, ohne daß sie ihm jemals auch nur die geringste Gunst erweist. Ihr zuliebe erschafft er gleich eine ganz neue Literaturgattung, die Liebessonette, die ungezählte Nachfolger finden. Petrarcas Emotionalität, von der noch in einem ganz anderen Zusammenhang die Rede sein wird, bildet sich in dieser Leidenschaft zur Vollendung aus. Er schwelgt im wundersamen Glanz von Lauras Augen; in anmutigen Spielereien von Wort und Bild drückt sich dieses Gefühl aus, das die Sehnsucht ununterbrochen beschäftigt. Laura wird ihm zur Krone der Schöpfung, in der sich die ganze Natur verklärt. Sein Liebeslied begleitet ihn aus Avignon in die Städte Italiens, auf diplomatischen Reisen weit hinauf in den Norden, in den Westen Europas: ein mittelalterlicher Tourist, der Trends setzt (von nun an reist man baedekerhaft, um etwas gesehen zu haben), der zum ersten Weltmann wird, der gelehrt ist und in den verschiedensten Ländern Beziehungen anknüpft und diese weiterführt mit überaus eleganten Humanistenbriefen. Spottet er auch in späteren Jahren, weise und reif geworden und auch ein bißchen resigniert, über dieses rastlose Leben, das er als junger Geistlicher, dann als Hofmann und Diplomat, schließlich als gekrönter Dichter geführt hat, er kann auch dann nicht umhin, die Sicherheit, das beruhigende Bewußtsein anzuerkennen, das ihm das Gefühl gibt, überall in Wort und Kleidung, in Gebärde und gesellschaftlicher Form zu den modischen, zu den wirklich eleganten Leuten gehört zu haben.

Petrarca – immer der erste: »der erste große Propagandist der Antike« (Egon Friedell), »der erste modern empfindende Mensch« (Ernest Renan), ein Sammler und Privatgelehrter, ein Poet des Weltschmerzes, ist sich seiner Emotionalität voll bewußt. Sie macht ihn auch zum Entdecker des Reizes der wildromantischen Natur. Petrarca bringt uns erstmals das vom Sentiment bestimmte Naturgefühl nahe, die Schwärmerei für Landschaft und Luft, die Empfindsamkeit für subtile Vorgänge und Erscheinungen der Natur ebenso wie für das ganz große Gefühl, das ihn überfällt und das sein Denken und Leben bestimmt. Dieses Naturgefühl ist vielleicht das einzige in seiner schillernden Psyche, das frei geblieben ist von komödiantischer Distanz und Ironie, die er nie aufgegeben hat: »Denn Lebenslauf und Dichtung decken sich bei ihm durchaus nicht: Er schreibt glühende Verse an seine einzige Laura und unterhält daneben eine ganze Reihe anderer Liebschaften; er schwärmt für Einfachheit, Weltflucht und Bukolik und ist fortwährend bemüht, Pfründen zu ergattern; er gibt vor, den Ruhm zu verachten, und betreibt dabei aufs eifrigste seine Dichterkrönung. Aber mit alledem kreuzt sich seine leidenschaftliche Aufrichtigkeit und sein heroischer Drang nach Selbsterkenntnis: Er war eben schon eine ganz moderne, komplexe Natur« (Egon Friedell).

Im Angesicht der Natur

Neben den Sammler, Gelehrten, Forscher und Humanisten, neben den Moralisten, Kleriker und Politiker, neben den berühmten Dichter tritt also der erste Liebhaber der Natur im Gewand eines renaissancehaften Yuppies. Nicht die Begegnung mit Laura in St. Klara zu Avignon ist der entscheidende Tag seines Lebens, sondern der 26. April 1336, an dem er den Mont Ventoux besteigt und überwältigt auf dem Gipfel des Berges nach den *Confessiones* des Aurelius Augustinus greift. Planloses Bergsteigen ist zu dieser Zeit etwas Unerhörtes, Unverständliches; man meidet die Berge. Auch Petrarca wird gewarnt, aber er nimmt seinen jüngeren Bruder und vom letzten Rastort aus zwei Landsleute mit. Unterwegs begegnet ihnen ein alter Hirte, der sie nochmals warnt, das gefährliche Abenteuer zu unternehmen. Unter unsäglichen Mühen, ausgerüstet wie Spaziergänger, ohne bergsteigerische Kenntnisse dringen sie empor, bis die Wolken unter ihren Füßen schweben, und erreichen den Gipfel. Der Eindruck auf Petrarca ist gewaltig, ja überwältigend. Hier erlebt er seine wahre Bekehrung. Er schildert den Blick ins Licht der untergehenden Sonne, die Berge gegen Lyon, das Rhonetal, das Mittelmeer. Ihm wird bewußt, wie fehlgeleitet sein bisheriges Leben gewesen ist, und er schlägt das Büchlein auf, das ihn damals überallhin begleitet hat. Sein Auge fällt auf eine Stelle im zehnten Abschnitt der »Bekenntnisse«, und er liest folgenden Satz: »Und da gehen die Menschen hin und bewundern hohe Berge und weite Meeresfluten und mächtig daherrauschende Ströme und den Ozean und den Lauf der Gestirne und vergessen und verlassen sich selbst dabei.«

Im Angesicht der Natur sieht sich Petrarca selbst als unendlich klein und doch unendlich groß durch das Bewußtsein, alles im Licht des eigenen Geistes widerzuspiegeln und zu empfinden. Weil er das Leben des Menschen als ein Ganzes erfaßt, sieht er in der Natur den Rahmen, der alles Dasein auf Erden umgibt und in den sich der einzelne einstimmen muß: »In der Stadt bin ich ein ganz anderer Mensch als auf dem

Lande. Hier gehorche ich der Natur, dort dem Beispiel«, heißt es in einem seiner Briefe. In seiner Person verbinden sich die mystische Religiosität eines Franziskus von Assisi mit der Strenge des kritischen Philologen und Wissenschaftlers. In seiner Seele solidarisieren sich erstmals die mystische Liebe zur Erde mit der aufbrechenden Psychologie von Selbstwahrnehmung und -erkenntnis. Mit ihm beginnt ein ganz neues Kapitel, welches das Mittelalter weit hinter sich läßt und das sich öffnet den unberechenbaren, gefährlichen, zwiespältigen und fragwürdigen Abenteuern des modernen Menschen. Petrarca auf dem Mont Ventoux – in dieser Stunde fühlt sich der abendländische Mensch zum erstenmal wieder eins mit dem Kosmos und fremd zu seiner eigenen Seele.

Nikolaus von Kues:
Jagd nach Wissen und Weisheit

Auf der Grenze zwischen Mittelalter und Renaissance, im 15. Jahrhundert, ohne unmittelbare Vor- und Nachfahren, kurz vor dem Eindringen des Humanismus in Deutschland und der Reformation Luthers, begegnet uns Nikolaus von Kues. Er denkt noch weitgehend streng scholastisch, aber seine Reflexionen werden immer wieder von der Unmittelbarkeit der naturphilosophisch-mystischen Intuition überflutet. Noch befangen in der alten hierarchischen Weltordnung, gelingen dem Cusanus doch manchmal Gedanken von der Eigengesetzlichkeit des sichtbaren Geschehens. Seine gewaltige Denkenergie strebt nach einer Synthese mystischer, thomistischer und humanistischer Denkrichtungen seiner Zeit. Daß er diese Synthese letztlich nicht hervorbringen, diese Gegensätze nicht wirklich bewältigen kann, ist verständlich. Aber er hält ihre Bewältigung zeit seines Lebens für möglich, auch wenn der Theologe in ihm oft davor zurückschreckt, die letzten Konsequenzen seiner philosophischen Anschauungen zu ziehen.

Wie so viele Gestalten dieser Zeit entfaltet auch Cusanus eine Fülle von Begabungen: Er ist Kirchenpolitiker, Historiker, Theologe und Philosoph, Jurist und Verwaltungsbeamter, Philologe, Mathematiker und Astronom, Staatsmann und Politiker. Er lebt und schreibt in der schwer durchsichtigen Übergangsära zwischen dem Mittelalter und der Neuzeit, im Jahrhundert der Konzilien. Er ist Katholik durch und durch, aber sein Denken enthält eine Reihe von Zügen, die ihn weit aus seiner Zeit herausheben und fast modern erscheinen lassen. Von der Mystik kommt der eine der Ströme seiner Spekulation, von der noch kaum vorhandenen Naturwissenschaft, Mathematik und Astronomie der andere.

Was baut dieser Nikolaus von Kues zusammen? Es ist ein gigantisches Bild, bizarr und doch logisch, eine äußerst komplizierte aspektreiche Gottes-, Welt- und Erkenntnislehre, die bald mystisch, theistisch und objektivistisch, bald naturalistisch, ja mathematisch-mechanistisch und subjektivistisch erscheinen will. Er nimmt Gedanken von Meister Eckhart auf, mit Galilei lehrt er, zweihundert Jahre vor den *Discorsi*, die Erdbewegungstheorie. Lange vor Leibniz und Newton beschäftigt ihn die wissenschaftliche Idee des unendlich Kleinen, und mit Augustinus, Dionysos Areopagita und Meister Eckhart versenkt er sich, nicht mehr wissend, in den göttlichen Grund des Seins. Nikolaus von Kues verkörpert selbst die *coincidentia oppositorum*, die Koinzidenz der Gegensätze: Er ist Mystiker und Aufklärer zugleich. In Konstantinopel sammelt der Humanist alte Handschriften, in den Niederlanden reformiert er die Klöster und entthront Bischöfe auf seinen gefürchteten Visitationsreisen. Am Ende seines Lebens sehen wir den Fischersohn von der Mosel als Stellvertreter des Papstes in Rom, während dieser, Aeneas Silvius, in Mantua zum Kreuzzug gegen die Türken aufruft.

Das bunte Leben

Leben und Werdegang dieses Mannes sind in der Tat farbig und spannungsreich. Nikolaus Krebs (Chrypffs) wird im Jahr 1401 im kleinen Ort Kues an der Mosel als Sohn eines nicht unbegüterten Weinbauers und Schiffers geboren. An der berühmten Ordensschule zu Deventer erhält er die ersten Grundlagen seiner profunden wissenschaftlichen Bildung. Es war damals Tradition in Deutschland, italienische Universitäten zu besuchen, und nachdem Nikolaus Krebs im Alter von 15 Jahren ein juristisches Studium an der Universität Heidelberg begonnen hat, zieht er dann nach Padua, um dort mit 23 Jahren den »Doctor Decretorum« zu erwerben. In Padua hat er sich neben seinem eigentlichen rechtsgelehrten Fachstudium auch bereits mit mathematischen und naturwissenschaftlichen Problemen beschäftigt. Nach Deutschland zurückgekehrt, läßt er sich 1424 in Mainz als Anwalt nieder. Da er aber seinen ersten Prozeß infolge eines Formfehlers verliert, gibt er diesen Beruf wieder auf, um in die Dienste der Kirche zu treten. 1428 wird er zum Priester geweiht und nimmt in den folgenden Jahren eine Reihe von kirchlichen Ämtern wahr. 1432 beruft ihn Julian Caesarini, dem er später seine »Docta ignorantia« widmet und der in Padua sein Freund und Lehrer der Philosophie gewesen ist, auf das Konzil zu Basel. Dort steht er anfangs auf der Seite der Opposition, schwenkt dann aber um und vertritt energisch und gewandt die Interessen des Papstes, so daß er bald als päpstlicher Delegat mit besonders wichtigen Missionen der Kirche betraut wird.

Im Jahr 1439 ist er wieder am Rhein, in klösterlicher Stille an der »Docta ignorantia« schreibend. Dann begegnet er uns als glänzender Redner auf den Reichstagen zu Mainz (1441) sowie zu Frankfurt (1442). Nikolaus von Kues entwickelt einen ausgesprochenen Ruf als kluger Diplomat, vorsichtiger Reformer und kenntnisreicher Historiker und Gelehrter. Von Papst Nicolaus V. erhält er 1449 die Kardinalswürde. Gleich darauf ist er auf einer Missionsreise unterwegs, die ihn in den Jahren 1450 und 1451 durch das westliche Deutschland und die Niederlande führt. Überall visitiert und reformiert er die Klöster, wettert er gegen den Kirchenverfall, leitet er umsichtige Reformen ein. Zum Bischof von Brixen in Südtirol ernannt (1450), legt er sich mit der weltlichen Herrschaft dort an. Die unrühmliche Folge davon ist, daß der Kardinal bis zur Schlichtung des Streits durch den Kaiser 1464 jahrelang in Rom lebt, in vertrautem Umgang mit seinem Freund Aeneas Silvius, der als Pius II. im Jahre 1458 den päpstlichen Thron bestiegen hat. Hier entstehen die meisten Schriften des Kardinals, hier reift sein Denken systematisch aus. Er findet in der Philosophie, was ihm die Wirklichkeit nicht bieten kann, die Koinzidenz der Gegensätze, nach der er lebenslänglich sucht.

Die Bedeutung des Cusanus für die Entwicklung der Renaissancephilosophie kann nicht hoch genug eingeschätzt werden. Man kann in ihm einen der wichtigsten Vorläufer des

Giordano Bruno, aber auch des Kopernikus sehen. Obwohl es eher unwahrscheinlich sein dürfte, daß Kopernikus von den astronomischen Schriften des Kardinals gewußt hat, ist es überraschend, daß sich wichtige Lehren des kopernikanischen Systems schon bei Cusanus finden. Die Auflösung des geozentrischen Weltbildes bahnt sich bei ihm schon insofern an, als er die Erde nur einen Wandelstern sein läßt. Auch als Kartograph, Mathematiker und Historiker tritt Cusanus hervor und leitet die Renaissance ein.

Das gelehrte Nichtwissen

Fest und sicher lebt und arbeitet Nikolaus von Kues im Schoß der katholischen Kirche. Die lutherische Angst vor dem Teufel, das qualvolle Ringen um das Heil der Seele bleiben ihm fremd. Sein ruhig betrachtender Geist richtet sich auf Gott und das All. Er wird zum Philosophen in seinem vierzigsten Lebensjahr, nachdem er auf Konzilien und Fürstenversammlungen erfahren hat, daß auch in der irdischen Welt das Größte und das Kleinste in Wahrheit eins sind. Auf der Heimreise von Byzanz (1439) hat er ein umwerfendes Erlebnis. Während der Überfahrt, im Anschauen des unendlichen Meeres, begegnet ihm die Idee des Absoluten und Größten zum erstenmal plastisch. »Gott« erleuchtet sich in ihm auf nichtwissenschaftliche Weise, und mit ihm das Universum. Daheim angelangt, schreibt er sein erstes Buch, über dessen Titel wir etwas nachdenken sollten.

Das Interesse des Cusanus richtet sich jetzt vor allem darauf, das, was der sinnlichen Erfahrung unzugänglich ist, mit den Erkenntnismitteln des Intellekts zu umgrenzen. Für alle Begriffe, die zum Absoluten gehören (wie etwa Einheit, Ewigkeit, Grenzenlosigkeit, Unermeßbarkeit, Aufhebung der Gegensätze), soll ein Ausdruck gefunden werden, der sie logisch begreifbar macht, eine wissenschaftliche Formel. Um das zu erreichen, verknüpft Cusanus einen logischen Begriff mit einem irrationalen. So kommt er zu der grundlegenden und berühmten Formel von der *Docta ignorantia*, und so nennt er auch sein Buch: »Die Wissenschaft vom Nichtwissen« (*De docta ignorantia* oder *Doctrina, scientia ignorantiae*). Die Formel vom »gelehrten Nichtwissen« ist natürlich stark beeinflußt vom alten Motiv der mystischen Erkenntnis, vermittelt aber doch in gewisser Weise etwas Neues, weil hier nicht das für die mystische Ekstase so typische Aufgeben aller intellektuellen Erkenntnis erfolgt.

Docta ignorantia bedeutet also nichts anderes als das Bewußtsein, beschränkt zu sein und die absolute Wahrheit nicht erkennen zu können. In diesem Begriff steckt durchaus ein kritisches Moment, denn der Zweifel ist der Ausgangspunkt. Es gibt für Cusanus keine unbedingte Allgemeingültigkeit menschlicher Urteile. Man kann, so argumentiert er, mit dem Begriff der menschlichen Erkenntnis nicht arbeiten, ohne dabei zu bedenken, daß der eine anders erkennt als der andere, weil jede menschliche Erkenntnis abhängig ist von bestimmten Faktoren der Zeit und der Umwelt. Ist somit jede Erkenntnis individuell, kann es keine wahrheitsgemäßen Aussagen über die Außenwelt geben.

Letztlich ist dieses ganze Buch eine gedanklich aufwendige Bestätigung des sokratischen Satzes: »Ich weiß, daß ich nichts weiß.« Aber für das wissensdurstige Spätmittelalter bedeutet es eine Revolution des Denkens, das auch in mystischen Kategorien eine universale Gesamtschau erreicht. Dieses Buch enthält die merkwürdige Doppelseitigkeit des Cusanus, den Mystiker und den Naturwissenschaftler. Das Wesen Gottes oder wenigstens die Grenze seiner Begreiflichkeit wird wissenschaftlich genau und mystisch intuitiv zugleich bestimmt. Nikolaus von Kues wird zum frühesten Ideenträger der naturphilosophischen Renaissance. Die wissenschaftlich-moderne Hälfte seiner geistigen Persönlichkeit wirkt allerdings schwerwiegender als die mystisch-mittelalterliche.

Eine Welt im Kleinen

Wenn man etwas vom Naturverständnis des Cusanus erfahren will, muß man sich sein kosmologisches Weltbild, aber auch sein Gottesverständnis näher anschauen. Beginnen wir mit der Kosmologie, die zunächst ganz traditionell anmutet, aber dann überraschende Einsichten bereithält: Alle Dinge der Welt stehen in einem geheimen Zusammenhang untereinander. Die Welt ist ein lebendiger Organismus. Was dem einen ihrer Teile widerfährt, wird in allen anderen gespürt: die Geburtsstunde ökologischen Denkens. Das Individuum ist bei Cusanus so unendlich wie das All und trägt die ganze Welt, sie gleichsam widerspiegelnd, in sich. Jedes Ding ist ein Mikrokosmos, eine Welt im Kleinen (*parvus mundus*) – ein Gedanke, den die Renaissance später immer wieder variieren wird. Cusanus, der die erste Karte von Deutschland in Kupfer stechen läßt (erschienen 1491), hat damit gleichsam die Landkarte der deutschen Naturphilosophie entworfen, auf der sich die kommenden Jahrhunderte einzeichnen werden. Das paracelsische Jahrhundert folgt als erstes dieser Idee, am »kleinen Gott der Welt«, dem Menschen, teils humanistisch, teils naturalistisch oder magisch die Formen und Kräfte der »großen Welt« abzulesen und den Mikrokosmos als Kommentar des Makrokosmos zu benutzen – eine Anschauung, die dem scholastischen Mittelalter noch ganz fern liegt.

Der bewegliche Stern

Etiam terram moveri: Auch die Erde bewegt sich im Unendlichen, jenem grenzenlosen Universum, das seine Grenzen gleichsam in einer anderen als der räumlichen Dimension hat, dort, wo das Werdenkönnen an Gott stößt. Hochbedeutsam ist diese Erdbewegungstheorie, in der Tiefe des 15. Jahrhunderts vorgetragen von einem deutschen Kardinal, Jahrhunderte bevor Giordano Bruno wegen dieser Lehre verbrannt (1600), Galilei gefangengesetzt wird (1632). Dabei ist diese

Lehre von der beweglichen Erde kein beiläufiges Aperçu, sondern organisch entwickelt aus dem Unendlichkeitsdenken des Kardinals, mit der »Wissenschaft vom Nichtwissen« fest verwachsen. Die Erde kann gar nicht ruhen, das Weltall kann gar nicht begrenzt sein im System des Cusanus, in dem es nur ein Zentrum und eine Peripherie gibt, nämlich Gott. Denn hätte die Welt in sich ein Zentrum und eine Peripherie, dann müßte eine andere Welt außer ihr sein, und immer so fort. Nur Gott ist gleich weit entfernt von allen Teilen der Welt. Folglich ist die Erde ein Himmelskörper, der sich bewegt wie die anderen Sterne auch, kugelförmig und *nicht* der geringste und unterste Teil der Welt (12. Kapitel), weil sie schwarz ist, die Sterne aber hell und leuchtend. Damit fällt auch die antike Theorie der Sphären, die konzentrisch um die Erde gelagert und an denen die Fixsterne befestigt sein sollen. Alle Sterne beschreiben Kreise, viele Pole hat die Welt: Das ist in der Tat »staunenswert«, das sind »bisher unerhörte Sätze« (11. Kapitel).

Auch hier markiert Nikolaus von Kues also einen Übergang: Das mittelalterliche Denken hat sich – sowohl in seiner scholastischen wie in seiner mystischen Ausprägung – von der sichtbaren Welt zu einem transzendenten »realen« Sein zugewandt, von dem die diesseitige Welt nur eine schattenhafte Bilderschrift ist. Das Denken der Renaissance hingegen richtet sich auf die sichtbare Welt der Wirklichkeit. Da Cusanus infolge von persönlichen und zeitbedingten Hemmungen noch nicht fähig ist, ein einheitliches Weltbild zu entwerfen, stehen sich bei ihm monistische und dualistische, pantheistische und theistische Gedanken in nicht ausgeglichener Spannung gegenüber.

Die neue Kosmologie

Noch abhängig vom mittelalterlichen Denken, versucht er aber schon, die Welt als einen Ausfluß des Göttlichen zu denken, sie als Gottes Abbild zu entwerfen. Ausgehend von einem

neuplatonisch-mystischen Monismus, überwindet Cusanus allmählich die dualistischen Begrenzungen des Denkens und
ringt sich zu renaissancepantheistischen Gedanken durch.
Überall in der Welt sieht er Gott als das absolute Sein wirken.
Die Welt ist mehr als ein bloßes Zweckgefüge: Sie ist der endliche Gott. Das intensive Vitalitätsgefühl der Renaissance
greift auch auf Cusanus über, der schließlich die mittelalterliche Vorstellung von der hierarchisch-vertikalen Anordnung
des Seins zugunsten einer Vorstellung von der Einheit und der
Allbeseelung des Lebens überwindet.

In der Kosmologie des Cusanus strömt zwar der Geist hinunter in die Materie, aber gleichzeitig steigt die Materie zu
Gott auf. Solche Gedankengänge wirken sich naturgemäß
auch auf die astronomischen Ansichten des Kardinals aus: Die
Welt bekommt ihre Lebenskraft und ihre Lebensgesetze nicht
mehr »von oben«, sie trägt sie in sich. Jetzt besteht die Möglichkeit, das alte ptolemäische Weltbild zu zerstören, jetzt, als
die metaphysischen Stützen fortfallen. Die Welt kann zu
einem Stern werden, ohne daß sie damit an Inhalt und Wert
verliert.

Diese kosmologischen Einsichten machen deutlich, daß hier
an der Grenze des Mittelalters und der Neuzeit von einem
deutschen Denker sozusagen ein Stück ewige Philosophie er-
rungen ist. Tiefer und umfassender, als der Kardinal es tut,
kann man das Problem des Weltseienden nicht stellen. Selbst
Plato, Aristoteles und Plotin erscheinen, an Nikolaus von
Kues gemessen, nur als erste Bahnbrecher auf einem Weg,
den der deutsche Kardinal spekulativ zu Ende schreitet.

Gott, das unbegreifliche Sein

Zusammen mit der Kosmologie weitet sich auch das gelehrte
Nichtwissen von Gott aus. Immer größere Kreise zieht das
Gottdenken, durch das ganze Werk des Cusanus der Seufzer:
Gott, du bist unerkennbar. Je mehr Wissen von der Natur an-
gesammelt und aufgehäuft wird, um so undeutlicher – so

scheint es – wird das Bild Gottes. Der Graben, der Gegensatz scheint unüberwindlich. Der Grund der Unbegreiflichkeit Gottes liegt nach Nikolaus von Kues in der Leistungsschwäche der endlichen Vernunft. In der Mitte der »Wissenschaft vom Nichtwissen« steht, wie wir gesehen haben, ein deutlicher Skeptizismus.

Im System des Cusanus wird das Absolute natürlich mit dem Göttlichen identifiziert. Gott hebt das Kleinste und das Größte in sich auf. Nur eine *docta ignorantia* kann uns zum Erfassen des Absoluten führen, das über alle Gegensätze des Seins einen versöhnenden Ausgleich spannt. So gipfelt die Erkenntnislehre des Cusanus in der Anerkennung des Irrationalen.

Es ist alles andere als leicht, aus den vielen Aussagen, die der Kardinal über diese Probleme macht, ein einheitliches Bild zu gewinnen. Einmal sagt er, Gott sei die höchste Form des Seins, ein anderes Mal behauptet er, Gott sei nichtseiend. Aber inzwischen gewöhnt an paradoxes Denken im Mittelalter, erkennen wir, daß für den gelehrten Kardinal Gott *sowohl* die größte Bejahung wie die tiefste Verneinung ist, denn er schließt ja die Gegensätze in sich ein (*coincidentia oppositorum*) und steht doch zugleich fern von allen Gegensätzen. Die äußerst schwierige Lösung dieser Problematik gelingt Cusanus schließlich dadurch, daß er die endliche Welt in den Kreis der Betrachtung hineinzieht und die Einheit der Gegensätze als einen Anfang einer ständigen Entwicklung von der Unendlichkeit Gottes zur Endlichkeit der Welt darstellt. Gott ist das Urbild der Welt, in welchem schon alles angelegt ist, was sein kann. Indem er diese Welt mit ihrem Formen- und Farbenreichtum denkt – das heißt zugleich: indem er sich selbst denkt und begreift! –, schafft und gestaltet er die Welt.

In der Welt ist also, vereinfacht gesagt, eine große Einheit, weil die Übergänge vom Sinnlichen zum Geistigen kontinuierlich sind und sich in der Einheit des menschlichen Wesens vollziehen. Die Größe des Göttlichen wiederholt sich in der Kleinheit des Menschlichen, und das Menschliche kann sich durch Erkenntnis zum Göttlichen erweitern. Das unendlich

Große und das unendlich Kleine fallen zusammen, keins von beiden ist ohne das andere denkbar, bei aller Verschiedenheit wird eine Gemeinsamkeit erkennbar.

Von Gott gibt es kein Wissen, nur ein Bild (*imago*), ein Zahlensymbol, eine »Konjektur« (Hilfsmaßnahme), eine zugleich irdische und unzulängliche Als-ob-Betrachtung, vielleicht auch einen momentanen, mystisch-intuitiven Blick der Seele, auf den aber der Mathematiker und Naturerforscher Gottes keinen großen Wert legen darf. Gott ist nichts von dem, was wir wissen oder erfassen oder von ihm aussagen können. Dieser »negative« Satz des Dionysos Areopagita lastet schwer auf dem kusanischen Geist. Durch die »dichte Wolke«, durch das »Sich-Abquälen im Dunkeln« entsteht nun die viel interpretierte Gottesdefinition: Gott ist das absolut Größte, in dem alle Gegensätze zusammenfallen, also zugleich auch das absolut Kleinste, weil er alles, was sein kann, absolut wirklich (*actu*) ist. Ganze Generationen von gelehrten Theologen werden sich über diesen dunklen Satz den Kopf zerbrechen, und es wird nicht an Fehldeutungen mangeln.

Das wilde Einhorn der Gottheit

Bei Nikolaus von Kues fehlt die Betonung der ekstatischen Verzückung, das mystische Bild vom Seelengrund, das Eckhart gebraucht hat. Theoretisch kämpft er mit der »wüsten Gottheit« wie Eckhart auch, im Netz mathematischer Fiktionen sucht er einzufangen »das wilde Einhorn der Gottheit«. Aber auch er steht vielleicht ekstatisch aufgewühlt an der Reling des Schiffes, als er auf der Überfahrt von Byzanz die Offenbarung erlebt und er die endliche Linie, die der menschliche Verstand laufen läßt, am Horizont, wo Himmel und Erde sich berühren, einbiegen sieht in die unendliche Linie Gottes, die zugleich Dreieck, Kreis und Kugel ist, eine einsteinsche Vision. Alles, was sein kann, also auch der gekrümmte Raum, ist Gott wirklich. Wahrhaftig, man sieht die dunklen Umrißlinien dieser Gottheit. An der endlichen Linie untersucht Cusanus, was in ihrer Möglichkeit liegt, und läßt sich an ihr hinausführen aus Welt- und Menschendenken in jenes unbegreifliche Sein, an dessen Größe unser Denken zersplittert.

Auch zu Spinoza läuft der Faden: Von den unendlich vielen Attributen oder Weisen, die Gott sein kann, erkennen wir nur zwei, das Denken und die Ausdehnung. Und Leibniz spricht von den möglichen Welten, aus denen Gott eine, die unsrige, zur Existenz und Evolution ausgewählt hat. Gewiß erscheint in dieser breit ausgebauten Lehre manches Phantastische, an das traditionelle Begriffsgebäude der Scholastik angebaut wie ein Wintergarten mit seltsam blühenden Pflanzen. Wenn unser Denken auch an einen Abgrund geführt wird, es ist doch der Abgrund Gottes, an dem wir entlangschaudern. Und wenn auch der Gefühlsschwung der Mystiker nicht hinzukommt, wenn es Nikolaus von Kues auch nicht darum geht, den Seelengrund erglänzen zu lassen, sondern lediglich darum, unser Denken bis dicht an die ewigen Grenzen heranzuführen, hinter denen das Wissen erst anfängt, wir erhalten doch sehr viel. Wir erhalten eine Ahnung von Ort und Weise jenes *Super omne*, eine Intuition, die es in unserer unspekulativen Moderne nicht mehr gibt. Wir erhalten eine Kritik unserer Gottesbilder und eine Bestätigung unseres Nichtwissens von Gott.

Die Frage nach dem Verhältnis Gottes zur Welt hat Cusanus lebenslang beschäftigt. Sie ist sein eigentliches Thema, an dem er immer wieder entlangphilosophiert – mit wechselndem Erfolg. Die Kreatur, das Weltall, die Welt, so stellt er fest, hat ihren Ursprung in diesem Gott. Das unendliche Weltall ist gottähnlich, die Kreatur ein Widerschein des göttlichen Seins. Wird der Cusaner damit zum Pantheisten? Richtig ist, daß er zwei Weltgründe annimmt: Gott und die geschaffene Welt mit ihrer Kontingenz, ihrer Unvollkommenheit, während es für den Pantheismus charakteristisch ist, nur einen Weltgrund zu kennen.

In der mystischen Schrift *De visione dei* redet Nikolaus von Kues eine feierliche Sprache. Unser Sehen Gottes ist nur ein Gesehen-Werden durch Gott, unser Wissen Gottes ein Gewußt-Werden durch Gott. Die Nähe zu Meister Eckhart ist unverkennbar. Aber die Wissenschaft vom Nichtwissen ist damit noch nicht erledigt. Eine unüberwindbare Grenze trennt alles Gesagte und Gedachte von Gott, der ein »Ende ohne Ende« ist. »Ich weiß, daß ich nicht weiß, was ich sehe.« Der Ort Gottes ist umsäumt mit der Einheit der Gegensätze. Sie ist die Mauer des verlorenen Paradieses, in dem Gott wohnt. Das Sein der Geschöpfe ist ein Gesehen-Werden durch Gott, der sich selbst sieht und schafft im Geschöpf, was wiederum ganz pantheistisch klingt. Das Ganze ist »mystisch«, insofern es unerklärlich ist und bewußt im Dämmerlicht der endlichen *Consideratio* verbleibt. Das menschliche Auge kann nur das Sonnenlicht, nicht direkt die Sonne sehen. Wie wir also nichtsehend die Sonne sehen, so wissen wir nichtwissend von Gott. Auch das Meer ist nicht meßbar. Die Maßstäbe unseres Geistes genügen nicht, um das Nicht-Andere anders als im Medium des anderen zu sehen. In solchen Gleichnissen steckt klar pantheistisches Denken: Die Welt ist nicht bloß *durch* Gott, sondern Gott ist *in* der Welt wie das Sonnenlicht im Spektrum.

Was überhaupt ein Mensch tun kann, um Gott zu begreifen, das hat Nikolaus von Kues versucht. In förmlichen Gedankenkrämpfen windet sich sein Geist vor Gott und bleibt doch immer, was er ist: jemand, der die Mauer nicht übersteigen kann, hinter der Gott wohnt. Es ist wie ein beschwerliches Verharren vor einem geschwärzten Glas, durch das wir in die Sonne schauen.

Das Buch der Natur

Opponiert gegen die scholastische Bücherweisheit, im »Buch der Natur« gelesen hat Cusanus schon 1438, als er über das Meer fährt und die mathematischen Formeln für Gott entdeckt. Er erklärt, Gottes Finger habe das Buch der Natur geschrieben, dort müsse man ihn »lesen«, auf den Straßen und Märkten der Stadt, wo gewogen, gemessen und gezählt wird, in der Unze, im Litermaß, dort erklingt der Ruf der Weisheit viel lauter als in den prächtigsten Folianten. Gott ist alles, was sein kann, wirklich. Am Ende seines Lebens schreibt Cusanus seinen allerletzten Willen in einem Summarium seiner Philosophie auf, dem er den Titel *De venatione sapientiae* (Über die Jagd nach der Weisheit) gibt. Noch einmal tritt die historische Tat der philosophischen Lebensarbeit, der wilden verwegenen Jagd des Kardinals vor unsere Augen. Der nahende Tod macht ihn heller sehend, und er glaubt, das Wesen Gottes und der Natur doch noch zu begreifen, zu ergreifen in der letzten kostbaren Minute, kurz bevor die relative Finsternis seines Denkens zu einer definitiven wird.

Wie Descartes sucht Nikolaus noch einmal nach einer endlich unbezweifelbaren Wahrheit (*aliquid certissimum et indubitatum*). Die kreatürliche Welt konnte nur wirklich werden, weil dieses Werden-Können in Gott selbst gewesen sein muß. Die Werdensmöglichkeit hat ihren Anfang in Gott, sie verhält sich zu Gott wie das Licht zur Farbe. Sie macht Gott sichtbar in der Welt. Denn alles, was sein kann, ist unsichtbar, mag es auch noch so wirklich sein. Nikolaus besiegt ein letztes Mal seine Skepsis, die ihm so viel bedeutet hat. Er hält noch einmal eine Fackel über den unbekannten Gott. Und siehe da: Es wird farbig in der Welt. Die großartige »Jagd nach der Weisheit« scheint ihr Ziel gefunden zu haben. Sie deutet weit in die Jahrhunderte hinaus. Die naturfremde, logische Gotteswissenschaft der Scholastik endet in einer verzweifelten Wissenschaft vom Nichtwissen. Im Denken allein kommen wir aus dem Denken nicht heraus. Wir bleiben eingespannt in Gegensätzlichkeiten. Das »wilde Einhorn der Gottheit« ist nicht erlegt. Aber das Testament des Kardinals ist abgeschlossen. Wir sehen, wie sein Denken um jene Grenzlinie spielt, die Mittelalter und Neuzeit trennt. Sein Gott will in die Welt stürzen, um mit ihr eins zu sein. Man kann nicht wirklich sagen, daß er wirklich stürzt. Auch bei Leibniz stürzt er noch nicht, vielleicht bei Bruno. Doch der Schwerpunkt des kusanischen Denkens verschiebt sich während einer dreißigjährigen Treibjagd nach Erkenntnis der Wahrheit sichtbar in Richtung auf das gewordene Können: Die Welt ist ein ausschnittweiser Kommentar von »allem, was sein kann«. Zwischen Mystik und wachsendem Naturwissen wächst der Mut der Humanisten, neue, farbige Naturbücher für das Studium Gottes aufzuschlagen. Die Hinwendung zur Natur beginnt – unwiderruflich.

VIERTER TEIL

Die Begegnung
mit dem Gott
der Natur

Wir sehen in der Natur nicht Wörter, sondern immer
nur Anfangsbuchstaben von Wörtern, und wenn wir
alsdann lesen wollen, so finden wir, daß die neuen
sogenannten Wörter wiederum bloß Anfangsbuchstaben
von andern sind.

JOHANN CHRISTOPH LICHTENBERG

Paracelsus von Hohenheim:
Lesen im Weltwunderbuch

Europa am Vorabend eines gigantischen Kampfes zwischen Reformation und Gegenreformation ist ein Schauplatz innerer Zerrissenheit, neuer Aufbrüche, waghalsiger Spekulationen. Nie zuvor und auch niemals später ist derart hart um Natur und Offenbarung gerungen worden. Der Friede zwischen Wissenschaft und Gotteserkenntnis bricht mit einigen Schriften, die in den ersten Jahrzehnten des 16. Jahrhunderts erscheinen, endgültig auseinander. Noch unsicher ist das frühe Morgenlicht. Was ist noch verborgen, und was muß kommen? Nicht die rechte Lehre von Christus, von Erwählung und Erlösung, von Rechtfertigung und Kirchenzucht, die hat Luther und die haben in seinem Gefolge etliche andere Reformatoren gezeigt. Sondern die Philosophie und der tiefe Grund Gottes, die Offenbarung seiner ganzen Schöpfung. Sie wird in der Tiefe, in großer Einfachheit aufgehen, bei den kleinen Leuten. Paracelsus, der die christliche Mystik zu einer tiefgreifenden Reformation aus neuer Welterkenntnis hat ausbauen wollen, bricht über viele unterirdische Kanäle in das Denken seiner Zeitgenossen ein.

Die geheimen Kräfte der Natur

Mit Paracelsus tritt der Mensch aus den dunklen Kirchen, geblendet von einem neuen Licht, dem Licht der Natur. Zahlreiche Hemmungen, Verdikte der Kirche haben ihn daran gehindert, das verbotene Land zu betreten, in dem der Teufel, das Symbol des Furchtbaren, Düsteren und Unerklärlichen wohnt. Die finstere Macht zittert in der lutherischen Angst, die vorher niemand kannte, der warm und sicher im Schoß der allein seligmachenden Kirche ruhte. Jetzt wird dem Menschen verlockend das Reich der Erde gezeigt, jetzt wird er eingewiesen in die Macht der geheimen Kräfte der Natur. Der Mensch übernimmt sich, mit einem raschen Griff will er erfassen, was nur lange Jahrhunderte exakter Wissenschaft allmählich und mühsam erobern können. Vom Teufel auf den Mist geworfen, das Gesicht auf den Rücken gedreht, so endet dieser Wahnsinnige. Stärker als der Mensch ist die Natur, größer und dunkler, als sich sagen läßt, die Schrift, die der Finger Gottes schreibt, ihm noch unlesbar. Die Sterne machen die Pest, meint Paracelsus von Hohenheim, von Bazillen weiß er noch nichts. Ohnmächtig steht der Mensch des 16. Jahrhunderts vor diesen Rätseln. Die Natur läßt nicht zu, daß man den Schleier von ihr zieht. Magisch und mystisch bleibt alles.

Man klammert sich an Gott noch stärker als zuvor, Luther, Franck und Schwenkfeld, auch Paracelsus, der hinter den Seuchen Alteuropas herwandert, die Klinik betrachtend, in der Gott auf Erden krank liegt. Wie eine Anklage klingt seine Stimme zu uns, tief erregt über seine Ohnmacht, fast verzweifelt. In seinen Schriften zittert eine unglaubliche Wut, die sich äußerlich gegen die traditionelle Ärztezunft richtet, gegen Avicenna und Galenus und die gelehrten Schulmediziner, die die Leute sozusagen philologisch verarzten, durch Studium und Interpretation dunkler Galenusstellen statt durch die Beobachtung der Natur und das Aufsuchen neuer und natürlicher Heilkräfte. In unerhörten Tiraden, die selbst für das lutherische Jahrhundert als außergewöhnlich schimpflustig bezeichnet werden können, äußert sich dieser fast pathologische Zorn des grobgehauenen Schweizers. Der Grund dieses Ressentiments ist wohl im Gefühl der Machtlosigkeit gegenüber der gewaltigen und unergründlichen Natur zu suchen. Allein steht er auf weitem Feld, das Ungeheure stets vor Augen. Er verkündet das Licht der Natur und erklärt sich zum Herrscher der neuen Heilswissenschaft. Und fühlt doch im stillen, daß er auch nichts anderes ist als ein armseliger Medikus.

Die Wege der Seele zur Natur sind seit mehr als eintausend Jahren unbeschritten gewesen. Angst *zur* Natur könnte man

147

die typische Zeitkrankheit des 16. Jahrhunderts nennen. Unsicher sind noch die ersten Schritte. Alle Maßstäbe fehlen. Die ersten Versuche, die Natur zu beherrschen, enden tragisch. Ausgelacht von ganz Europa, schreit Paracelsus in seinem »Paragranum«: »Ihr müssen *mir* nach mit Eurem Avicenna, Galeno, Rasi etc und ich nit Euch nach. Ihr *mir* nach, Ihr von Paris, von Montpellier, von Salern, von Wien, von Köln, von Wittenberg und all Ihr in der Summa und keiner muß ausgenommen sein, im hintersten Badewinkel nicht bleiben, des bin *ich* Monarcha und *ich* führ die Monarchei.« In Basel, am 24. Juni 1527, wirft er die Schriften des Avicenna ins Johannisfeuer, wie Luther wenige Jahre vorher die päpstliche Bulle. Der *Luther medicorum* muß flüchten, wandert durch Deutschland, die heilige Schrift der Natur im Herzen tragend, in Spelunken und auf Landstraßen übernachtend und überall seine Manuskripte ausstreuend, die der Zeit erst nach seinem Tode druckfähig erscheinen, die Armen umsonst verarztend nach der neuen ärztlichen Ethik, die er im Brustton prophetischer Überzeugung verkündet, und die Straßen wählend, auf denen die Pest vor ihm herzieht. Denn dort ist die Natur, die große, göttliche, furchtbare Natur mit all ihren rätsel- und grauenhaften Wundern. Paracelsus – ein grenzenloser Idealist, ein Arzt in Lumpen, eine Mischung von Faust und Heiland, wie sie nur in Deutschland möglich ist. Neben Luther ist er das schöpferische Genie, das einem ganzen Zeitalter den Geist eingibt, der erste, der aus der Bücherweisheit in die Natur flüchtet, »auf, hinaus ins weite Land«.

Wanderjahre

In Einsiedeln, im Herzen der Schweiz, ist Paracelsus am 17. Dezember 1493 geboren, an der Teufelsbrücke, die über die rauschende Siehl führt, zwischen Tannen und Alpen. Hier erhält er den starken Natursinn, eine kernige, bäuerische Art, die große Ethik seines Lebens, die ihm seine Bergheimat mitgibt. Der Vater ist Schwabe, die Mutter eine Schweizerin,

Gotteshausfrau in Einsiedeln, die Wilhelm Bombast von Hohenheim, Gelehrter und praktischer Arzt aus einem altadligen Geschlecht zu Hohenheim bei Stuttgart, geheiratet hat. Der Junge erhält den Namen Theophrastus Bombastus von Hohenheim – ein Name wie ein kleines kompaktes Wurfgeschoß. Die Namen Aureolus, Trismegistus, Germanus und so weiter, die auf den Titeln seiner Schriften erscheinen, sind spätere Zutaten seiner Schüler, der Name Paracelsus die damals übliche humanistische Latinisierung von Hohenheim.

Von seiner frühesten Jugend wissen wir nur, daß er einfach erzogen wird, von seiner Mutter tiefe Frömmigkeit, von seinem Vater die Liebe zur Wissenschaft und zum ärztlichen Beruf übernimmt. Paracelsus bekennt später, daß ihn sein Vater »nie verlassen« und ihn als erster in der *adepta philosophia*, der Geheimwissenschaft von der Natur, unterwiesen habe. Nach dem Tod der Mutter im Jahre 1502 siedelt die Familie nach Villach in Kärnten über, wo Wilhelm von Hohenheim als Arzt und Lehrer bis zu seinem Tod 1534 tätig ist.

Die Lehr- und Wanderjahre des Paracelsus reichen bis 1526, wo er mit 23 Jahren in Straßburg als praktischer Arzt hervortritt, nachdem er, wie er erzählt, 15 Jahre gewandert ist. Aus dieser langen Zeit wissen wir nur, was uns Paracelsus selbst berichtet, und das ist nicht viel. Nirgends hat er angegeben, wo er den »Doctor beider Arzneien« erworben hat, obwohl seine zahlreichen Gegner seine akademischen Grade öffentlich anzweifeln. Seine tiefe Verachtung der herkömmlichen Schulweisheit und ihrer gänzlich wertlosen, veralteten Methoden läßt ihn über seine akademischen Bildungsstätten schweigen. Dem Kind des »Tannenzapfenlandes« erscheint wohl schon früh »über Büchern und Papier« die Sehnsucht, durch die Natur selbst gesund zu machen.

Das Schottenkloster in Würzburg ist nachweislich eine seiner Bildungsstätten gewesen. Dorthin zieht ihn der internationale Ruf des merkwürdigen und ideenreichen Abtes Johannes Trithemius (1462–1516), der als Magier bekannt ist und bei dem Kaiser und Gelehrte aus und ein gehen, auch Agrippa von Nettesheim, auch der Schwindler Georg Sabellicus

(1507), der angeblich historische Doktor Faust, und andere verworrene Köpfe der Zeit. Aus der »Mystischen Chronologie« des genialen Abtes kommt uns paracelsische Atmosphäre entgegen. In Würzburg erhält Paracelsus starke Einflüsse von der machtvollen Persönlichkeit des Trithemius, sein Ahnungsvermögen des Geheimsten in der Natur, sein Gefühl für »Arcana, Mysteria und Magnalia«, sein charakteristischer Wille, Unerforschliches als solches zu verehren, wird dort seine Wurzeln gehabt haben. Aber er bewahrt sein kantiges Profil in diesen kühlen und klugen Gemäuern, er übernimmt nicht die feine Kultur der Persönlichkeit und die Gabe der »subtilen Rede« des Abtes, ein Mangel, den er selbst bedauert, auch nicht die Kunst, sein äußeres Wesen eindrucksvoll zu gestalten, um auf seine Umgebung zu wirken. Er verabscheut diese Kunst und bezeichnet sie, wo sie ihm bei Ärzten entgegentritt, als Bescheißerei. Immer lebt Paracelsus in wilden, großen Gefühlen, immer ist er aufgewühlt bis ins Innerste, immer ist er selbstbewußt bis zum Platzen, überzeugt davon, daß sein Kopf mehr weiß als all die Gloridoctores aller hohen Schulen Europas.

Eine weitere Bildungsstätte des Paracelsus, von der wir Näheres wissen, sind die Silberbergwerke und Schmelzhütten des Grafen Füger von Schwaz im Inntal, wo er lange Jahre (zwischen 1510 und 1520) im chemischen Laboratorium am Reverberieofen gestanden hat, unter Hüttenarbeitern, Scheidekünstlern und Alchimisten, die Gold kochen und den Stein der Weisen suchen. Wasser- und Sandbäder, Waagen, Mörser, Tiegel, Kolben, Phiolen und Retorten, berußte Mauern und »lebendige Kohle«, die ganze Atmosphäre der Hexenküche umgibt ihn hier. Der Stein der Weisen aber, den Paracelsus sucht, ist die Heilkraft der Mineralien und Metalle. Mit Zauberei hat er sich niemals befaßt, dennoch glaubt er an »seraphische Kräfte« im Kieselstein und stellt Elixiere her, die eine *quinta essentia* enthalten sollen. Wie die Natur »gewachsen« ist, welche »Tugenden« und »Heimlichkeiten« in ihr schlummern, die zur Linderung menschlichen Leids geweckt werden können, lernt Paracelsus in den Tiroler Schmelzhütten ken-

150

nen. Auf dieser hohen Schule der Natur, das »Angesicht im Feuer zugewendet«, formt sich sein Geist.

Was und wo studiert Paracelsus noch? Er lernt in ganz Europa, auf der Landstraße. Zwischen Kroatien und Lissabon hat er gewohnt, wiederum »lange Jahre«. In seinen »Defensiones« (1538) berichtet er, daß er von Granada aus durch Spanien und Portugal nach England gezogen sei, weiter durch die Mark Brandenburg, Preußen, Litauen, Polen und Ungarn, die Walachei, Siebenbürgen. An einer anderen Stelle berichtet er, er habe die Niederlande, Rumänien, Italien, Dänemark, Dalmatien, England und Deutschland bereist, um Krankheiten zu studieren. Die venetischen, niederländischen und dänischen Kriege habe er als Wundarzt mitgemacht. Man hat ihm diese Landfahrerei vorgeworfen, er sei »so gar nindert bleiblich« gewesen. Wozu dieses Landstreichen? Alles, was man wissen kann, steht doch schon bei Aristoteles und Avicenna – mit demselben Argument weigern sich 1610 die Aristoteliker von Padua, durch Galileis Fernrohr zu gucken. Paracelsus hat nur Verachtung für seine gelehrten Zunftgenossen übrig, die zwischen Bücherbergen sitzen und auf dem Narrenschiff die Welt umreisen. Er ist der früheste vom Typ der *médecins empiriques*, die hundert Jahre später in großer Zahl durch Italien und Frankreich reisen. Die Krankheiten wandern doch auch, und wer sie sehen will, muß ihnen nach. Das Wandern ist die Poliklinik des 16. Jahrhunderts, in der dem Arzt die tausend Fälle zu Gesicht kommen, die die ärztliche Erfahrung bilden. Der Berg kommt nicht zum Propheten, Natur und Wirklichkeit nicht zum »Polsterdrucker«. Also muß man umherziehen, »Schuh und Hut verzehren«, bis man dasjenige erlangt, was nicht zu einem kommen kann, die »Gabe Gottes«, die »Bereitung der Natur«. Und es ist ein »gar fröhliches Wandern«, Himmel, Element und Wesen zu sehen, Land und Stadt. Davon wissen die Winkelbläser und Stadtphysici nichts, die in Seide und weichen Kleidern prangen, die »gemalten Ärzte«, die den Avicenna wälzen und den Dreck der Landstraße verachten: »Denn das will ich bezeugen mit der Natur, der sie durchforschen will, der muß mit den Füßen ihre Bücher treten. Die Geschrift wird erforschet durch ihre Buchstaben, die Natur aber durch Land zu Land. Als oft ein Land, als oft ein Blatt. Also ist Codex naturae, also muß man ihre Blätter umbkehren.«

Neues Denken

Paracelsus sucht Gott den Arzt und die Heilkraft der Schöpfung immer wieder in der »Natur«. Er wagt ein neues Denken, das so ungewöhnlich und aufregend ist, daß es erst in späteren Jahrhunderten zur Entfaltung und Wirkung kommen wird. Noch ganz geprägt und durchdrungen vom mittelalterlichen Erbe, das jedem Ding eine spirituale Kraft zuerkennt, entsteht im Milieu der Schwärmer und Täufer, der religiösen und politischen Nonkonformisten, von denen er sich innerlich zwar zu distanzieren sucht, die sein reformatorisches Weltbild aber entscheidend prägen, die Lehre des Paracelsus: Das neue Jerusalem wird keine Kathedrale, keine heilige Stadt, kein wiedergeborenes römisches Imperium sein, sondern eine neue Gesellschaft in Freiheit, Gleichheit und Gerechtigkeit auf Erden. Die mystische Liebe ist religiös und politisch zugleich, eine Liebe zur Erde, zur Schöpfung, vor allem aber zu den Schwestern und Brüdern. Sie geht unendlich viel tiefer als jede vordergründige *caritas*, als organisierte Wohltätigkeit, die nur darüber hinwegtäuscht, was das Los der Armen und Entrechteten selber ist und wie es wirklich überwunden werden könnte. Die dahinterstehende radikale Friedensidee verbindet Paracelsus mit den Täufern und anderen religiösen Brudergemeinden, aber viel weiter gehend als sie, ist der Arzt aus Einsiedeln eifrig beschäftigt mit der Verwandlung der Kräfte und Elemente. Noch käme ihm der Gedanke an die Züchtung des neuen Menschen nicht einmal in den Sinn, er erliegt der Versuchung eigener Ideen nicht. Zu sehr ist er geprägt von der Wirklichkeit, als daß er sich in Träumereien verlieren könnte. Paracelsus, der »Luther der Ärzte«, der fahrende Arzt und Heilkundige, greift aus seiner Realitätserfahrung alle an, die ihr ausweichen wollen, fordert angesichts des

»rhetorisch Geschwätzes« der Priester, Scholastiker und Schreibstubengelehrten die *experienz*, die *erfarung* als *grunt*, auf den als erstes und letztes zurückgegangen werden soll. Erschrocken über die Bedrohung des Menschen, die Verwundbarkeit des Lebens und die Unzulänglichkeit abstrakter und allgemeiner Prinzipien, weicht er jeder Flucht aus den konkreten Realitäten des Daseins aus. Politik, Wissenschaft und Glaube werden eng miteinander verflochten gesehen. Wie Luther den Menschen mit dem schrecklichen, fernen, dunklen und ängstigenden Gott zu versöhnen suchte, so strebt Paracelsus die Versöhnung des Menschen mit der furchtbaren und feindlichen Natur an. Die »Natur«, schreibt er, ist »mer als der mensch«.

Der Basler Skandal

Am 5. Dezember 1525 erwirbt Paracelsus in Straßburg das Bürgerrecht, um hier als praktischer Arzt seßhaft zu werden. Im gleichen Jahr wird er als Stadtphysikus und Professor der Medizin an die Universität nach Basel berufen. Eine geeignetere Basis läßt sich für die Begründung und Verbreitung der neuen naturalistischen Lehre des Paracelsus gar nicht denken. Erasmus von Rotterdam lebt hier (1521–1529); Freude an der Kunst und Wissenschaft, Witterung für alle denkbaren Fortschritte und möglichen Neuerungen der Zeit – damals auch in religiöser Hinsicht –, das ist der Geist, der den Basler Humanistenkreis beseelt. Paracelsus hat es nicht verstanden, die Gunst der Umstände zu nutzen. Er bleibt ein Landfahrer und Original, wird kein kluger Lebenskünstler und vorsichtiger Anbahner des Neuen. Seine ungewöhnliche äußere Erscheinung wirkt beinahe grotesk unter den pelzverbrämten Basler Patriziern und feingesitteten Humanistenköpfen. Der wilde Sturm seiner Ideen hat noch nicht Raum auf einem Katheder. Seine Gabe, es zugleich und radikal mit allen zu verderben, mit den Ärzten, den Apothekern, den Philologen und Ratsherren, hat dazu geführt, daß Paracelsus als Basler Universitätsprofessor nur eine kurze tragikomische Gastrolle in zwei kampfdurchtobten Semestern gegeben hat. Die Fakultät gerät bald in einen Streit mit ihm, die Ärzte hassen ihn wegen seiner Heilerfolge, und den Apothekern macht er das Leben schwer, weil an seinen Rezepten nicht viel zu verdienen ist.

Schon seine Verachtung aller Bücherweisheit gefällt den Humanisten nicht, die eben damit begonnen haben, die Antike in kostbaren Drucken zu edieren. Paracelsus wirft ins Feuer, was jene mit immensem Fleiß neu geschaffen haben. Man kann es verstehen, daß Erasmus sich kühl von ihm wendet, obwohl Paracelsus ihm seine Gallen- und Blasensteine entfernt hat, die ihm von seiner jahrelangen philologischen Sitzarbeit zurückgeblieben waren. Nicht lange, so erheben sich die Basler Apotheker einmütig gegen den neuen Stadtphysikus, der auf dem Katheder mit beißendem Spott gegen die »Sudelköche« loszieht und beim Rat eine Visitierung des städtischen Apothekerwesens und der pharmazeutischen Praxis von Amts wegen beantragt. Und erst recht tobt der ungehemmte Zorn gegen seine Berufsgenossen. Paracelsus hat die mittelalterliche Amtstracht der Ärzte abgelegt und geht nach dem Bericht eines Zeitgenossen »wie ein Fuhrmann« gekleidet. Er verachtet das rotsamtene Barett der Ärzte, spottet über die goldenen Halsketten, Fingerringe und Spangen und alle die »Bescheißerzeichen«, unter denen »viereckete Narren« herumlaufen. Paracelsus, der deutsch liest, erklärt auf dem Lehrstuhl seine eigenen Schriften und verwirft mit grandioser Geste, was durch zwei Jahrtausende in höchsten Ehren gestanden hat, die 18 Hippokrateskommentare des Galenus: »Die Natur, sie macht den Textum, der Arzt nur die Gloss über dasselbige Buch.«

Anfangs scheinen ihm die Studenten zu folgen, obwohl er nicht faszinierend reden kann und in einer öffentlichen Disputation unterliegt. Als er aber in der Johannisnacht 1527 den Kanon des Avicenna öffentlich verbrennt, erhebt sich ein Sturm der Entrüstung. Seine Feinde schließen sich zusammen, gehen überraschende Koalitionen ein. Paracelsus antwortet mit wütenden Protesten an den Rat.

154

Der Höhepunkt des Konflikts, in dem Paracelsus durch seine
ungezügelte Leidenschaft das streitlustige Klima nur anheizt,
bildet das Schmähgedicht eines Unbekannten, das eines Sonn-
tags früh an der Tür des Basler Münsters sowie der Burse und
anderer Kirchen hängt und in vornehm-klassischer Hexameter-
sprache Paracelsus öffentlich lächerlich macht. In diesem Pam-
phlet spricht der Schatten des Galenus aus der Unterwelt und
erklärt sich kühl und witzig gegen die sonderbaren Neuerungen
des Theophrastus, der in Wahrheit ein Cakophrastus sei und
nicht würdig, des Hippokrates Nachttopf zu tragen. Paracelsus
unterliegt dieser Humanistengeste. Nur eine Antwort im gleichen Stil hätte ihn retten können, aber dazu besitzt er keine
innere Überlegenheit. Er richtet vielmehr zornglühende Kla-
geschreiben an den Magistrat, die erkennen lassen, wie schwer
er sich getroffen fühlt. Er bittet den Rat um Schutz, der ihm
aber nicht gewährt wird. Den Schlußakt der Basler Tragödie
bildet der Prozeß, den Paracelsus gegen einen Kirchenfürsten
führt, in dem er sein offenkundiges Recht nicht erlangen kann.
Fassungslos vor Wut, läßt er erneut gegen den Magistrat »böse
Zeddelin fliegen«, bis der Rat beschließt, man solle ihn fest-
nehmen und mit ihm nach Herzenslust verfahren. Heimlich bei
Nacht flüchtet Paracelsus nach Colmar.

Medizin und Theologie auf Achse

Alle diese Vorgänge enthüllen das innerste Wesen des Paracelsus, dessen Wahlspruch lautet: *Alterius non sit, qui suus
esse potest* (Wer sich selbst gehören kann, soll niemand anders
dienen). Paracelsus gehört sich selbst und entwickelt in tiefer
Ehrlichkeit seine Form, ohne Kompromisse zu schließen und
unbekümmert um einschneidende Notwendigkeiten des sozialen Lebens. Aber sein Mangel an Beherrschung, seine Fuhr-
mannsgewohnheiten, seine maßlose Art, geistige und geschichtliche Werte mit Füßen zu treten, rächt sich bitter. Seit
Basel bleibt er ein Geächteter. Dennoch sollten unsere Sym-
pathien dem Gescheiterten und seiner Tragik gehören. Im

155

Glauben an sich und die Zukunft, in der Treue zu seinem Denken, von dem niemand etwas wissen will, im Festhalten am Ideal trotz größter Not liegt seine menschliche Größe.

Die Basler Ereignisse haben Paracelsus tief erschüttert. »Rank und räs« sind die Winde gewesen, die ihn von Basel vertrieben haben, schreibt er aus Colmar. Ein pathologischer Komplex bildet sich in ihm: »Ich werde grünen, und Ihr werdet dürre Feigenbäume werden«, so klingt es in biblisch-feierlichen Varianten. Sein Wesen übt auf viele Zeitgenossen und Nachfahren einen phantastischen Reiz aus: Er habe im Rausch seine Mysterien gelallt, er sei sein ganzes Leben hindurch besoffen gewesen. Wahr ist, daß sein dichterischer Geist unablässig wühlt, auf Landstraßen und in Spelunken, wo er, kaum angekommen, zu diktieren beginnt. Ob Paracelsus getrunken hat oder nicht, ist unerheblich. Interessant ist die große, göttliche Trunkenheit goethescher Naturerkenntnis, der Schaffensrausch seiner Ideen.

Von Colmar kommt Paracelsus 1529 nach Nürnberg. Dort trifft er Sebastian Franck, einer der wenigen, die seine Größe bei Lebzeiten erkennen. »Ein seltsam wunderbarlich Mann«, so schreibt Franck, der Verfasser der »Göttlichen Philosophei«, selbst ein Getriebener durch halb Europa, in seiner Geschichtsbibel über Paracelsus. Er verlache alle Ärzte, »aus der Natur wachsen müsse der Arzt«. Zwischen den beiden Männern muß ein intensiver Gedankenaustausch stattgefunden haben, der sich wohl hauptsächlich auf die religiösen Kämpfe bezog, in deren Mittelpunkt Franck stand. Beide Männer wollen ein freies, geistiges, brüderliches Christentum unter starken sozialen Gesichtspunkten. Beide stehen jenseits von Papst und Luther, wenn Paracelsus auch äußerlich Katholik bleibt. Beide glauben an das »innere Licht«. Beider Schicksal ist das gleiche: Auch Franck ist vertrieben worden und mußte ins Elend wandern, auf Befehl der Wittenberger, mit Frau, vier Kindern und einem Neugeborenen im Arm. Wo er geendet hat, ist unbekannt.

Seit dem Zusammentreffen mit Franck ist das Interesse an religiösen Problemen in Paracelsus lebendig und wird immer von neuem angeregt, teils durch das Theologengezänk, auf das er während seiner Reise überall stößt, teils durch sein Schicksal und die Not, in die er versinkt wie ein Karren im Morast. Er durchblättert wieder die Weltbildermappe mit Landstreichen, nach der *Vita beata* suchend. Bei Regensburg schreibt er 1529 seine Hauptwerke, das »Paragranum« und das »Volumen Paramirum«, das erst lange nach seinem Tod 1575 in Straßburg gedruckt wird. Über Amberg geht er 1531 nach St. Gallen, wo das »Opus Paramirum« (gedruckt 1562) entsteht. Dann zieht er weiter ins Appenzellerland (1532) und durch die Alpentäler nach Innsbruck, über den Brenner nach Sterzing (1534) und Meran, weiter, immer weiter durchs Vintschgau, Veltlin, Oberengadin nach Bad Pfäffers (1535). Die Appenzeller Periode ist voller Armut, Entbehrungen und Depressionen. Paracelsus fühlt sich müde und alt. Er schreibt *De summo et aeterno bono*, er bringt Bibelkommentare zu Papier, und die Töne, die er anschlägt, greifen den Leser ans Herz: »Die Zeit der Geomantie ist zum End gangen, die Zeit der Artisterei ist zum End gangen, die Zeit der Philosophei ist zum End gangen, der Schnee meines Elends ist zum End gangen; der im Wachsen ist, ist aus, die Zeit meines Sommers ist hin. Von wann es kommt, das weiß ich nicht, wohin es kommt, das weiß ich nicht, es ist da.«

Das hohe, reine Licht der Berge hilft ihm, sich vom Rausch des Irdischen wegzuwenden. Der Gottesgedanke verdrängt in ihm den Naturgedanken. Was hat der Mensch von sich selbst? Paracelsus wird ganz Christ, Samariter und Heiland, wenn auch in Lumpen. Alles liegt krank auf Erden, die Reichen in ihren großen Prunksälen, die Armen in den Winkeln. Er heilt die Armen für einen Händedruck, und in seinen Schriften sucht er Wege zum Himmel. In Sterzing wird Paracelsus zum Theologen, schreibt einen Karren mit theologischen Folianten voll, eine religiöse Ethik von der Krankheit, Heilung und Verklärung des Menschen. Noch immer bleibt Paracelsus mißtrauisch gegen die kirchliche Hierarchie, die päpstliche Schlüsselgewalt und das Mönchtum, aber nicht mehr gegen die katholische Glaubenslehre und die Mystik.

Im Jahr 1536 druckt Paracelsus in Ulm »Die große Wundarznei«. Von Augsburg zieht er 1537 die Donau entlang nach Mähren. In Kronau bei Brünn schreibt er an der »Astronomia magna«, an seinen »Defensiones«. Und über Preßburg, Wien, Villach (1537) kommt der Wanderer 1538 nach Salzburg. Hier vertauscht Paracelsus, 47 Jahre alt, in einer stillen Stunde des 21. September 1541, nachdem er sein Hab und Gut den Armen vermacht hat, das Leben mit dem Tod.

Poetische und empirische Adern

Paracelsus ist ein künstlerischer Betrachter der Natur, ein poetischer Geist. Er personifiziert die Kräfte der Natur wie die alten Griechen und tut dies unbewußt, einem ästhetischen Impuls seines Denkens und Fühlens nachgebend. Er ordnet die Dinge aus der *prima materia* nach dem Willen Gottes, das gleiche tut der allgewaltige Same, der Archeus, der Schöpfer der organischen Welt. In bunten Gestalten, mit poetischen Bildern geschmückt, ersteht dieses naturhaft-schöpferische Denken vor unseren Augen. Unvergeßlich haften die Begriffe und Aussprüche des Paracelsus im Ohr. Das geheimnisvoll Lebendige der Natur arbeitet fort und entzündet noch heute unseren Geist. In einer paramirischen Zauberstadt gehen wir umher, immer zu neuen Aspekten hingerissen. Die fünf *Entia*, die im Menschen wirken, schauen uns mit lebendigen Augen an, ebenso die drei Substanzen, aus denen alle Materie gebildet ist: der glühende Sulphur, der bewegliche Merkur, das dunkle aschende Sal. Sogar in die Titel der rein medizinischen Schriften des Paracelsus drängt sich dieser romantische Grundzug seines Wesens, den wir paramirisch nennen können. Die ganze Natur ist gestalthaft bewältigt und nacherlebt.

»Alles, was sein kann« war die tiefsinnig-spekulative Idee des Nikolaus von Kues, geboren in einer klösterlich-träumenden, vorwissenschaftlichen Menschheit. Aber erst im modernen physikalischen Laboratorium wird das Urteil über »alles, was sein kann« gesprochen. Trotz seiner poetischen Ader ist

Paracelsus deshalb, was zunächst seine Methode anlangt, ausgesprochener Empiriker, der erste Empirist, den wir kennen, hundert Jahre vor Francis Bacon und der englischen Philosophie, ein Empirist allerdings mit unverkennbar antirationalistischem Einschlag. Die Scholastik wirft er gänzlich von sich. Nicht das wirklichkeitsferne Denken liefert die Erkenntnis, sondern allein die Erfahrung und Naturbeobachtung, die Paracelsus während seines ganzen Lebens als Arzt und Chemiker ununterbrochen betrieben hat. Er ist wie Goethe Naturforscher, wie Goethe mineralogisch und geologisch besonders interessiert, aber auch Nichtmathematiker und Nichtlogiker. Hierin unterscheidet er sich von der Scholastik wie auch von Meister Eckhart und Nikolaus von Kues. Über das logische System und Wesen Gottes vor der Welt nachzudenken, das kommt ihm nicht in den Sinn. Als Arzt hat er von Kindheit an gelernt, den Fall, die jeweilige Form des Wirklichen und Körperlichen zum Ausgangspunkt seines Nachdenkens zu wählen, das auch in seiner Folge, der Heilung des Kranken, praktisch interessiert ist. Seine Theorien sind nirgends Luxus, sondern dienen überall dem Leben.

Die Lehrerin Natur

Gleich zu Beginn des »Opus Paramirum« heißt es, der Arzt müsse »durch der Natur Examen gehen, welche Natur die Welt ist«. Die Natur ist sein »Schulmeister«, die menschliche Vernunft nur nichtig:

»Die Natur ist die, die dem Kranken Arznei gibt. So sie nun die gibt, so muß sie ihn auch kennen und wissen; denn ohne ihn zu kennen, kann sie ihm nichts geben.

Nun liegt die Erkenntnis nit im Arzt, sondern in der Natur: sie kann ihre Natur in sich wissen, der Arzt nit. Und weil allein die Natur dieselbige weiß, so muß sie auch die sein, die das Rezept komponiert. Denn aus der Natur kommt die Krankheit, aus der Natur kommt die Arznei und aus dem Arzt nit. Dieweil nun die Krankheit aus der Natur, nit vom Arzt, und die Arznei aus der Natur, auch nit vom Arzt kommt, so muß der Arzt der sein, der aus den beiden lernen muß, und was sie ihn lehren, das muß er tun.

Die Natur hat die Arcana wunderbar gesetzt und zusammen komponiert, was zusammen gehört; lernet, daß ihr sie versteht und wißt, und seid nicht so, daß ihr euch selber versteht und die Natur nicht. Die Natur ist der Arzt, du nicht; aus ihr mußt du handeln, nicht aus dir; sie setzt zusammen, nicht du. Schau du, daß du lernest, wo die Apotheken sind, wo ihre Heilmittel geschrieben stehen und in welchen Büchsen sie stehen.

Das soll ein jeglicher Arzt auch wissen, daß der Leib sich selbst mehr Krankheiten vertreibt, als der Arzt und seine Arznei.«

Paracelsus spricht vom »Experimentator«, vom Naturerfahrenen, der die Natur dahin bringt, daß »sie sich selbst beweist«, der »Gott sichtig und greiflich vor Augen« holt. In den Augen bestehe alles Wissen, nicht im Glauben. Die Augen erkennen die Wirklichkeit genauer als alles Denken. War in der Mystik das innere Auge erwacht, so ist der Blick des Paracelsus nun nach außen gerichtet, auf die Aprioris der paramirischen Natur: »Also sollen wir Gott in seinen Wunderwerken erkennen.« Hier tritt endlich der Mensch aus der Nacht der mittelalterlichen Kirche und Klosterzelle ins Licht der Natur, die er Gott nennt, und empfindet das Glück des Schauens und Betrachtens ihrer Zubereitung und Gewachsenheit in völliger Hingabe. Trotz dieses Realismus und Empirismus ist Paracelsus die Katharsis der erkenntnistheoretischen Skepsis nicht zuteil geworden. Man muß sich sogar fragen, ob er nicht auch viel spekuliert und dichtet, oft sogar in phantastischer Form, wenn er zum Beispiel den Menschen ins All erweitert und gleichsam alle sieben Planeten um ihn kreisen läßt. Das ist schön, aber Dichtung. Und im Magen sitzt der Alchimist, und der Lebensgeist, den Paracelsus »Archeus« nennt, Agrippa von Nettesheim »Spiritus mundi« und Jakob Böhme »Tinkturgeist«, lebt geheim in jedem Organismus.

Das neue Bild des Arztes und des Philosophen

Hat Nikolaus von Kues die Welt mit dem Auge des mathematisch interessierten Kardinals betrachtet, so Paracelsus mit dem Auge des Arztes. Das Weltproblem des Cusanus wird zum logischen Gottesproblem, das des Paracelsus aber zum anthropologischen Heilsproblem. Wie der Kardinal eine aufschlußreiche *Docta ignorantia* von Gott begründet, so gibt uns der Arzt eine solche vom Menschen. Im Lichtkegel des Nichtwissens, mit dem Cusanus die Welthorizonte absucht, erscheint, glänzend beleuchtet, das göttliche Werden-Können. Und im Lichtkegel des Nichtwissens, den der Arkanismus des Paracelsus umherwandern läßt, erscheint der paramirische Mensch. Wer Gott ist, das weiß Paracelsus, denn es steht in der Bibel. Darüber also philosophiert er nicht. Aber wer der Mensch ist, weiß er nicht, deshalb schreibt er so viele wunderbare Bücher über ihn. Nur über Dinge, die man nicht weiß, schreibt man Bücher, die anderen interessieren uns nicht.

Im »Paragranum« entwirft Paracelsus das Ideal der neuen Philosophie, wie er sie versteht und wie der Arzt sie gebrauchen muß. Sie ist Wissenschaft von dem, »was die Natur antrifft«. Das »Licht der Natur« – ein unzählige Male in seinen Schriften auftauchender Ausdruck – führt zur fruchtbaren Erkenntnis, nicht das »Spekulieren«. Was schmilzt im Blei, was zergeht im Wachs, was ist hart im Diamant und weich im Alabaster? Zu wissen, wie das Zinn wächst, das Kupfer und Eisen, das ist nötig zur Philosophie. Die Alten, von Aristoteles bis Thomas von Aquin, haben »aus der Spekulation geschrieben und nicht aus der Philosophei«, sie haben leeres Stroh gedroschen, sie sind Narren, die viel gesehen, aber nichts begriffen haben. Paracelsus ist hier von geradezu klassischer Intoleranz. Auf Plinius und Aristoteles muß man scheißen, auf Albertus Magnus, Thomas und Duns Scotus seichen. Auf die Misthaufen und in die Sautröge gehören diese falschen Philosophen. »Aus der Natur wachsen« muß der Arzt, *inventio* und nicht *speculatio* ist seine Losung, die »deutliche Natur« lehre den Arzt, das Ding, das Mineral, die Frucht, nicht die unsägliche, »vergebene (vergebliche) Spekulation«. So entsteht das paracelsische Ideal einer »deutlichen, zeigenden, augenscheinlichen Philosophei«. Hier ist er ganz modern, in der Tiefe des 16. Jahrhunderts, den Empirismus der Engländer von Bacon bis Hume prinzipiell vorwegnehmend. Hier reformiert er die Philosophie, die bei ihm allein praktischen Zwecken dient. Und er schafft sich dieses für damalige Zeiten völlig neue Ideal der Philosophie einzig und allein aus sich und aus der genialen Tiefe seines Denkens. Autoritäten kennt er nicht, er lehnt sich nirgendwo an, zitiert niemanden, schreibt nicht ab. Unermeßlich ist sein Haß gegen die spekulierenden Philosophen, »die sich aufmutzen wie die Katz, wenn sie scheißen will«, gegen die Kasualmeister und Mörserstößer, die Pröpste und Kapuziner.

Die Heimlichkeiten der Natur

Und doch: Die Empirie ist nicht glasklar, sondern immer wieder eingedunkelt. Mystisch können wir die Methodik des Erkennens bei Paracelsus nennen, eine merkwürdige Allianz von Mystik und Empirie. Das Geheimnisvolle, Unerklärliche des Naturgeschehens wird ständig geahnt und nicht zerstört durch kalten Rationalismus. Von den *Arkanis*, den Heimlichkeiten und Verborgenheiten der Natur, ist überall die Rede. Sie werden belauscht und verehrt und im »großen Weltwunderbuch« (Opus Paramirum) geschildert. Ohnmächtig steht die Erkenntniskraft des Paracelsus vor dem düsteren Arkanum der großen Volksseuchen, und so kommt er in seiner Hilflosigkeit zu dem Ergebnis, daß »der Geruch, Dunst, Schweiß von den Sternen, vermischt mit Luft«, die Pest mache. An diesem Beispiel wird klar, worin der paracelsische Arkanismus liegt. Er enthält stets einen richtigen Kern, hier den Gedanken, daß die Verbreitung der Seuchen von Witterungseinflüssen abhängig ist, daß die Luft die Infektionskeime überträgt. Die Ausdrucksform aber ist mystisch, und man kann die Vermutung nicht unterdrücken, daß Paracelsus auch dann noch an »die oberen und ihre verfälschten Dünste« geglaubt hätte, wenn man ihm den Typhusbazillus in Reinkultur vorgeführt hätte. Etwas in ihm wehrt sich noch gegen restlose Deutlichkeit. Ein Wille zum Dunklen, Unergründlichen und deshalb Wunderbaren bleibt in ihm lebendig. Im Alaun liegen »treffliche große Heimlichkeiten«, im Vitriol »eine große Tugend« – wie, das ist unbekannt, aber man muß den Arkanis nachgehen. Skepsis und Enthusiasmus wechseln sich ab, doch die gewaltige Aufgabe wird klar gesehen: die »Arkanen zu eröffnen«.

Zwei Seelen kämpfen in der Brust des Paracelsus: ein unbändiger Wissensdurst und Erkenntniswille auf der einen Seite, ästhetische Freude am Großen, Unerklärbaren der Natur *(Magnalium)* auf der anderen. So entsteht das weit geöffnete paramirische Auge des Paracelsismus, ein farbensatter und gestaltenreicher Erkenntnisboden voll dunkler Hintergründe, in denen die Astra glänzen. Die Mystik ist geprägt vom ahnenden Glauben an Heimlichkeiten und »seltsame Wunderwerke der Natur«, die aber eines Tages offenbar sein werden – ein hoffender Glaube, dem ein tragischer Unterton beigemischt ist. So entsteht sein Wissen von unserem Nichtwissen und seine abgründig tiefe Religiosität. So wächst seine grenzenlose Wut auf die hochmütigen Salernitaner mit dem Harnglas in der Hand, diesem jahrhundertealten Symbol ärztlicher Arroganz und gelehrter Unwissenheit. Sein Zorn richtet sich gefühlsmäßig gegen die unübersteigbare Erkenntnismauer, vor der er selber steht – und stehenbleiben muß. Denn die Kranken des Paracelsus sterben auch. Er gibt ihnen sein »Laudanum«, ein »großes Compositum«, in dem alle Arkanen und Magnalien der Natur, alle himmlischen und irdischen Kräfte versammelt sind. Aber der Tod sitzt am Kopfende des Bettes, und der brechende Blick des Sterbenden sagt dem Arzt, wie weit er noch entfernt ist von einer Offenbarung der Heimlichkeiten der Natur.

Paracelsus hat Tausende sterben sehen. Wie oft stiehlt ihm der Dieb, der allein Gott dem Herrn gehorcht, den Schatz des Lebens aus der Kiste. Wie ohnmächtig ist der Mensch, niemand weiß das besser als der Arzt. Der Himmel macht die Krankheiten und heilt sie wieder nach seinem Gefallen. Die »Konkordanz« des Himmels also gilt es zu erkennen, sonst ist aller *modus medicandi* Stückwerk. Der Konkordanzgedanke ist *die* große Leitidee des Paracelsus, in dem der typische Harmonismus der Renaissance lebt, den wir schon bei Nikolaus von Kues beobachten können und der uns dann bei Agrippa von Nettesheim, Leibniz und Goethe wieder begegnet. Anthropozentrisch ist die Weltbetrachtung des »Humanisten« Paracelsus, nicht kosmo- oder theozentrisch. Die Welt gipfelt im Menschen, und über Gott, den Schöpfer der »großen Ordnung«, wird nicht spekuliert, sondern am Werk, am physischen Leib, wird er anbetend abgelesen.

Der Mensch als kleiner Kosmos

Das Wesentliche und Wunderbare an der neuen Philosophie des Arztes Paracelsus ist also, daß der Mensch kosmisch betrachtet wird. Der Mensch ist ein All, ein kleines (Mikrokosmos) im Verhältnis zum großen (Makrokosmos). In der Vorstellung von der Einheitlichkeit des Alls gibt es für ihn nichts, das irgendwie ohne das andere sein könnte. Eine großartige Harmonie beherrscht das ganze Dasein, alles ist nahe zusammengerückt, und Gott ist nicht mehr in transzendenten Fernen, sondern er ist in allen Dingen lebendig. Der Gegensatz zwischen Mensch und Welt wird von den meisten Renaissancedenkern dadurch gelöst, daß sie den Menschen als eine »kleine Welt« auffassen, in der sich alle Daseinsäußerungen der »großen Welt« in kleinerem Maße wiederholen. Dieses Motiv ist keineswegs neu, sondern wird aus der neuplatonisch-mystischen Gedankenwelt genommen. Bei Paracelsus verschwindet das Transzendente unmerklich, und weite naturmystische Fernsichten eröffnen sich. Der Gedanke der kosmischen Verbundenheit des Menschen steht im Mittelpunkt aller philosophischen und medizinischen Erkenntnis des Paracelsus: »Im Menschen sind Sonne und Mond und alle Planeten, alle Sterne und das ganze Chaos«, genauer noch: ein in sich geschlossenes Stück All ist der Mensch, durch eine Art »Glasfenster«, nämlich die Haut, vom übrigen All getrennt, aber doch unter seiner Wirkung stehend. Firmament ist im Menschen, er konstelliert in sich selbst wie der Himmel. Deshalb ist er ein kleiner Kosmos – dies alles rein bildlich.

Die kosmische Konkordanz

Der kosmisch erweiterte Mensch ist und bleibt *das* zentrale Thema bei Paracelsus, auch in dem umfangreichen »Opus Paramirum«. Hier erscheint die Dreisubstanzenlehre, die in den Philosophiegeschichten immer als das Kernstück der Paracelsischen Philosophie vorgetragen wird. Der Mensch ist »aus Nichts in etwas gemacht«, dieses Etwas, das Stoffliche, hat drei Teile: Sulphur, Mercurius und Sal, also Schwefel, Quecksilber und Salz. Darunter sind nicht die bekannten Elemente, sondern die drei substanzbildenden Urqualitäten zu verstehen, das Feurig-Brennende, das Flüssige oder Flüchtig-Aufrauchende und das Erstarrende-Asche-Werdende. Bei der Annahme dieser drei Grundsubstanzen ist für Paracelsus die Alchimie der bestimmende Faktor. Das Feuer ist beim damaligen Stand der chemischen Arbeiten das wichtigste Hilfsmittel, um chemische Veränderungen hervorzurufen. Paracelsus glaubt, daß die drei Grundsubstanzen sich im Verbrennungsprozeß am besten erkennen lassen. Selbständig können sie nicht dargestellt werden. Bei der Analyse dieser Grundbestandteile aller Dinge kommt er nun zu folgendem Ergebnis: Sulphur ist dasjenige, was brennt, Mercurius dasjenige, was sich in Rauch auflöst, und Sal ist schließlich das, was als Asche zurückbleibt. Diese drei Substanzen sind für das Dasein von größter Bedeutung, und zwar so, daß Sulphur einen fördernden Einfluß auf das Wachstum aller Lebewesen ausübt, Mercurius den Flüssigkeitsgehalt in allen Dingen bestimmt und Sal den Körpern Form und Festigkeit gibt. Die Grundsubstanzen ersetzen aber nun keineswegs die Elemente, sondern sie ste-

165

hen gewissermaßen vor ihnen: Die Elemente entstehen erst aus der richtigen Mischung dieser Bestandteile. Das Feuer ist kein Element mehr, denn es ist ja Mittel zur chemischen Analyse. Bleiben infolgedessen nur noch drei irdische Elemente übrig: Erde, Wasser und Luft, ergänzt durch das vierte Element des Himmels.

Sulphur, Mercurius und Sal stehen »köstlich und hübsch im Menschen«, sie sind in Konkordanz, und der Mensch ist gesund. Aber diese Harmonie kann zerbrechen, innere Kriege entstehen durch die Sterne, und der Mensch wird krank.

Die Natur hat ihre Zeit

Nur die äußersten Konturen, die ersten Umrisse des paracelsischen Denkens sind damit aufgewiesen. All den Schichten, ja Kulturen von Systemen nachzuspüren, die dieser Renaissancegeist in sich trug, seiner Archeus- und Limbuslehre, seiner Seins- und Formlehre, seiner Metaphysik der Matrix, also des Weiblichen, seiner Theologie, fehlt es hier an Raum. Aber die unermeßliche Wirkung des Paracelsus soll nicht verschwiegen werden.

Der politische Humanismus des westlichen Europa hat den Kosmos noch wie ein Haus gesehen (darin anknüpfend an die weisheitliche Tradition der Bibel), in dem alle Geschöpfe beheimatet und aufeinander bezogen sind, doch Paracelsus erfährt die Natur bereits als eine dunkle und geheimnisvolle Macht, in der gut und böse, Gott und Teufel, Freiheit und Zwang, Kosmos und Chaos miteinander verschwistert sind. Der Mensch kann sich gegenüber der Natur nur leidend und demütig unterwerfen; sie ist ihm letztlich nichts anderes als Gottes dunkle Seite, in die hinein er sich völlig birgt (»dann got lasset sich selbs ungewis machen«). Gott und Natur offenbaren sich dem Menschen im Kampf des Lebens, daher ist die »Ordnung der Natur« ein spannungsreiches Geflecht: in ihr »ie ein ding wider das ander, ein kraut wider das ander, ein wurz wider die ander«. Diese Auffassung der Natur und Anschauung der Welt ist jedoch alles andere als bloß irrational und pantheistisch; Paracelsus ist heftig bemüht, aufklärerisch zu wirken, auch wenn er von den irrationalen Kräften seiner Zeit bestimmt ist.

Es hat in der beginnenden Neuzeit wohl keinen neugierigeren Forscher und ambitionierteren Gelehrten gegeben als den landfahrenden Paracelsus. Trotz aller Akribie im Denken und Tüfteln erfährt er, daß sich die Natur nicht alle Geheimnisse ablisten läßt, daß der Geist des Menschen an die Natur gebunden ist und nicht frei. Alles erscheint ihm wie eine Einheit – Mensch, Tier, Gewächs, Stein und Klima –, und aus dieser anschaulichen und erfahrbaren Ganzheit heraus gewinnt seine Natur- und Heillehre ihre Konturen.

Gott ist in der Vorstellung des Paracelsus gerade in seiner Macht über die Natur schicksalbestimmend. Die harte und übermächtige Notwendigkeit Gottes, der Natur und der menschlichen Entwicklung prägt die Geschichte. Paracelsus erkennt im Zeitalter der Uhren, Weltreisen und des Buchdrucks, daß die Natur ihre *Zeit* hat, die nicht übersprungen werden kann. Alles kommt auf die Zeit, das rechte Maß, den Kairos als Moment der Heilsgeschichte an. »Paracelsus beginnt die ungeheure Bedeutung seiner Entdeckung der Rolle der Zeit im Aufbau der Wirklichkeit zu ahnen. Der ›himel‹ ist nicht eine jenseitig rotierende Sphärenkonstruktion oder ein feenhafter Glaspalast, sondern die zeitliche Konstellation, kosmisch und geschichtlich zugleich, ohne die es keine natürliche Wirklichkeit gibt und keine geschichtliche Atmosphäre. Hier aber stehen wir an der Grenze des Paracelsus. Sein Denken über die Zeit verliert sich nämlich sehr schnell in neuplatonische und astrologische Gedankengänge, etwa vom Großen Weltenjahr, wie sie die reiche italienische Tradition etwa seit Cecco d'Ascoli und Pietro d'Albano aus der Welt der drei Ringe dem Kosmosdenken des 16. und 17. Jahrhunderts vermacht hat« (Friedrich Heer).

So zeigt sich Paracelsus als ein Denker der »Wendezeit« von Reformation und Humanismus, der die im Hoch- und Spätmittelalter vorherrschende Auffassung, das Erleben Gottes sei nur möglich in einer völligen Abkehr von Welt und Natur, umkehrt: Erst durch die Hinwendung zur Natur, zur Schöpfung, kann Gott erkannt werden. Obgleich man Paracelsus wohl kaum als Mystiker bezeichnen kann, beginnt mit ihm und der geistesgeschichtlichen Einbeziehung der Natur die naturphilosophische Strömung der deutschen Mystik. Valentin Weigel und Jakob Böhme haben sein Weltbild zur Grundlage ihrer mystischen Welt- und Gottesdeutung gemacht. Paracelsus hat die europäische Mystik auf die Natur aufmerksam gemacht, ja mehr noch, seine Lehre vom Makro- und Mikrokosmos ist bestimmend für die Naturmystik gewesen.

Agrippa von Nettesheim:
Zaubermagie und Zweifel

Agrippa von Nettesheim ist unter den vielen Gestalten des 16. Jahrhunderts in mancherlei Hinsicht die abgründigste Figur der Naturmystik, ein undurchsichtiger Magier, der vielleicht Goethe bei seinem »Faust« vorgeschwebt hat. Er hilft dem Kaiser durch magische Künste Schlachten zu gewinnen, wirkt als Hellseher, Gedankenleser, Zauberer, Wahrsager und Geisterbeschwörer. In seinem mehrbändigen Werk über die »geheime Philosophie« *(De occulta philosophia)*, das 1510 in Köln erschienen und erst 1855 auf deutsch in Stuttgart herausgekommen ist, versucht Agrippa alles das zusammenzufassen, was im Mittelalter – weitgehend hinter dem Rücken der Kirche – über Magie geraunt, gelehrt und gewußt wurde. Astrologie, Zahlenmagie, Dämonenglaube, Geisterträume, Geomantie, Vorzeichenlehre fügen sich hier zu einer für den Autor gefährlichen Mixtur zusammen. Agrippa meidet denn auch den Begriff »Magie« möglichst (oder verteidigt seine Sache wortreich), um nicht unter Verdacht zu geraten und um den brennenden Holzstößen der seit anderthalb Jahrhunderten allerorten wütenden Hexenprozesse nicht zu nahe zu kommen. Gleichwohl ist dieses voluminöse Werk auch eine Streitschrift, die der ihm verhaßten römischen Scholastik ein mystisch-kabbalistisches System entgegensetzt, dessen Vernünftigkeit er als Humanist mit allen ihm zugänglichen Mitteln verteidigt.

Und wissenschaftskritisch ist dieser prominente Vertreter des damaligen New Age, ein Feuerkopf, manchmal feige, dann wieder äußerst wagemutig. In seiner Schrift »Über die Eitelkeit und Unsicherheit der Wissenschaften« *(De invertitudine et vanitate scientiarum declamatio invectiva)* liefert er eine bissige Satire auf den damaligen Wissenschaftsbetrieb, in der er mit rabiater Ironie die vier Fakultäten durchgeht und zeigt, daß alle Theorie grau ist und grün des Lebens goldener Baum.

In Deutschland ist Agrippa so gut wie unbekannt. Die Philosophiegeschichten berichten von ihm höchstens am Rande. Im deutschen Klassizismus ist von ihm keine Rede, weil er kein Grieche war, in der Romantik, weil er ein Skeptiker, im deutschen Positivismus, weil er ein Magier war. Agrippa sitzt noch immer zwischen allen Stühlen mit seiner merkwürdigen Mischung von Aufklärung und Mystik, in der das Paracelsische Zeitalter sich selbst kritisiert hat. Es scheint aber an der Zeit, diese interessante Gestalt des Magiers und Wissenschaftskritikers in ihrer Bedeutung für die europäische Geistesgeschichte wieder ans Licht zu ziehen. Sie ist eine von den schwankenden Figuren, die aus dem Dunst und Nebel des 16. Jahrhunderts vom »Zauberhauch umwittert« (Goethe) zu uns blicken.

Ein rastloses Genie

Heinrich Cornelius Agrippa von Nettesheim ist am 14. September 1486 in Köln geboren und entstammt einem altrheinischen, dem österreichischen Haus ergebenen, turnierfähigen Adelsgeschlecht. Daß er sich als Deutscher fühlt, ergibt sich aus verschiedenen Stellen seines umfangreichen, uns erhaltenen Briefwechsels. Obwohl er äußerlich Katholik ist, verfolgt er mit Jubel, wie der »unüberwindliche Ketzer« Luther das Papsttum zerfetzt. Seine Kindheit und Jugend verbringt er in Köln, auch seinen Lebensabend. Eine echte und tiefe Religiosität trägt selbst über seinen Skeptizismus Siege davon.

Agrippa hat in Köln Philosophie, Juristerei, Medizin und Theologie »durchaus studiert mit heißem Bemühn«, dazu die Humaniora und die Geheimwissenschaften. Ein verzehrender Wissensdrang macht ihn früh zu einem vielbewunderten Allroundgenie. Er spricht sechs Sprachen fließend, außer Deutsch und Latein Französisch, Englisch, Italienisch und Holländisch, dazu noch teilweise Griechisch und Hebräisch, für einen Magier eine notwendige Voraussetzung für die mühelose Bewegung in der irdischen Unterwelt. Agrippa wechselt seine Berufe wie die tägliche Kleidung, er ist Arzt, Syndikus, kaiserlicher Rat, Archivar und Historiograph, Diplomat, Bergwerksdirektor, Hauptmann, Gottesgelehrter, Philosoph, Alchimist und Magier, nur niemals Mönch. Er konstruiert Kriegsmaschinen und braut Zaubergetränke gegen die Pest, sammelt kabbalistische Manuskripte und korrespondiert durch ganz Europa. Sein Leben zerfällt in zwei Hälften: vier Jahrzehnte Lehr- und Wanderjahre als Magier (1486–1526) und ein Jahrzehnt der skeptischen Reife (1526–1535). Hand in Hand mit der Wendung zur pessimistischen Kritik an den Wissenschaften geht in Agrippa das Erwachen des religiösen Menschen. Sein mystischer Glaube, daß Gott durch die reinen Intelligenzen in die himmlische und elementarische Welt hinunterwirkt, ist niemals erschüttert worden.

Mit 17 Jahren verläßt Agrippa Köln. Ein unüberwindbarer Wandertrieb, der ihn durch sein ganzes Leben flüchtig macht, treibt ihn hinaus in die Welt, und in unerhörtem Farbenreichtum läuft sein Leben ab. Er legt sich, wo er kann, aufsässig mit den Mönchen an, mit der hohen und niederen Geistlichkeit, mit der Kirche überhaupt – ein Talent, das er mit den kleinen italienischen Humanisten teilt. Hat er es mit den Klerikern in Deutschland gründlich verdorben, verschwindet er nach Frankreich. Ist er auch dort nicht mehr geduldet, wandert er nach England oder lehrt und schreibt von Italien aus. Verliert er seine Stellung als Arzt, doziert er wieder als Theologe oder Philosoph an irgendeiner Hochschule, lebt er als kaiserlicher Rat zur Untersuchung der Bergwerke oder als Advokat. Wird er brotlos, hungert er sich bis zu einem neuen Posten durch. Agrippa ist rastlos, in seinem Leben ebenso wie in seinen Gefühlen, erst recht in seinem Denken.

In Paris gründet er einen Geheimorden, in Barcelona und Valencia besucht er Astrologen und Alchimisten, überall geheimes Wissen sammelnd. Über Neapel kommt er nach Avignon, wo er eine Goldmacherbude aufschlägt. Mit 22 Jahren wird er zum ordentlichen Lehrer der Gottesgelehrtheit an der burgundischen Akademie von Dole ernannt, wo er für Margareta, Regentin der Niederlande, eine meisterhafte Abhandlung über die weibliche Schönheit schreibt: Adam wurde aus Erde gemacht, aber die Frau aus Mensch. Daher ist sie die Krone der Schöpfung. Alles an ihr ist vollkommen, sogar das Blut der Menstruation – es enthält wundertätige Kräfte.

Die Wirkung dieser Schrift bleibt aus, denn die Mönche von Gent stehen auf und halten flammende Fastenpredigten gegen Agrippa: ein Kabbalist, ein Ketzer! Auch sonst ein gefährlicher Neuerer, denn er will die Bordelle abschaffen. Agrippa nimmt den Fehdehandschuh auf und streitet ein Leben lang gegen die Mönche. Er kämpft im Heer des Kaisers Maximilian I. gegen die Venetianer und wird wegen seiner Tapferkeit zum Ritter geschlagen. Der Kardinal Santa Croce nimmt ihn 1513 mit aufs Konzil von Pisa, um sich seiner theologischen Kenntnisse und seiner glänzenden Beredsamkeit zu bedienen. Papst Leo X. zeichnet ihn wegen seiner Verdienste um die Kurie aus, aber Ruhe findet Agrippa nicht. Er durchzieht 1514 ganz Italien bis nach Brindisi, geheimes Wissen suchend und seine ärztliche Praxis ausübend. In Pavia, 1515, steht er auf dem Katheder und liest vor einem begeisterten Auditorium über Platos Gastmahl, über den Eros und die Geheimnisse der göttlichen Macht und Weisheit: Ich weiß alles, der göttliche Weltgeist selbst spricht in mir. Man glaubt es ihm und promoviert ihn zum Doktor beider Rechte und der Medizin.

In Pavia heiratet Agrippa eine Italienerin, von der er fasziniert ist, aber der Krieg zerstört sein Haus gründlich. Er kommt 1518 als Advokat und Syndikus nach Metz, wo er allmählich müder und ruhiger wird und wo ihn theologische Gedanken befallen. Er schreibt einige Bücher, darunter »Über den dreifachen Grund der Gotteserkenntnis« und »Vom Menschen«. Agrippa verwirft das weltliche Wissen und streitet mit den Franziskanern ergebnislos *De tribus et una.* Er kämpft aber auch gegen rasende Inquisitoren und sadistische Ketzermeister und rettet als Syndikus eine unschuldige Bäuerin, die als Hexe verbrannt werden soll, durch seine glänzende Rhetorik vor dem Scheiterhaufen. Sein Festhalten am Katholizismus gibt ihm diese Macht. Obwohl er gesiegt hat, verläßt er voll Ekel

Metz und begibt sich mit Johann Wier, seinem Schüler, nach dem *felicem Coloniam*.

Hier begegnet er 1520 Ulrich von Hutten, aber dieser ist ihm unheimlich. In Köln stirbt seine Frau. In Genf heiratet er wieder, und auch diese zweite Ehe ist sehr glücklich. Dann ist er Stadtphysikus im schweizerischen Fribourg (1523), dann Leibarzt der Königin-Mutter von Frankreich in Lyon. Er gilt jetzt als der große Magus des Abendlandes und steht im Zenit seines Erfolges. Die nächsten beiden Jahre aber stürzen ihn in Bedrängnis, er gerät in Not, Besoldungen bleiben aus. Er hat einen Sohn aus erster Ehe, fünf Kinder aus zweiter, ebensoviel Bedienstete: ein stattlicher Apparat auf Reisen, der ihn Gut und Geld kostet. In dieser Elendsstimmung schreibt er zu Lyon 1526 *De vanitate scientiarum*, leidenschaftlich und erbittert, dämonisch.

Der Augustiner Aquapendente, ein Geheimbündler, bietet ihm ein Unterkommen in Antwerpen. Der Briefwechsel Agrippas zeigt einen leidenschaftlichen und schwankenden Charakter. Einen Freund, der ihm in der Not nicht hilft, verflucht er. Die Sakramente mögen ihn zu Ostern verlassen! Aus einem Karmeliterkloster in Paris, verfolgt von der Königin, flüchtet er heimlich im Juli 1527 nach den Niederlanden. Seine Familie kommt nach, von Johann Wier geleitet.

Sein letztes Lebensjahrzehnt ist erneut voller Kämpfe und Gefahren. Anfangs steht sein Stern wieder günstig, die Fürsten Europas, an der Spitze der König von England und der Kaiser, streiten sich um den berühmten Wunderarzt. Er wird kaiserlicher Rat, Geschichtsschreiber und Archivar. Dann stirbt seine Frau an der Pest, von ihm ergebnislos verarztet. Seine Wissenschaftskritik erscheint 1530, und ein Sturm der Entrüstung erhebt sich bei den Löwener, Kölner und Pariser Theologen. Agrippa hat den Götzenkult, den Fetischismus, die Heiligenschändung der römischen Kirche, die Konkubinen- und Bordellwirtschaft des Klerus schonungslos angeklagt. Folglich ist er ein Ketzer, und die Löwener ziehen Artikel aus seiner Schrift und denunzieren ihn beim Hohen Rat in Mecheln und beim Kaiser. Das Verfahren wird eingeleitet, Agrippa fällt in Ungnade, seine Besoldung bleibt aus. Von

Mönchen und Wucherern verfolgt, wird er in Brüssel ins Schuldgefängnis geworfen, seine Familie zerstreut sich.

Agrippa widerruft nicht. Er antwortet, obwohl von Erasmus gewarnt, in einer »Apologie« gegen die Löwener Artikulatoren und in einer »Querela« an den Kaiser. Nichts nimmt er zurück, nichts mildert er ab, erneut greift er mutig an, und noch härter wird seine Anklage, noch bitterer, hohnvoller und leidenschaftlicher. Ich bin ein echter Katholik, und eure Artikel sind gefälscht, so ungefähr.

Der freisinnige Erzbischof Hermann von Wied zu Köln hilft ihm schließlich aus der Not. Bei ihm und unter seinem Schutz lebt Agrippa in und bei Köln von 1532 bis 1535 und druckt dort seine Schriften, vor allem die »Okkulte Philosophie« in einer verbesserten Neuauflage, die ihm wiederum Wutgebrüll der Pfaffen, Anzeigen und Druckverbote, Angriffe der Ulmer Theologen einträgt.

Glücklich geschieden von seiner dritten Frau, verbringt Agrippa einen anscheinend heiteren, wenn auch kurzen Lebensabend bei seinem Freund Wied. Sein Ruhm ist groß, er korrespondiert in alle vier Himmelsrichtungen. Wochenlang studiert er angestrengt, schließt er sich ein. Dann packt ihn im Frühjahr 1535 noch einmal die Reiselust. Er fährt nach Lyon. An der französischen Grenze wird er verhaftet, befreit sich aber auf wunderbare Weise mit Hilfe seiner Freunde. In Grenoble stirbt er, 48 Jahre alt.

Die Harfe der Welt

Agrippas Denken, voll von wilder Wissenschaft, hat keinen Bestand. Seine »Okkulte Philosophie« ist ein Sammelwerk der magischen Weisheit aller Völker und Zeiten, das die Welt in einen Zaubergarten verwandelt und in dem alles geheim, wunderbar und unerklärlich ist. Agrippa teilt die Welt in eine körperliche, eine seelische oder astrale (*anima*) und eine geistige (*spiritus*), und wie Plotin von der Weltseele, Lao-tse vom Tao, Meister Eckhart vom Fünklein spricht, so redet Agrippa in einem ganz ähnlichen Sinn von »Weltgeist«. Magie nun, die Krone alles Wissens, ist die Lehre, die Kräfte der höheren Welten auf die niederen herabzulenken. Ihre theoretische Voraussetzung ist die genaue Kenntnis des wunderbaren Baues der Welten, ihrer Zusammenhänge und geheimen Kräfte, also Philosophie. Doch diese Philosophie erlangt in der deutschen Renaissance eine ganz neue Bedeutung, die sie im Mittelalter noch nicht hatte. Sie beweist nicht mehr Gott, analysiert nicht mehr das Absolute wie bei Nikolaus von Kues. Sie betrachtet die Welt und begründet die Macht des Menschen. Gott ist in die Welt gesunken, denn das Magische ist das Göttliche, dessen der Mensch teilhaftig wird. Pantheistische Weltphilosophie finden wir bei Agrippa, nicht Gottphilosophie wie noch bei Cusanus oder Naturphilosophie wie bei Paracelsus. Der Weltenkreis hat sich ins Übersinnliche erweitert.

Das Weltgesetz oder Weltgeheimnis des Agrippa lautet nun so: Alles ist in allem und wirkt auf alles. Der Sympathie- und Harmoniegedanke, der uns schon bei Nikolaus von Kues begegnet, wird zur großen beherrschenden Idee der typischen Renaissancephilosophie des Agrippa. Die Welt ist eine Harfe, und wird die unterste, gespannte Saite berührt, dann erzittern und erklingen alle oberen mit, die *inferiora* und die *superiora*, die ganze Reihe der Weltwesen, von den Steinen, Pflanzen und Tieren bis hinaus zu den Sternen und Geistern, bis hinaus zu Gott selbst. Agrippas Welt ist ein Lied an die Freude, sein Geist lauscht dem Klang der wohlgestimmten Weltharfe. Berühre einen Weltnerv in der Pflanze, und du hörst die Resonanz bei den Sternen. Berühre das Kleinste, und das Größte erzittert.

Der Magier nun spielt auf dieser Weltenharfe wie auf einem ihm wohlvertrauten Instrument. Seine Seele ist fasziniert vom Zusammenhang des Alls. Der Weltgeist (*spiritus mundi*) bildet die harmonische Brücke über allem. Er ist geschäftig und umschweift die weite Welt, er webt der Gottheit ein lebendiges Kleid. Aber er ist nicht selbst Gott.

Die Lehre vom Weltgeist begründet die panpsychische Weisheit des Agrippa. Alle Wesen haben Seele, die lebendigen wie die scheinbar toten, die Steine und Sterne. In der Materie

175

steckt die Urseele, Träger der Sphärenharmonie. Bei Trithemius zu Würzburg, unter dem Entzücken des Abtes, hat der
25jährige Agrippa 1508 mit großem Fleiß dieses monumentale
Werk zusammengestellt. Seine Absicht ist, eine altehrwürdige,
einst hochgeachtete Wissenschaft der heidnischen Weisen und
Priester, Propheten und Sibyllen in ihrer klassischen Klarheit
wiederherzustellen und sie vor Verfälschungen und Entstellun-
gen zu bewahren. 15 Jahre später, in einer trostlosen und verzweifelten Stimmung, zerschlägt Agrippa die Weltharfe, rast er
seine Kritik der Wissenschaften aufs Papier. Alles bricht, bis
auf die Bibel – auch sie eine Entdeckung der Humanisten.

Die Verachtung der Wissenschaft

Dämonisch ist diese Kritik, alles verschlingend, leidenschaftlich, rhetorisch und ungerecht, mit einem unverkennbaren
Unterton großer, düsterer Wahrheit. Wissen ist teuflisch und
macht unglücklich. Im Paradies gab es kein Wissen. Nichts zu
wissen führt zum glücklichen Leben, das wir alle längst verloren haben. Alles Naturwissen wird zertrümmert. In 102 Kapiteln führt Agrippa einen großangelegten Detailbeweis. Er
umwandert den *globus intellectualis*, und sein Ergebnis ist negativ. Es läßt sich in folgende drei Sätze zusammenfassen:
Den Schlüssel zum wahren Wissen hat nur Gott. Menschliches
Wissen ist nichtig, wie der ewige Streit der Gelehrten beweist.
Wenn einer etwas weiß, verwendet er es zum Bösen.

Darum, so der Schluß: »Verachte nur Vernunft und Wissenschaft, des Menschen allerhöchste Kraft.« Unsicher sind also
alle Wissenschaften und Künste im allgemeinen, aber im besonderen die Literaturwissenschaft, Grammatik, Rhetorik,
Sophistik, die mathematischen Wissenschaften, die schönen
Künste, Musik, Schauspiel und Fechterei, Malerei, Plastik
und Architektur, die Astrologie, Wahrsager- und Traumdeu-
terkunst, die Magie, die Philosophie, die Religion und die religiösen Bräuche, die Staats- und Wirtschaftslehre, die Medizin, Jurisprudenz und Theologie.

Agrippa durchwandert die Geschichte der metaphysischen Prinzipien und ihrer Deutung von den Vorsokratikern bis zur Scholastik. Er konfrontiert die Meinungen der Philosophen über Gott und den Ursprung der Welt, über Materie und Geist – Geschrei und Gezänk durch die Jahrhunderte, Spitzfindigkeiten, Scholastik, Astrologendämmerung! Jetzt steht ein Mann auf und sagt: Ich habe ihre Schriften lang und breit studiert, ich versichere euch, es ist alles Unfug, alles Betrug und Schwindel. Ich widerrufe, auch die Magie. Unbarmherzig zerfetzt Agrippa sich selbst und sein Jugendwerk. Jetzt, so fordert er, müsse man die wahren, natürlichen Ursachen der Dinge aufsuchen. In seiner Wissenschaftskritik ist vieles höchst persönlich. Aber prinzipiell ist sie in ihrer pessimistischen Auffassung vom Wesen der menschlichen Natur überhaupt. Agrippa hat die Welt und das Leben, die Mönche und Fürsten gekannt. Als Abenteurer und Philosoph hat er jahrelang Europa durchwandert. Nun stöhnt er, hundert Jahre vor dem Skeptiker Descartes, hundert Jahre vor Bacon, unter der Last seiner Zweifel. In der Frühlingsnacht der Naturwissenschaft fällt Reif. Agrippa kritisiert nicht die überreife Kultur des Mittelalters, er kritisiert das menschliche Wissen als solches. Und darin offenbart sich eine unendliche Liebe zur Natur. Mag sein, daß seine Kritik in keiner Zeit bessere Argumente fand als damals, wo die Scholastik gestürzt am Boden lag und die neue Form des Wissens, die Naturwissenschaft, noch nichts geleistet hat, sondern auf phantastischen Irrwegen schritt.

Die Skepsis des Agrippa ist radikal. Sie will nicht den Wiederaufbau, sie will zurück zur Natur, lange vor Rousseau, weil sie an der Kultur des Menschen verzweifelt. Er hat vom Baum der Erkenntnis gekostet und büßt es nun. Wissen ist Fluch und Verbrechen. Es stört Gott und setzt den Menschen an seiner Stelle auf den Thron.

Prinzipieller als Agrippa kann man das Problem des Wissens und der Kultur der Menschheit nicht aufrollen. Und doch gibt es einen Punkt, vor dem der bittere Skeptizismus des Agrippa Halt macht: sein Glaube an Gott und die Bibel. Das Wort bleibt stehen, und es gewinnt unglaubliche Macht.

Skepsis und Magie scheitern am Geist der Reformation, mit dem eine neue Epoche in der Geschichte des Geistes beginnt.

Jakob Böhme: Leuchtfeuer der Harmonie

Das Weltgeschehen ist nicht nur mechanistisch-statisch, es ist vielmehr aus tiefen seelischen Kräften als dynamisch zu begreifen: Damit ist der Bann gebrochen, eine letzte Bastion des mittelalterlich geschlossenen Denkens gefallen. Aus einem neu erwachten Gefühl heraus bildet Jakob Böhme seine Philosophie.

Er ist von seiner Mission begeistert, und kein von der lutherischen Orthodoxie verhängtes Schweigeverbot kann ihn daran hindern, 1619 »Die drei Prinzipien göttlichen Wesens«, »Vom dreifachen Leben des Menschen« und »Vierzig Fragen von der Seele« zu schreiben. Den Grundstein zur pansophischen Reformation der Welt legt er 1622 mit seiner Deutung der Genesis, dem »Mysterium magnum«: Gottes Wille ist die Triebfeder der Schöpfung aus dem chaotischen Nichts, der Schöpfung der ewigen Natur und ihrer Verwirklichung im Diesseits wie im Jenseits. Wie alle Mystiker ist Böhme vom dualistischen Prinzip der Welterklärung überzeugt: Gott und seine Schöpfung sind Licht und Finsternis zugleich, gut und böse, Liebe wie Zorn. Alles Leben lebt aus den Gegensätzen der irdischen Angst und des göttlichen Wortes, der Materie und des Geistes. Was ist das Böse in Welt und Mensch, ja auch in Gott anderes als ein verhärteter Gegensatz im Willen Gottes selbst, der erst durch Christus überwunden wurde?

Ein Schuster verläßt seinen Leisten

Jakob Böhme ist 1575 in Alt-Seidenberg in der Nähe von Görlitz als Sohn einer armen Bauernfamilie geboren. In der Lebensbeschreibung, die sein Freund Abraham von Franckenberg geschrieben hat, wird uns die eigentümliche Welt, aus der Böhme kommt, nahegebracht. Er wurzelt in jenen armen Volksschichten Schlesiens, denen die Sinnenfreude und Lebendigkeit äußerer Erlebnisse fehlt, deren Gefühlsleben aber von Tiefe und Selbständigkeit geprägt ist. Immer wieder betont Böhme in seinen späteren Verteidigungsschriften, daß die Wahrheit zuerst im »armen, geringen Völklein« Heimat gefunden habe. Auch die bildhafte Ausdrucksweise eines von wissenschaftlichen Traditionen unbeschwerten Denkens ist Erbe der Bevölkerung dieser herben schlesischen Landschaft. Aus der tiefen Versenkung in die dämmrige Welt seiner inneren Erlebnisse steigen bei ihm ganz plötzlich in ursprünglicher und unbewußter Kraft philosophische Gedanken auf. Intuition und unvermutete Visionen spielen immer wieder eine große Rolle. Schon in seiner Jugend, als Böhme mit anderen Kindern des Dorfes auf den einsamen Bergwiesen die Ziegen hütet, hat er solche Visionen, ohne darüber allzusehr erstaunt zu sein.

Nach der Schulzeit wird Böhme zu einem Schuster im benachbarten Seidenberg in die Lehre geschickt. Früh scheint er mit mystischen und naturphilosophischen Schriften seiner Zeit vertraut geworden zu sein. Sicher ist, daß er Werke von Paracelsus und Schwenckfeld gelesen hat, möglich könnte sein, daß er auch Gelegenheit gehabt hat, Schriften von Weigel zu studieren, die teilweise in handschriftlichen Exemplaren im Umlauf waren. Besonders während seiner Wanderzeit als Geselle scheint Böhme oft mit derartiger Literatur in Berührung gekommen zu sein.

Nach seiner Rückkehr in die Heimat läßt er sich in Görlitz nieder, wird dort im Jahr 1599 Meister und begründet mit Katharina, der Tochter eines Görlitzer Handwerkers, eine glückliche, 25 Jahre dauernde Ehe, aus der sechs Kinder das Licht der Welt erblicken. In einem kleinen Haus am Neißetor fließt sein Leben äußerlich ruhig dahin, während seine grundlegenden Gedanken in einer mehr unterbewußten geistigen Arbeit ausreifen.

Durch ein plötzliches Erlebnis werden die in ihm schlafenden Gedanken aufgeweckt. Wie so viele Mystiker hat auch

Böhme eine Bekehrungserfahrung gehabt, eine Vision. Eines Tages im Jahr 1600 werden seine Augen von einem strahlenden, geradezu blendenden Widerschein der Sonne in einem blankgescheuerten Zinngefäß getroffen. Dieser Sonnenstrahl trägt hellste Klarheit in die Schusterwerkstatt. Es ist ihm, als verließen ihn die Sinne, als blicke er in eine verwandelte Welt, ja als sei er in ihr und sie in ihm. Sein innerer Sinn und die verborgenen Kräfte der Natur verbinden sich zu einem lebendigen, göttlichen Ganzen:

»Von dem göttlichen Mysterio etwas zu wissen, habe ich niemals begehret, viel weniger verstanden, wie ich es suchen oder finden möchte. Wußte auch nichts davon, als der Laien Art in ihrer Einfalt ist... In meinem gar ernstlichen Suchen und Begehren aber (darinnen ich heftige Anstöße erlitten, mich aber ehe des Lebens verwegen als davon ausgehen und ablassen wollte) ist mir die Pforte eröffnet worden, daß ich in einer Viertelstunde mehr gesehen und gewußt habe, als wenn ich wäre viel Jahr auf hohen Schulen gewesen, dessen ich mich sehr verwunderte, wußte nicht, wie mir geschah, und darüber mein Herz ins Lob Gottes wendete!... Ich erkannte und sah in mir selber alle drei Welten als 1. die göttliche, englische und paradiesische und dann 2. die finstere Welt, als den Urstand der Natur zum Feuer, und zum 3. diese äußere, sichtbare Welt als ein Geschöpf und Ausgeburt oder als ein ausgesprochenes Wesen aus den beiden inneren, geistlichen Welten. Ich sah und erkannte das ganze Wesen in Bösem und Gutem, wie eins von dem andern urständete.«

Böhme wird mit dieser Vision »zu dem innersten Grunde oder Centro der geheimen Natur eingeführt« (Franckenberg). Wie die meisten Mystiker sträubt sich auch Böhme anfangs sehr dagegen, seine Gedanken anderen mitzuteilen. Erst nachdem er zehn Jahre später ein ähnliches Erlebnis hat, schreibt er 1612 sein erstes Buch »Die Morgenröte im Aufgang«, von seinen Freunden später »Aurora« genannt.

Böhme muß in seinem Inneren wohl gewußt haben, welch ungeheures Unterfangen es für ihn als Mann ohne gelehrte Bildung ist, gerade ein solches Buch zu schreiben. »Schuster, bleib bei deinem Leisten«, heißt es im Volksmund. Der Schuster Böhme aber bleibt nicht bei seinem Leisten, die Offenbarungen treiben diesen »deutschen Wundermann« (Franckenberg) zur Niederschrift. Ein Jahr darauf findet Karl von Endern »von ungefähr« das Manuskript der »Morgenröte«. Es wird ihm zum Lesen anvertraut, er läßt Abschriften davon herstellen. Drei Jahre sieht Böhme nichts mehr von seinem Buch, nur ab und zu erhält er von gelehrten Leuten Zuschriften, die ihm zeigen, daß es seinen Weg macht und nicht gänzlich verloren ist. Seine Wirkung entfaltet es ganz in der Stille.

In der »Morgenröte« sehen wir Böhme deutlich in den Spuren des Paracelsus wandern. Hier zeigt sich der Autor als ein »Heiliger der Natur«, ein Magus. Astrologie und Alchimie haben für ihn große intuitive Bedeutung. Noch Leibniz hat die Alchimie eine Anleitung zur *Theologia mystica* genannt. Der Akzent der Visionen, die dieses Buch enthält, liegt auf dem Tao in der Natur und in der Seele; christliches Gedankengut wird eher nebenher erwähnt, als daß es eine größere Rolle spielt.

Die Suche nach den harmonischen Kräften der Natur bestimmt fortan Böhmes Lebens- und Erkenntnisweg. Seine »Aurora«, ein unübersichtliches, stoffüberfrachtetes und gleichwohl dichterisch schönes Bekenntnis, versucht, Aussagen über Gott, den Kosmos und das Drama des Lebens zusammenzubinden. Das Buch ist eigenartig mißlungen, zu viel auf einmal soll da zur Sprache kommen, eine erstaunliche Zusammenstellung von großartiger Inspiration und langweiligen Binsenweisheiten. Seine Zeitgenossen sind fasziniert, manche irritiert, einige gereizt, und letztere machen ihm und seiner Familie in Görlitz das Leben zur Hölle.

In einigen handschriftlichen Exemplaren kursiert das Buch und wird verbreitet. Es kommt auch dem Hauptpastor Gregorius Richter zu Gesicht, der den Verfasser von der Kanzel aus angreift und ein Verfahren des Magistrats gegen ihn anstrengt. Böhme wird vor die Stadtväter geladen, erhält einen Verweis und muß versprechen, künftig nichts mehr zu schreiben. Unter diesem Urteil leidet er jahrelang wie ein Hund.

Jahre des Schweigens, äußerlich, denn innerlich nimmt Böhme um so mehr auf und verarbeitet es. Er studiert Paracelsus und Tauler, Thomas von Kempen, Schwenckfeld, Weigel, die Kabbala und Alchimie. Böhme schweigt, aber in ihm rumort es, »von außen Angst, von innen ein feuriger Trieb«. Das Jahr 1618 kommt und mit ihm der Krieg, der ein ganzes Menschenalter dauern und Deutschland als ein Leichenfeld zurücklassen soll. Böhme schreibt nun fiebrig und mit einer ungeheuren Wut im Bauch. Den Görlitzern wird er immer unheimlicher. Es ist nicht möglich, daß ein einfacher Schuster derartige Bücher verfaßt. Man raunt, schwatzt, klatscht, bringt die unsinnigsten Gerüchte in Umlauf. Der Hauptpastor beginnt wieder mit lächerlichen Invektiven, schimpft Böhme öffentlich von der Kanzel herab einen Säufer und Halunken.

Richter setzt seine Angriffe gegen den mißliebigen Schuster fort. Böhme glaubt nun, sein Versprechen nicht mehr halten zu brauchen, und es entstehen daher fünf Jahre später in rascher Folge die Bücher »Von den drei Prinzipien«, »Vom dreifachen Leben des Menschen«, »Signatura rerum«, »Mysterium magnum« und andere. Auch diese Schriften zirkulieren zunächst nur in handschriftlichen Versionen innerhalb derjenigen Kreise, die sich Böhme angeschlossen haben, so daß der Oberpfarrer wohl kaum mehr eines zu Gesicht bekommt. Erst als 1623 ein schlesischer Adliger drei kleine Schriften des Schusters unter dem erbaulichen Titel »Wege zu Christo« drucken läßt, werden auch die Angriffe Richters wieder stärker. Wieder wird ein Verfahren in die Wege geleitet, wieder sieht sich der Rat veranlaßt, sich von neuem mit der Angelegenheit zu befassen.

Die Feindschaft des orthodoxen Hauptpastors Richter, der sich auch sonst auf rechthaberisches Krakeelen versteht, verbittert Böhmes letzte zwölf Lebensjahre. In der Stadt wächst der Spott über seine »Entzückungen«, der Hohn schlägt ihm allerorten ins Gesicht. Verständnis findet er nur bei wenigen, bei Adligen und Ärzten.

Böhme hat aber inzwischen in der Hauptstadt des Landes, vor allem in höfischen Kreisen, eine starke und einflußreiche

Anhängerschaft gewonnen, so daß er diesmal nicht nachgeben will. Er verfaßt eine »schriftliche Verantwortung an E. Ehrbaren Rat zu Görlitz wider des Primarii Lästerungen, Lügen und Verfolgung über das gedruckte Büchlein von der Buße« – Richter stiftet den Rat daraufhin an, die Annahme dieser Schrift zu verweigern.

In den verbleibenden sechs Jahren seines Lebens schreibt Böhme unablässig, geradezu fieberhaft. Sein Hochdeutsch im »Siegel in allen Dingen« durchsetzt er mit vielen nur halb verstandenen Begriffen, die er den Magiern und Alchimisten ablauscht. Ohne Vertrautheit mit den Ausdrücken stolpert der Leser über das göttliche und das giftige Merkurium, über Tinkturen und Temperaturen, über Sulphurium und Salnitrum. Die letzten Worte dieses Buches sind für Böhme charakteristisch: »Überall in der Welt, auf allen Höhen und in allen Tälern, blüht eine Lilie. Wer sucht, der findet.«

Einige Zeit später finden wir Böhme im Hause des kurfürstlichen Hofarztes Hinkelmann in Dresden. Auch bei der höheren Geistlichkeit spürt er freundliche Aufnahme und Wohlwollen. Ein von drei Professoren der Theologie und mehreren anderen Gelehrten mit Böhme abgehaltenes Kolloquium scheint für ihn nicht ungünstig ausgefallen zu sein. Angeblich soll sich auch der Kurfürst für Böhme interessiert und ihn empfangen haben. Mit diesem äußeren Höhepunkt, dieser wachsenden Anerkennung soll das Leben Böhmes seinen unspektakulären Abschluß finden. Kurz nach seiner Rückkehr nach Görlitz stirbt sein alter Gegner Richter, und wenige Zeit später beschließt auch Böhme sein Leben infolge einer tödlichen Unterleibskrankheit, die er sich während eines Aufenthalts auf dem Gut eines befreundeten Adligen zugezogen hat. Die Görlitzer Geistlichkeit gewährt dem Sterbenden erst dann das Abendmahl, als er ein mit ihm veranstaltetes Examen bestanden hat. In der Nacht, als er stirbt, läßt er die Türe öffnen, weil er glaubt, von draußen komme eine schöne Musik...

Das kosmische Drama

Die Mystiker der Reformationszeit sind von einem brennenden evangelischen Geist ihrer Zeit erfüllt, und Jakob Böhme ist der eifrigste und beredteste unter ihnen. Überwältigt von seinen Visionen, verliert er sich bisweilen in überschwengliche Freude, in ein mystisches Untertauchen im Geist. Er will die Synthese, die umfassende Darstellung der Schöpfung, der Kosmologie und der Naturphänomene aus mystischer Intuition. »Niemand soll sich darüber wundern, wenn ich über die Erschaffung der Welt so schreibe, als ob ich dabeigewesen wäre und es selbst mit angesehen hätte.« Mit ungewöhnlicher, ja ungestümer Vorstellungskraft zaubert er den schöpferischen Ursprung auf seine kosmische Bühne und läßt begeisternde Geschehnisse sehen: den Inbegriff aller geschichtlichen und natürlichen Vorgänge als eine große Einheit. In jedem einzelnen Teil der Natur sieht er das Ganze, den Mikrokosmos im Makrokosmos – eine typisch mystische Wahrnehmung und Sichtweise, die schon Paracelsus für sehr plausibel hielt. Im Wachsen des Halmes oder im aufsteigenden Saft des Baumes ahnt er kosmische Vorgänge.

Im Mittelpunkt seines Kosmos steht Gott, und von ihm strahlt das Licht aus. In dem kosmischen Drama, das sich in Böhmes Schriften vor unseren Augen abspielt, kommt dem »Geist« eine Hauptrolle zu: Geist als wesentlichster Teil des Menschen, Geist auch als Substanz des Weltalls vor der Schöpfung, Geist als Wesen und Licht des Göttlichen. Er ist das biblische »Wort«, aber er ist auch die »Weisheit«.

In der Sichtweise, besser: in der Schau Böhmes ist der Mensch das mikrokosmische Abbild des Weltalls, und jeder Bestandteil, jede Gestalt und jedes Ereignis der kosmischen Geschichte und natürlichen Entwicklung ist im Menschen enthalten. So kann das Blühen des Baumes als Symbol der Wiedergeburt des Menschen erkannt werden. Durch das ruhige Akzeptieren des Willens Gottes, durch Glauben an sein Reich, durch Hingabe an Christus kann sich der Mensch aus dem Gefängnis seines zeitgebundenen Lebens befreien. My-

stische Gelassenheit, Überwindung des »eitlen Strebens«, der
Streitlust und der Selbstsucht ermöglichen die Rückkehr zur
Harmonie, zur Liebe und zum Zustand der ewigen Natur –
eine verblüffende Ähnlichkeit zur taoistischen Weisheit. So
kann der erlöste Mensch am »Spiel von Liebe und Leben«, an
der beglückenden Tätigkeit des Geistes teilnehmen. Mystisch
ist das Sichtbar-Werden aller Vorgänge dieser Vereinigung,
die Sehnsucht des Menschen, in das Licht, das Gott ist, einzu-
gehen, befreit zu werden vom Nutzdenken und der Verzwek-
kung seines Alltags. Böhmes Darstellung dieses kosmischen
Dramas der Evolution des Geistigen im Menschen ist unge-
mein menschenfreundlich, von einem warmen Gefühl durch-
pulst.

Imagination Gottes in der Welt

Das Böhmesche Denken ist zunächst einmal religionspsycho-
logisch interessant, weil es die Entwicklung des späteren Pie-
tismus aus den Traditionen der deutschen Mystik verständlich macht. Philosophisch läßt sich eine enge Verwandtschaft
mit den Systemen Baaders, Schellings und anderer gut erkennen. Auf den ersten Blick scheint es, als ob man Böhme den
Naturphilosophen seiner Zeit zuordnen müsse. Bei ihm
bricht der Gedanke von der Einheit allen Seins und von der
Allbeseelung der Welt besonders stark hervor. Das läßt sich
zum großen Teil damit erklären, daß die Überlagerung seines
Weltbildes von übernommenen Denkinhalten naturgemäß
geringer ist als bei anderen Denkern seiner Zeit. Gerade die
einfache, ansprechende Form seines Denkens läßt uns tiefer
in die innere Ideenwelt der Renaissance eindringen, als es
bei anderen Zeitgenossen möglich ist, die mit einer oft
schwer verständlichen, verklausulierten Terminologie arbeiten.

Mit Vorliebe äußert Böhme kosmo-harmonische Gedanken, denn für ihn ist es eine Gewißheit, »daß Gott in der Natur sei«. Er wehrt sich auch immer wieder gegen eine bloß

kausale Auffassung vom Wirken des Göttlichen, das mehr umfaßt, als nur bewegende Ursache zu sein. Gott ist in allen Dingen lebendig: »Nicht mußt du denken, daß Gott im Himmel und über dem Himmel etwan stehe und walle, wie eine Kraft und Qualität, die keine Vernunft und Wissenschaft in sich habe wie die Sonne: die läuft an ihrem Zirkel herum und schüttet von sich die Hitze und das Licht, es bringe gleich der Erden und den Kreaturen Schaden oder Nutzen, welches denn freilich geschehen, so die anderen Planeten und Sterne nicht wären. Nein, so ist der Vater nicht, sondern er ist ein allmächtiger, allweiser, allwissender, allsehender, allhörender, allriechender, allschmeckender Gott, der da ist in sich sänftig, freundlich, lieblich, barmherzig und freudenreich, ja die Freude selber.«

Diese offenkundige Gottesschau führt natürlich auch dazu, daß Böhme die mittelalterliche Vorstellung von den drei übereinandergelagerten Reichen – Himmel, Erde und Hölle – aufgibt und auch sie zu einer Einheit zusammenfließen läßt. Die Drei-Reiche-Lehre benennt die Orte der Seele, Himmel und Erde, und mittendrin die Erde, auf der sich Böses und Gutes durchdringen: »In welches er imaginiert, in diesem wird der Mensch leben.«

Polarität und Einheit

Die geistige Welt, in der Böhme lebt, ist also die eines lutherischen Christen, der sich mit den Stimmungen der deutschen Mystik identifiziert und sich darüber hinaus mit den noch frischen, unverbrauchten Gedanken der Naturphilosophie der Renaissance auseinandersetzt. Die Fragestellung des einfachen Schusters aus der nachreformatorischen Zeit setzt an der Stelle ein, wo der Theologe Luther jeden Zweifel mit Hilfe der dogmatischen Gewißheit zu beseitigen geglaubt hat, wo das Luthertum im Scholastizismus steckenbleibt. Böhme aber fühlt in sich die Sehnsucht nach großartiger Einheit, die in der Renaissance-Philosophie lebendig ist, denn er möchte das ganze Dasein in einer alles durchdringenden und alles verbindenden Harmonie sehen. Doch der Glaube an einen solchen Zusammenhang aller Dinge wird durch die konfessionell gebundene Grundhaltung seines Denkens erschüttert. Der Lutheraner in ihm ist sich des guten wie des bösen Prinzips bewußt und fragt sich deshalb, warum das gute Prinzip überhaupt das böse zuläßt. Denn wenn alles Sein aus einer ursprünglichen Einheit hervorgeht und diese mit dem Prinzip des Guten, also mit Gott, identisch ist, wie kann da das Böse überhaupt zur Existenz gelangen?

Hier nun geschieht das Eigenartige, daß der stille und nachdenkliche Böhme dieses Problem mit einem rein philosophischen Gedanken löst, mit der Notwendigkeit des negativen Prinzips zum Offenbar-Werden des positiven. Jedes Sein ist nur durch seine Gegensätzlichkeit zu einem anderen Sein, durch seine »Widerwärtigkeit« möglich. Dem Ja muß ein Nein gegenüberstehen, das Gute kann nur deshalb gut sein, weil das Böse als sein Gegensatz den Geltungsbereich des Guten umgrenzt und dadurch für den Menschen die Erkenntnismöglichkeit des Guten erst schafft.

Die Einheit des Daseins, nach der Böhme sich so sehr sehnt, ist also in einer Polarität angelegt, einer Polarität, die sich in ständiger Bewegung befindet. In dieser böhmeschen Dynamik wird etwas von dem großartigen Rhythmus lebendig, der im Weltbild der frühen Naturphilosophen der Renaissance wirksam gewesen ist. Sie wurzelt in der Mystik, denn die Bewegung, das Ineinander- und Auseinanderfließen ist ein besonderes Kriterium mystischen Begreifens. Die beiden Grundkräfte, die Böhme für die Bewegung der Welt verantwortlich macht, sind nicht mehr Substanzen wie etwa bei Paracelsus, sondern sie sind seelische beziehungsweise sittliche Kräfte, die er Qualitäten nennt und in einer eigentümlichen Weise mit den Prinzipien des Guten und Bösen identifiziert: »Es ist in allen Kreaturen in dieser Welt ein guter und ein böser Wille und Quell, in Menschen, Tieren, Vögeln, Fischen, Würmern, sowohl auch in allen dem, was da ist, in Gold, in Silber, Zinn, Kupfer, Eisen, Stahl, Holz, Kraut, Laub und Gras, sowohl in der Erde, in Steinen, im Wasser, und in allem, was man erforschen kann. – Es ist nichts in der Natur, da nicht Gutes und Böses innen ist; es waltet und lebet Alles in diesem zweifachen Trieb, es sei, was es wolle, ausgenommen die heiligen Engel und die grimmigen Teufel nicht; denn dieselben sind entschieden, und lebt, qualifizirt und herrscht ein jeglicher in seiner eigenen Qualität.«

In der Gestalt des Hauptpastors Richter wird dem Mann der Signaturen, Figuren, Lineamente und Farben die orthodoxe Kirche immer suspekter. Einmal geht er so weit, sie ein »christliches Hurenhaus« zu nennen und von ihren Priestern zu sagen, sie seien Riegel vor der Wahrheit. Die Kirche selbst treibt also Böhme aus ihrem Gemäuer, hinaus in die Natur, um hier das Tao zu finden.

Mystik des Lichts

Je gefühlvoller sich Böhme von der Orthodoxie zur Natur und zum Kosmos wendet, um so mehr verblassen die Begriffe von gut und böse als unüberbrückbare Gegensätze. An ihre Stelle tritt die Symbolik des Lichtes und der Finsternis in all ihren Variationen und Übergängen. Das Licht ist das stärkste Symbol Böhmes, es steht für Sich-Auftun, Hingabe, Liebe. Immer klarer schaut Böhme die Polarität alles Schöpferischen auch im Geschaffenen, immer größer wird seine Sehnsucht nach Lichtwerdung des Bewußtseins. Der *Philosophus teutonicus* entfaltet darin eine überaus reiche intuitive Begabung, seine Fähigkeit zur Mitteilung innerer Aussagen über Ekstasen, Erleuchtungen und Visionen. Mitunter überfallen ihn neue Einsichten und Erkenntnisse, besessen von einem brennenden Enthusiasmus. Doch trotz gelegentlicher romantischer, ekstatischer, sentimentaler Anflüge bleibt Böhme ein recht nüchterner Mystiker. So überschwenglich manche Passagen seiner Schriften anmuten, das Ziel seiner Affekte ist die Weisheit, die lebenspraktische Durchdringung der Natur, die göttliche Phantasie. Wann immer Böhme auf die weibliche Sophia zu sprechen kommt, nimmt sein Ton eine besondere Zärtlichkeit an. Sie ist ein korrektives Äquivalent zum männlichen Willen, trägt die Züge einer großen Muttergottheit, des »Geistes des Wassers«. Sophia wird zum Symbol der mystischen Liebe zur Erde, denn in der Weisheit ist die Liebe enthalten. Sie ist die heilige Führerin, die idealisierte Braut der Seele, etwas Seltenes, Geniales, Schönes, der man nicht nahekommt, solange man in der unruhigen Welt der Sinne verstrickt bleibt. Auf dem Weg zur geheimnisvollen Wohnung der Gottheit wird Sophia die Gefährtin und Hoffnung des Menschen. Sie führt ihn zur Quelle des Seins, zur Reinheit, Ruhe und Harmonie, zum *Licht*.

Das Licht ist die Schlüsselnote im Werk Böhmes, schon sein erstes Buch handelt von der Aurora, der Morgenröte, dem Kommen eines Morgenlichts. Sein ganzes Leben hält er an seinem ersten Symbol des Hellwerdens, der Erleuchtung fest. Wie die Sonne das Licht der Welt ist, so ist Gott das Licht der Seele. Wenn Jakob Böhme in die Gegenwart Gottes kommt, so erlebt er die Gottheit als Durchstrahltwerden seines ganzen Wesens. Auf dem Weg zu dieser *Unio mystica* ist Christus das Leuchtfeuer, Sophia der Spiegel des göttlichen Lichts. So unklar, geheimnisvoll und dunkel uns das heute anmutet, manchen Zeitgenossen wohl gar okkult und obskur, für Böhme war das eine klare, durchsichtige und leuchtende Angelegenheit: »Meine Aufgabe hier auf Erden ist nichts weiter, als anderen Menschen zu zeigen, wie sie ein Königreich des Lichtes in sich selbst schaffen können.« Böhmes Philosophie und Mystik ist der Versuch, den Weg zurück zur Heimat der Seele zu finden. Seine Sehnsucht nach Harmonie ist fast kindlich (»Meine Schriften sind die eines Kindes... Es ist auch kinderleicht, sie zu verstehen, wenn du dich nur beim Lesen vom Geist erleuchten läßt«), sie ist das Verlangen der Rückkehr ins verlorene Paradies, naiv, urtümlich und freundlich.

Erst das wachsende Selbstbewußtsein zerstört die Harmonie, in der die vorgeschichtliche Menschheit mit dem Kosmos, seinem Tao und all seinen Kräften lebte. Das Paradies ging verloren. Böhme holt es in seinen Visionen wieder ein, er träumt einen grandiosen Traum nach rückwärts. Bei ihm findet sich kein geschichtliches Denken, sondern ein vorlogisches Innewerden, sosehr es einem Menschen der frühen selbstgewissen Neuzeit überhaupt möglich war.

Mit sich selbst im Einklang sein

Jakob Böhme ist unter den großen Mystikern der Neuzeit auf europäischem Boden *das* Sprachrohr des schauenden Bewußtseins, des vorlogischen Erkennens. Sein tiefsinnigstes Werk *De signatura rerum* (Von der Geburt und Bezeichnung aller Wesen) wird noch Goethe stark beeindrucken. Böhme versteht, um ein Lieblingswort von ihm aufzugreifen, die »Natursprache«.

Es hat wenig Zweck, sich über die Natur des Böhmeschen Gottesbegriffs in endlose Debatten zu verlieren, um eine einheitliche Form dafür zu suchen. Der Fall liegt eben so, daß Böhmes naturphilosophische und mystische Einstellung ihn zu anderen Konsequenzen bringt als seine lutherische Gesinnung, zumal ihm die ungetrübte Klarheit des Denkens fehlt und immer gewisse Unsicherheiten bestehen bleiben. Eines ist allerdings klar: Die anthropozentrische Stimmung in den Werken Böhmes läßt Gott im Menschen neu erstehen und schafft so dem Spiel der beiden entgegengesetzten Qualitäten einen Gegenspieler. Eine alte Vorstellung aus der mittelalterlichen Mystik taucht wieder auf: »Gott muß Mensch werden, Mensch muß Gott werden.« Böhme ist auch darin Theosoph und Mystiker: Die treibenden Kräfte in der Welt sind schon wieder geistige Prinzipien. Wie Meister Eckhart sagt auch Böhme: Das Reich Gottes ist im Menschen, und man kann so leicht hineinkommen wie in seine Schlafkammer oder seinen Garten. Im letzten Buch schreibt Böhme: »Es gibt keinen Ort, an dem Gott für sich allein wohnt. Sondern er ist in, mit und durch uns... Der Himmel liegt in der menschlichen Seele.« Zu ihm kann der Mensch zurückkehren, all dies kann er erkennen, wenn er in die Tiefe seines eigenen Wesens blickt, wenn er sein Ich in den Kosmos integriert, wenn er dem Christus in sich freien Spielraum gibt. »Mit sich selbst im Einklang sein« – diese Formulierung ist eine Erfindung Böhmes. Das mystische Erlebnis der Geburt des neuen Menschen hat gleichzeitig einen durchaus praktischen Sinn, denn dieser Mensch geht durch seinen Eintritt in die Welt des Lichts nicht aus der natürlichen Welt hinaus; vielmehr erkennt er auch sie als göttlich. Natur und Mensch tragen die göttlichen Kräfte latent in sich. Eines Tages wird der Wunsch im Menschen wach, »den Vorgang der Christuswerdung« in sich möglich werden zu lassen.

> »Im Wasser lebt der Fisch, die Pflanze in der Erden,
> der Vogel in der Luft, die Sonn am Firmament,
> der Salamander muß im Feuer erhalten werden,
> und Gottes Herz ist Jakob Böhmes Element«
> (*Angelus Silesius*).

So steht der feinsinnige und geradlinige Jakob Böhme am Ausgang des Theaters, in dem die Gedankenspiele der Renaissance stattfanden. Über seinem Leben liegt etwas Geistiges, alles Geräuschvolle fehlt, und es bleibt eine stille Versenkung in letzte Geheimnisse und der Glaube an eine ewige Einheit aller Wesen. In diesem Glauben, im Gefühlsleben des Görlitzer Schusters glühen noch einmal alle Wunder der Renaissance-Welt auf. Während schon das Wetterleuchten des Dreißigjährigen Krieges eine andere Epoche einleitet, gewinnt noch einmal das schönheitstrunkene Weltbild der Renaissance im Denken einer weltentrückten, kleinbürgerlichen Existenz in plötzlicher Vision Gestalt. Nur mit bangem Herzen, ehrfürchtig, ergriffen steht der bescheidene Böhme vor dem, was ihn in rätselvoller Weise mit dem Leiden seiner Zeit verbindet. Er fühlt sich als Instrument, auf dem Gott selbst spielt, er weiß, daß alles, was er denkt, nur von außen in ihn hineinströmt. Er ist erfüllt von einem kindlichen Staunen über die Erscheinungsfülle der Welt.

Blaise Pascal:
Das Gott fühlende Herz

Gegen Ende des Jahres 1654 wird einem jungen Mann, den man wohl als ersten neuzeitlichen Christen bezeichnen könnte, einem Außenseiter abseits von Universität und Amtskirche, einem jugendlichen Genie und Wissenschaftler, der gelehrte Abhandlungen über Mathematik und Physik schrieb und die ältesten Irrtümer der Naturwissenschaft zerstörte, der Maschinen konstruierte und aphoristische Gedanken über die Religion zu Papier brachte – wird dem 20jährigen Blaise Pascal (1623–1662) eine so elementare und bestürzende mystische Erfahrung zuteil, daß ihre Beschreibung sich aller Sprache entzieht und er, im Versuch, sie in Worte zu fassen, zunächst nur ein einziges Wort findet: *Feuer.* So steht es, in großen Buchstaben, auf dem Stück Papier, das er fortan, in seinem Rockfutter eingenäht, ständig mit sich trägt und das erst nach seinem Tod bei ihm aufgefunden wird. Als »Memorial« ist dieses Stück Papier des mitten in barocker Kirchenzeit und erstmals voll aufblitzender exakter Wissenschaft vom Menschen und von der Erde lebenden, zu früh gekommenen Theoretikers des Christentums ein mystisches Zeugnis für die dunkle Nacht der Seele, in die ein jeder konsequent gerät, dessen Existenz vom Feuer des lebendig sich mitteilenden Gottes verbrannt wird.

Mit der ihm eigenen Genauigkeit notiert Pascal Datum und Zeit dieser »Offenbarung« und erfaßt auf Anhieb die ungeheure Bedeutung der Antworten auf seine Fragen, die ihm bis dahin antwortlos geblieben sind:

JAHR DER GNADE 1654
Montag, den 23. November, Tag des heiligen Klemens, Papst und Märtyrer, und anderer im Martyrologium. Vorabend

193

des Tages des heiligen Chrysogonos, Märtyrer, und anderer.
Seit ungefähr abends zehneinhalb bis ungefähr eine halbe
Stunde nach Mitternacht

FEUER

»Gott Abrahams, Gott Isaaks, Gott Jakobs«, nicht der Phi-
losophen und Gelehrten.
Gewißheit, Gewißheit, Empfinden: Freude, Friede,

Gott Jesu Christi

Deum meum et Deum vestrum.
»Dein Gott wird mein Gott sein« – Ruth –
Vergessen von der Welt und von allem, außer Gott.
Nur auf den Wegen, die das Evangelium lehrt, ist er zu fin-
den.

Größe der menschlichen Seele

»Gerechter Vater, die Welt kennt dich nicht; ich aber kenne
dich.«
Freude, Freude, Freude und Tränen der Freude.
Ich habe mich von ihm getrennt.
Dereliquerunt me fontem aquae vivae.
»Mein Gott, warum hast du mich verlassen.«
Möge ich nicht auf ewig von ihm geschieden sein.
»Das ist aber das ewige Leben, daß sie dich, der du allein
wahrer Gott bist und den du gesandt hast, Jesum Christum
erkennen.«

Jesus Christus!
Jesus Christus!

Ich habe mich von ihm getrennt, ich habe ihn geflohen, mich
losgesagt von ihm, ihn gekreuzigt.
Möge ich nie von ihm geschieden sein.
Nur auf den Wegen, die das Evangelium lehrt, kann man ihn
bewahren. Vollkommene und liebevolle Entsagung.

(usw.)

Vollkommene und liebevolle Unterwerfung unter Jesus Chri-
stus und meinen geistlichen Führer. Ewige Freude für einen
Tag geistiger Übung auf Erden.
Non obliviscar sermones tuos. Amen.

Was ist hier geschehen? Fast scheint es, als wäre auf einmal die abendländische Philosophie vom Kopf auf die Füße gestellt. Was ist mit dieser Ergebung und mit diesem Widerstand gemeint? Kein Kirchenlehrer war Pascal und auch kein Universitätsgelehrter, wohl aber so etwas wie ein christlicher Intellektueller, der in dialektischer Schärfe das Grundproblem des neuzeitlichen Gott-Denkens erkannte: Gott ist nicht jemand, den man sich mit der Kraft des Verstandes und mit selbstgewisser Vernunft ausdenken kann, von dem man etwas in philosophisch strenger Reflexion erfahren könnte, abseits der geschichtlichen Erfahrung und außerhalb des Bekenntnisses zu ihm. Der Schöpfer der Menschen ist nicht denkbar und beweisbar mit rationalen Kategorien, ja jede gedankliche Anstrengung, ihm nahe zu kommen, entfernt von ihm. Die Nähe zu ihm ist nur möglich in mystischer Hingabe. Der Gott der Menschen ist nicht der Gott der Philosophen und Gelehrten, er ist der Gott Abrahams, Isaaks und Jakobs, der Gott Jesu Christi, der dem Menschen biblisch und geschichtlich begegnet.

Pascal hat mit seinem mystischen Memorial die Mitte des Glaubens zu benennen versucht. Mit dem Empfinden von Schöpfungslust und -schmerz und mit der Freude über die ihm zuteil gewordene Erfahrung Gottes kann er aber auch die eigene Schuld eingestehen: *Ich* habe mich von ihm getrennt, *ich* habe ihn geflohen, *ich* habe mich von ihm losgesagt, *ich* habe ihn gekreuzigt. Damit bringt Pascal die tiefste Gottlosigkeit des neuzeitlichen Menschen zur Sprache. Hier tritt zum erstenmal in voller Schärfe die als abgründig erfahrene, radikale Abhängigkeit des Menschen von seinem Schöpfer wieder ins Bewußtsein. Gerade diese Abhängigkeit hat die bürgerliche Philosophie in ihren Spekulationen geleugnet: Sie war angetreten, Gott selbständig und unendlich zu denken, als einen Gott der zweifelnden und selbstgewissen Vernunft (René Descartes). Dieses Mal aber ist es Pascal, der, statt Gott gedanklich zu bewältigen, sich selbst hat überwältigen lassen durch die Begegnung mit dem endlich erlösenden Christus, von dem er später sagt: »Jésus à l'agonie jusqu'à la fin du monde« (Jesus in der Agonie bis an das Ende der Zeit) und der zu ihm sagt: »Tu ne me chercherais pas si tu ne me possédais« (Du würdest mich nicht suchen, wenn du mich nicht besäßest).

Die fundamentale Kritik und Polemik gegen den ausgedachten Gott der Philosophen gipfelt in dem entscheidenden Satz: »C'est le cœur qui sent Dieu, et non la raison. Voilá ce que c'est la foi, Dieu sensible au cœur, non à la raison« (Es ist das Herz, das Gott fühlt, und nicht die Vernunft. Das ist der Glaube, Gott dem Herzen fühlbar, nicht der Vernunft). Es genügt Pascal nicht mehr, Gott nur zu denken, er braucht die Anerkennung, die in der Sprache der jüdischen und christlichen Tradition aufbewahrt ist: »Qu'il y a loin de la connaissance de Dieu à l'aimer« (Wie weit ist es doch von der Erkenntnis Gottes bis dahin, ihn zu lieben). Mit diesem Satz schließt er an die alte mystische Synthese von Lieben und Erkennen an, die bereits im Neuen Testament vorbereitet ist und die auch von Augustinus durchdacht wurde: *Non intratur in veritatem, nisi per charitatem* – eine Aussage, auf die sich Pascal ausdrücklich bezogen hat.

Die aphoristischen und doch dichten Lesestücke Pascals, die in der Fragmente-Sammlung »Pensées. Über die Religion und über einige andere Gegenstände« gesammelt sind, verführen uns zum Nachdenken darüber, als was Gott in seiner Schöpfung erfahren werden kann. In diesen Texten wird deutlich, was die Lust an Erkenntnis und Gewißheit, der Geist des Kampfes, die Kunst der Überzeugung ist, aber auch, was Konversion ist und was Bekehrung zum Gott des Lebens bedeuten kann. Größe und Elend des Menschen, der Mensch zwischen Unendlichkeit und Nichts, das ist das große Thema des Blaise Pascal. Das »Mémorial« scheint eine Ouvertüre zu diesem Gedankenstrom zu sein. Pascal erkennt mit präziser Schärfe die Grandiosität und das Elend des Menschen, dem die Natur keine Beheimatung zu bieten vermag:

»Denn schließlich, was ist der Mensch in der Natur? Ein Nichts im Hinblick auf das Unendliche, ein Alles im Hinblick auf das Nichts, eine Mitte zwischen Nichts und Allem. Unendlich entfernt davon, die Extreme zu begreifen, sind ihm das

Ende der Dinge und ihr Ursprung unüberwindlich verborgen in einem undurchdringlichen Geheimnis; er ist gleichermaßen unfähig, das Nichts zu sehen, aus dem er gezogen ist, und das Unendliche, in das er verschlungen ist. Was bleibt ihm also zu tun, außer etwa einen Schein von der Mitte der Dinge wahrzunehmen, in einer ewigen Verzweiflung, weder ihren Ursprung noch ihr Ende zu erkennen? Alle Dinge sind hervorgegangen aus dem Nichts und getragen bis an das Unendliche. Wer wird diesen erstaunlichen Schritten folgen? Der Urheber dieser Wunder begreift sie. Kein anderer vermag es.«

Weil die Menschen diese Unendlichkeit nicht bedacht haben, so Pascal, haben sie sich vermessen an die Ausforschung der Natur gemacht. Die Anmaßung des Menschen ist mindestens ebenso groß und unendlich wie der Gegenstand seines Forschens. Der Mensch findet erst dann seinen ihm gemäßen Platz im Naturganzen, wenn er erkennt, was seine wahre Reichweite ist, wenn er sich hinsichtlich der Einsicht in geistige Dinge auf die gleiche Stufe stellt wie sein »Leib in der Weite der Natur«. Wenn er, mit anderen Worten, alles Extreme, alles Vermessene, aber auch alle Sicherheit und Festigkeit aufgibt:

»Unsere Sinne nehmen nichts Extremes wahr: zu viel Lärm betäubt uns, zu viel Licht blendet, zu viel Ferne und zu viel Nähe hindern den Blick, zu viel Länge und zu viel Kürze verdunkeln die Rede, zu viel Wahrheit macht uns benommen – ich kenne einige, die nicht begreifen können, daß, wenn einer von null vier wegnimmt, null bleibt –; die ersten Prinzipien haben zu viel Evidenz für uns, zu viel Vergnügen ist lästig, zu viel Harmonien mißfallen in der Musik, und zu viel Wohltaten reizen auf: wir wollen etwas haben, um die Schuld im Übermaß zurückzuzahlen... Wir fühlen weder die äußerste Hitze noch die äußerste Kälte. Die übermäßigen Qualitäten sind uns feind und nicht wahrnehmbar: wir empfinden sie nicht mehr, wir erleiden sie. Zu viel Jugend und zu viel Alter, zu viel und zu wenig Belehrung hindern den Geist; kurz, die Extreme sind für uns, als ob sie nicht wären, und in bezug auf sie sind wir nicht: sie entschlüpfen uns, oder wir ihnen.

Das ist unser wahrer Stand im Dasein; das ist es, was uns unfähig macht, sicher zu wissen und schlechthin unwissend zu sein. Wir treiben dahin auf einer unermeßlichen Mitte, immer ungewiß und schwankend, von einem Ende zum anderen gestoßen. An welchem Ziel auch immer wir gedachten, festzumachen und Halt zu gewinnen, es wankt und läßt uns fahren; und wenn wir ihm folgen, entwindet es sich unseren Griffen, entgleitet uns und entflieht in einer ewigen Flucht. Nichts hält für uns an. Das ist der Zustand, der uns natürlich ist und gleichwohl unserer Neigung zuhöchst widerstreitet. Wir brennen vor Begier, einen festen Stand und eine letzte, beständige Grundlage zu finden, um darauf einen Turm zu erbauen, der sich ins Unendliche erhebe; aber unser ganzes Fundament birst, und die Erde öffnet sich bis zu den Abgründen.

Suchen wir also keine Sicherung und keine Festigkeit. Unsere Vernunft wird immer betrogen von der Unbeständigkeit der Erscheinungen; nichts kann das Endliche festbannen zwischen den beiden Unendlichen, die es umschließen und es fliehen.«

Unfaßbar ist für Pascal der Sinn der Natur, faßbar wäre für ihn nur, »wenn der Mensch zuerst sich selbst erforschte«, denn dann »würde er sehen, wie unfähig er ist, darüber hinauszugehen«. Seine Selbsterforschung und Selbsterkenntnis würde ihn von selbst dazu bringen, sich als dependent, als eingewoben in das Ganze zu begreifen. Teilerkenntnis verfehlt nicht nur dieses unanschauliche, geheimnisvolle Ganze, sondern auch das Wunder, das der Mensch innerhalb der Natur ist.

»Der Mensch ist für sich selbst der wunderbarste Gegenstand der Natur, denn er kann nicht erfassen, was Körper ist, und noch weniger, was Geist ist, und weniger als irgend etwas anderes, wie ein Körper mit einem Geist vereinigt sein kann. Hier ist der Gipfel seiner Schwierigkeiten, und gleichwohl ist das sein eigenes Wesen.«

Benedikt Spinoza:
Der Gott denkende Verstand

Spinoza ist Hauptpunkt der modernen Philosophie: entweder Spinozismus oder gar keine Philosophie« – in dieses Lob Hegels stimmen auch Lessing, Herder, Goethe, Schelling, Schleiermacher und Feuerbach mit ein. Es gilt dem 1632 in Amsterdam geborenen, 1677 in Den Haag gestorbenen Philosophen Baruch de Spinoza (oder Benedikt Spinoza), dessen philosophische Studien zum Bruch mit der jüdischen Gemeinde führen und ihn zwingen, sich seinen Unterhalt als Linsenschleifer zu verdienen. Spinoza gehört zu den ganz wenigen Philosophen, die viel gedacht und wenig geschrieben haben. Im wesentlichen hat er nur zwei Werke verfaßt: die posthum 1677 erschienene »Ethik« und den 1670 anonym herausgegebenen »Theologisch-politischen Traktat«.

Ausgehend von Descartes und dem Neuplatonismus, lehrt Spinoza eine pantheistische Philosophie, die sich auch einer materialistischen Deutung angeboten hat: Sein ethisches Ideal ist die Befreiung von der Herrschaft der Affekte durch die klare Einsicht in die notwendigen Gesetze des Seienden, die er in mathematisch strenger Methode aus dem Wesen Gottes ableitet. Nach Spinoza gibt es nur eine »Substanz«, die allein durch sich zu begreifen, Ursache ihrer selbst, notwendig existierend und unendlich ist: Gott, der zum *Deus sive natura* wird, identisch mit der Natur selbst: »Gott, der absolut frei existiert, erkennt und handelt, er existiert, erkennt und handelt notwendig, das heißt aus der Notwendigkeit seiner Natur.« Diese Substanz hat unendlich viele Attribute, von denen der Mensch nur zwei erkennen kann, Denken und Ausdehnung. Trotz der Trennung von Dingen und Ideen, Körper und Geist, gibt es Entsprechungen durch die Beziehung auf die gleiche Substanz. Die klare und deutliche Erkenntnis der

Dinge, besonders der Affekte, und damit deren Beherrschung ist nach Spinoza zugleich Gottesliebe, Freiheit, Glückseligkeit.

Spinoza trennt damit die Philosophie definitiv von der Religion, aber auch die christliche Lehre von jeder Konfession und Dogmatik. Christus ist der »höchste Philosoph«, Schrift und Autorität der Kirche werden der philosophischen Kritik unterstellt. Im Gegensatz zu Descartes, der sich immerhin noch dieser Autorität unterwirft, räumt Spinoza mit allen Dualismen von Glauben und Wissen, Offenbarung und Vernunft, Dogma und Freiheit, Kirche und Staat radikal auf. Dogmatismuskritik und Kritik der Inspirationslehre führen konsequent zum vernünftig – und nicht mehr kirchlich-dogmatisch – gelesenen Sinn der Schrift, der gerechtes Handeln und Nächstenliebe zu Prinzipien der Vernunftreligion erhebt, die Wahrheitsfrage gegenüber der Sinnfrage aber völlig ausblendet. Spinoza entzaubert den religiösen Kosmos aller Wunder und Offenbarungen, Zeremonien und Gebote, den Teufel mitsamt der Angst vor Höllenstrafen. Er philosophiert in der Geburtsstunde bürgerlicher Religion.

Das Anschauen der Christusgestalt von Rembrandt kann vielleicht helfen, Spinozas tiefsten und schwierigsten Gedanken zu erfassen: die Weltimmanenz Gottes. Im »Emmaus-Mahl« ist Christus ein sephardischer Jude. Das Licht kommt nicht von außen, sondern strahlt aus der Christusbegegnung selber von innen her. Es ist ein holländisches Bürgerhaus, in dem die Emmaus-Szene stattfindet, und das Licht beleuchtet ein aus der Kirche, aus dem sakralen Raum herausgenommenes Geschehen. Die Natur selbst strahlt göttliche Präsenz aus, und das göttliche Licht ist ganz diesseitig. Das natürliche Licht öffnet die Augen für die »Aufklärung«.

Die diesem Bild entsprechende Christusgestalt Spinozas findet ihre Grundlage in der Verabschiedung des Gegensatzdenkens von Diesseits und Jenseits, Natur und Gnade, Immanenz und Transzendenz. Das Licht, das sich in der wahren Philosophie offenbart, liegt in der Welt verborgen und kommt nicht von außen. Spinoza erkennt Gott in der Weltimmanenz, die aus der Natur strahlende Präsenz Gottes in ihrem natürlichen Licht, und diese radikale Erkenntnis, daß Gott philosophisch gedacht und erschaut werden kann in seiner reinen Substanz, läßt die menschlichen Begriffe und Denkmuster als Attribute Gottes erscheinen. Das Denken selbst wird für Spinoza zur Offenbarung, »ein Teil der unendlichen Liebe, womit Gott sich selbst liebt«. Dieses Einheitsdenken, das Natur und Mensch, Gott und Kosmos zusammendenkt, das die Wirklichkeit des neuzeitlichen Menschen und seine Welt als göttliche erfaßt und Gott als menschlich, zieht fundamentale Konsequenzen nicht nur für die philosophische Christologie, sondern auch für das Naturverständnis nach sich. Die Komplexität seiner Beobachtungen und Anschauungen läßt Spinoza zum Mystiker, jüdisch-christlichen Idealisten, Empiriker und ersten Materialisten zugleich werden.

Spinoza entscheidet für sich und für ungezählte Nachfahren den neuzeitlichen Streit um »Gott oder die Natur«. Er beflügelt das Naturgefühl der Klassik, des Idealismus, der Romantik, wird zum »metaphysischen Leibgericht« Goethes, der bekennt, daß Spinoza ihn »Gott in der Natur, die Natur in Gott zu sehen unverbrüchlich gelehrt« hat. Die nüchterne Naturmystik Spinozas verzichtet auf Experienz, auf Erfahrung, auf das Abenteuer des Gefühls wie die bisherige christliche Mystik; sie rührt ganz aus dem Grund des tiefsten und klarsten Denkens – freilich ein Abenteuer besonderer Art, das den Atheismus ebenso umgeht wie den dogmatisch-kirchlich bestimmten Theismus. Die Philosophie als praktische Theorie des Lebens definiert sich nicht mehr länger als Lehre über die Glückseligkeit und das rechte Leben, sie ist das Glück selbst. Ein so gedachter Gott ist folgerichtig unendliche Expression, Ausdruck der *scientia intuitiva*, in der bejaht wird, was als Gott mächtig und kraftvoll zum Ausdruck kommt.

Doch diese wahre Selbsterkenntnis, die sich als ein Ausdruck der unendlichen Expression Gottes bejaht, ist für Spinoza alles andere als ein mystischer Luxus, sondern nützlich und notwendig. Dieser religionsphilosophische Expressionismus vernichtet jede Möglichkeit von Offenbarung. In Spinoza wird die pantheistische Naturmystik zu einer Angelegenheit, die mit dem überlieferten Christentum nichts mehr zu tun hat – und auch nichts zu tun haben will. Die für die christliche Metaphysik entscheidende Theologie der Schöpfung wird aufgehoben. Wenn das Denken von Gott und Natur selbst schon Expression Gottes ist, muß dem biblischen Glauben als vernunftlos tradiertes Anschauungsmaterial konsequent seine Expressivität bestritten werden.

Die Zeit – und damit die Eschatologie – wird entdramatisiert, und Spinoza selbst erscheint als merkwürdig zeitlos. Ein Anfang der Schöpfung – Spinoza spricht nicht von *creatio*, sondern von *productio*! – wird ebenso vermieden wie das Ende der Geschichte ins Auge gefaßt. An die Stelle einer zwischen Schöpfung und eschatologischer Befreiung dramatisierten Geschichte, die in der Gegenwart durch Jesus Christus ständig vergegenwärtigt wird, tritt das unendliche Funktionieren der Wirkungskräfte im Universum als Ausdruck des göttlichen Handelns. Spinoza traut dem Wunder ebensowenig wie der Prophetie, die auf Auditionen, Visionen, Offenbarungen angewiesen ist, er *denkt* mystisch, aber diese Mystik kennt weder Sünde noch Gnade, sondern nur die eiserne, kühle Notwendigkeit einer immer wieder verschiedenen Artikulation des Lebens. Schöpfung und Erlösung verlieren ihren dramatischen, sakramentalen Charakter. Spinozas Mystik führt letztlich in den Quietismus einer trügerischen Beruhigung der Seele, in eine ungestörte, verinnerlichte, moralisch nützliche Liebe Gottes und der Natur.

FÜNFTER TEIL

Die Freude am Begreifen

Das ewige Schweigen dieser unendlichen Räume
macht mich schaudern.

BLAISE PASCAL

Das Unverständlichste am Universum ist es im
Grunde, daß wir es verstehen können.

ALBERT EINSTEIN

Johann Wolfgang von Goethe: Weltfrömmigkeit

Obwohl man Johann Wolfgang von Goethe wohl kaum als Mystiker bezeichnen kann, gehört er doch in den Strom jener Denker, die der mystischen Liebe zur Erde Ausdruck gegeben haben. So lutherisch das Vertrauen des jungen Goethe auf den unerforschlichen Gott, den *Deus absconditus*, ist, so sehr entspricht es den Vorstellungen des katholischen Barocks, wenn er die Schönheit der sinnlichen Welt freudig bejaht. Zwar ist Goethe ganz ein Sohn der Aufklärung in seinem Vertrauen auf die Kraft des Geistes, aber der mystisch-sakramentale Kern aller Religion, die irdische Begegnung von Schöpfer und Geschöpf, erscheint ihm als höchster Ausdruck der »natürlichen Religion«, die ihn anstiftet, der selbstzersetzenden Schwere des Geistes das befreiende, frohmachende und beglückende Erleben der sinnenschönen Natur entgegenzusetzen. Der junge Goethe fühlt einen tiefen Widerwillen gegen den herrschenden Formalismus, gegen Lessings und Kants rationale Trennung von innerer Lebendigkeit und äußerer Notwendigkeit. Das Einheitsdenken von Leibniz läßt ihn dagegen »die Welt von der Seele des Menschen her begreifen«. Die Welt ist die Offenbarung Gottes, und das Denken hängt ab vom Empfinden, von der anschauenden Erkenntnis der Natur. Nur allmählich gewinnt Goethe Abstand zu Herders und Rousseaus Verherrlichung der elementaren Natur ebenso wie zu Wielands Spiel mit der Sinnlichkeit.

Das Gesetz des Daseins in der Natur

Nach der Übersiedlung nach Weimar 1775, die mehr ist als ein
bloß äußerer Szenenwechsel, sucht Goethe die Wahrheit nicht
mehr im subjektiven Gefühl, sondern in der göttlich ange-
hauchten und beseelten Schöpfung. Aber die Natur ist nicht
nur Ausströmen der letzten persönlichen Schwingungen zum
Göttlichen hin, Goethe fühlt auch ihre unerbittliche Gesetzmäßigkeit und Distanz zum Menschen. »Die Seele erkennen
wir nur vermittels des Körpers, Gott nur durch den Einblick in
die Natur.« Dieses »heilig öffentliche Geheimnis« bildet Goethes Grundanschauung ebenso wie die Sichtweise, daß der
Mensch zwar keinen unmittelbaren Zugang zum göttlichen
Absoluten hat, daß er aber als Mikrokosmos nach gleichen
Gesetzen wie der Makrokosmos gebaut und damit zu dessen
Erkenntnis fähig ist. Nicht nur die Philosophie eines Paracelsus und Leibniz bestätigt Goethe in diesem Denken, sondern
auch seine persönliche Erfahrung. Sie läßt Hamanns Idee von
der Einheit des Denkens mit der Anschauung in dem ganz na-
türlich-menschlichen Empfinden plausibel werden, daß Gefühl, Ahnung und Geist jedem Menschen ein ganzheitliches
Welterlebnis vermitteln.

Die Natur, das Leben, jeder Organismus ist um seiner selbst
willen da und trägt das Gesetz des Daseins in sich selbst:
»Natur! Wir sind von ihr umgeben und umschlungen – unvermögend aus ihr herauszutreten, und unvermögend tiefer in
sie hinein zu kommen. Ungebeten und ungewarnt nimmt sie
uns in den Kreislauf ihres Tanzes auf und treibt sich mit uns
fort, bis wir ermüdet sind und ihrem Arme entfallen.

Sie schafft ewig neue Gestalten; was da ist, war noch nie,
was war, kommt nicht wieder – alles ist neu, und doch immer
das Alte.

Wir leben mitten in ihr und sind ihr Fremde. Sie spricht unaufhörlich mit uns und verrät uns ihr Geheimnis nicht. Wir
wirken beständig auf sie und haben doch keine Gewalt über
sie.

Sie scheint alles auf Individualität angelegt zu haben und

macht sich nichts aus den Individuen. Sie baut immer und zerstört immer, und ihre Werkstätte ist unzugänglich.

Sie lebt in lauter Kindern, und die Mutter, wo ist sie? – Sie ist die einzige Künstlerin: aus dem simpelsten Stoff zu den größten Kontrasten; ohne Schein der Anstrengung zu der größten Vollendung – zur genausten Bestimmtheit, immer mit etwas Weichem überzogen. Jedes ihrer Werke hat ein eigenes Wesen, jede ihrer Erscheinungen den isoliertesten Begriff, und doch macht alles eins aus.

Sie spielt ein Schauspiel: ob sie es selbst sieht, wissen wir nicht, und doch spielt sie's für uns, die wir in der Ecke stehen.

Es ist ein ewiges Leben, Werden und Bewegen in ihr, und doch rückt sie nicht weiter. Sie verwandelt sich ewig, und ist kein Moment Stillestehen in ihr. Fürs Bleiben hat sie keinen Begriff, und ihren Fluch hat sie ans Stillstehen gehängt. Sie ist fest. Ihr Tritt ist gemessen, ihre Ausnahmen selten, ihre Gesetze unwandelbar.

Gedacht hat sie und sinnt beständig; aber nicht als ein Mensch, sondern als Natur. Sie hat sich einen eigenen allumfassenden Sinn vorbehalten, den ihr niemand abmerken kann. (...)

Ihr Schauspiel ist immer neu, weil sie immer neue Zuschauer schafft. Leben ist ihre schönste Erfindung, und der Tod ist ihr Kunstgriff, viel Leben zu haben.

Sie hüllt den Menschen in Dumpfheit ein und spornt ihn ewig zum Lichte. Sie macht ihn abhängig zur Erde, träg und schwer, und schüttelt ihn immer wieder auf.

Sie gibt Bedürfnisse, weil sie Bewegung liebt. Wunder, daß sie alle diese Bewegung mit so wenigem erreicht. Jedes Bedürfnis ist Wohltat; schnell befriedigt, schnell wieder erwachsend. Gibt sie eins mehr, so ist's ein neuer Quell der Lust; aber sie kommt bald ins Gleichgewicht. (...)

Sie hat keine Sprache noch Rede, aber sie schafft Zungen und Herzen, durch die sie fühlt und spricht.

Ihre Krone ist die Liebe. Nur durch sie kommt man ihr nahe. Sie macht Klüfte zwischen allen Wesen, und alles will sich verschlingen. Sie hat alles isoliert, um alles zusammenzuziehen. Durch ein paar Züge aus dem Becher der Liebe hält sie für ein Leben voll Mühe schadlos.

Sie ist alles. Sie belohnt sich selbst und bestraft sich selbst, erfreut und quält sich selbst. Sie ist rauh und gelinde, lieblich und schrecklich, kraftlos und allgewaltig. Alles ist immer da in ihr. Vergangenheit und Zukunft kennt sie nicht. Gegenwart ist ihr Ewigkeit. Sie ist gütig. Ich preise sie mit allen ihren Werken. Sie ist weise und still. Man reißt ihr keine Erklärung vom Leibe, trutzt ihr kein Geschenk ab, das sie nicht freiwillig gibt. Sie ist listig, aber zu gutem Ziele, und am besten ist's, ihre List nicht zu merken.

Sie ist ganz, und doch immer unvollendet. So wie sie's treibt, kann sie's immer treiben.

Jedem erscheint sie in einer eignen Gestalt. Sie verbirgt sich in tausend Namen und Termen, und ist immer dieselbe.

Sie hat mich hereingestellt, sie wird mich auch herausführen. Ich vertraue mich ihr. Sie mag mit mir schalten. Sie wird ihr Werk nicht hassen. Ich sprach nicht von ihr. Nein, was wahr ist und was falsch ist, alles hat sie versprochen. Alles ist ihre Schuld, alles ist ihr Verdienst.«

Das natürliche Maß

Nach unzähligen Beobachtungen von Natur und Erfahrungen des täglichen Lebens bekennt sich Goethe zur Urpolarität von Licht und Dunkel, entwickelt er seine Farbenlehre und seine Pflanzenmorphologie, überall »aus dem Ganzen ins Einzelne, aus dem Einzelnen ins Ganze« gehend. Für ihn gilt das homologische, das innere Prinzip, daß die Gesamtheit der Phänomene immer dem ursprünglichen Bauplan des Organismus entspricht. In dieser Erkenntnis der lebendigen Polarität erschöpft sich Goethes Naturforschung und -denken jedoch keineswegs: Religion, Wissenschaft und Kunst gelten ihm als eine dreifache Verehrung Gottes im Anbeten, Schauen und Hervorbringen. Aber mit Wackenroders religiösem Enthusiasmus wie mit dem neuen idealen Urbild der Einheit von

Natur und Kultur, das ihm die Romantik offeriert, kann er nicht viel anfangen. Er vermag die Romantik noch dort anzuerkennen, wo sie sich wie mit Schelling und Baader der Naturphilosophie zuwendet. Goethe behält aber eine tiefe Skepsis gegenüber der Zerstörung der heiteren und bejahten Diesseitigkeit durch eine nur aus Gemüt und Religion schöpfende Kunst ohne das menschlich-natürliche Maß der klassischen Antike. Sie wird von ihm auch nicht aufgegeben im »West-Östlichen Divan«, den er in Anlehnung an orientalische Vorbilder des Dichters Hafis schreibt und der um den Gedanken der Wiedergeburt durch Hingabe des Ich kreist. In ihm finden sich die deutlichsten Anklänge an die Mystik, und er bereitet seine letzte Forderung nach »Weltfrömmigkeit« in der freiwillig hingebenden Liebe an das Diesseits. Ohne das konfessionell verfaßte Christentum je ernsthaft in den Blick zu nehmen, gelingt Goethe eine Synthese aus der Innerlichkeit des Protestantismus und der Sinnenhaftigkeit des Katholizismus – in einer allgemein-menschlichen und natürlichen Religion, deren stärkste Kraft aus der mystischen Sehnsucht nach Einheit und Ganzheit kommt.

Diese Welt- und Naturfrömmigkeit, die Goethes religiöses Denken kennzeichnet, bringt ihn in einen Gegensatz zu allen rigoros dualistischen, weltverachtenden Konfessionen. Diese schöpferische Kraft, die Gesetzmäßigkeit der Natur zu erkennen und zu erfühlen, macht ihn meines Erachtens für die Geschichte des Naturgefühls bedeutsamer als zum Beispiel die Romantiker. Die Sprache, Poesie, Kunst aus dem Naturgefühl schafft einen weitgehend transzendenzlosen Humanismus, der sich an der immanenten Polarität des Lebens orientiert und nicht an einer übernatürlichen Offenbarung.

Ein folgenreiches Gespräch

Kehren wir noch einmal zurück zu jenem denkwürdigen Gespräch zwischen Schiller und Goethe, von dem im Kapitel I die Rede war (vgl. Seite 40 f.). Erinnern wir uns: Goethe hat mit einigen Federstrichen eine »symbolische Pflanze« gezeichnet, um »aus der Erfahrung« nachzuweisen, wie die Natur lebendig aus dem Ganzen in die Teile strebt. Schiller schüttelt den Kopf und sagt: »Das ist keine Erfahrung, das ist eine Idee.« Goethe stutzt, »verdrießlich einigermaßen«, denn er findet damit den trennenden Punkt »aufs strengste bezeichnet«.

Er hält einige Distanz zu Schillers Begriff von »Freiheit«. Denn mehr als auf alle Freiheit legt er Wert auf Einordnung in die Natur, in ein ihrem göttlichen Wirken gemäßes, aus dem mütterlichen Grund erblühendes, pflanzenhaftes Dasein. Er will geborgen sein, im Gegensatz zu Schiller, der frei sein will. Darum rückt Goethe in die Nähe der Mystiker, ohne je Mystiker zu sein: Er sucht Geborgenheit im Grunde des Seins, er will verbunden sein. Für Schiller ist das Dauernde und Allgemeine die Vernunft, die über alles Vergängliche erhabene moralische Autonomie, die Freiheit also im Gegensatz zur bedingten sinnlichen Welt. Für Goethe ist das Dauernde die Gesetzlichkeit der Natur in der unablässigen Metamorphose des Typus. Deshalb nimmt Goethe Beispiele aus der Naturwissenschaft zu Hilfe, um deutlich zu machen, worum es ihm geht. Er sagt: Eine Rose sieht anders aus als eine Nelke. Wenn aber beide, ihrer Art gemäß, vollkommen gewachsen sind, so sind beide ebenbürtige Repräsentanten der Pflanze an sich, des Urbilds, das der mannigfaltigen Pflanzenwelt zugrunde liegt. Während Schiller die Natur vom Menschen deutet, deutet Goethe den Menschen von der Natur aus. Es gilt, den Menschen in seinen individuellen Möglichkeiten zu entfalten, in einer Stufenfolge der Metamorphose sein Leben bis zur Blüte vollkommener Humanität wachsen zu lassen. Schiller legt größtes Gewicht auf Freiheit, Herrschaft, Willentlichkeit; Goethe auf das Wechselspiel von Werden und Sterben, Geben und Empfangen, auf Polaritäten also, die ein brüderliches Verhältnis zur Natur herstellen. Auf das Sehen kommt es ihm an, auch auf das In-der-Hand-Halten, auf eine fast erotisch zu nennende Kommunion. Man muß die Dinge erfassen, buchstäblich, in der freien Natur, nicht in der Studierstube. Goethe sieht das Ganze; das Ganze ist die Einheit der Natur, die er mit einem religiösen Ausdruck »Gott-Natur« benennt. Seine Antwort auf Schillers befremdenden Einwand – »Das kann mir sehr lieb sein, daß ich Ideen habe, ohne es zu wissen, und sie sogar mit Augen zu sehen« – weist auf den mystisch-visionären Charakter seiner Naturwahrnehmung hin. Was er »sehen« nennt, ist visionäre Schau, ist Erkennen der Gott-Natur, ist Wahrheit und letzte Evidenz: dessen ansichtig werden zu können, was im verborgenen den Bauplan der Welt bestimmt.

Gefühl für die Gegenwart Gottes

Die Wissenschaft des Teilens, Dividierens, Analysierens, Benennens ist nicht Goethes Sache. Er ist gerade auch in seiner eigenwilligen Naturforschung Künstler, der die Welt mit einem heilen, schönen Blick ansieht:
»Wenn man von Uranfängen spricht, so sollte man uranfänglich reden, das heißt dichterisch; denn was unsrer tagtäglichen Sprache anheimfällt: Erfahrung, Verstand, Urteil, alles reicht nicht hin. Als ich mich in diese wüsten Felsenklüfte vertiefte, war es das erste, daß ich die Poeten beneidete.«
Doch Goethe ist auch erfüllt von der unbewußt lebendigen Freude, die in alten Alchimistenstuben gewaltet haben muß, von Entdeckerlust und forscherischer Phantasie. Er schafft sich dichterisch seine eigene Sprache, sehr bildhaft, sehr eigensinnig auch, wenn er gegen die ihm verhaßte Behauptung Newtons angeht, man könne mit Hilfe des Prismas das Licht in einzelne Farben aufteilen. Er ist grenzenlos geduldig und zugleich brennend daran interessiert, seine Entdeckungen zu publizieren. Autochthone Poesie entsteht, wissenschaftlich nur in dem Sinne, daß Goethe die Widersprüche und Spannungen, in die er sich verstrickt sieht und die sich ihm auftun, aushält.
Bei aller Bewunderung für Spinoza geht Goethe dazu über, sich gegen die *Deus sive natura*-Formel Spinozas zu wehren, die Gott und Natur als Einheit setzt. Goethe empfindet Gott

und Natur als gegensätzlich, und die Weltfrömmigkeit – eine Wortschöpfung Goethes – ist der Weg, die Gegensätze miteinander zu versöhnen, ohne sie völlig ineinanderfallen zu lassen. Weltfrömmigkeit ist das »Gefühl für die Allgegenwart Gottes«, und zwar überall, in den Phänomenen der Natur, des Zusammenlebens, der Beziehungen zwischen Menschen. Goethes Bedürfnis, etwas zu verehren, ist frei von jeder Wundergläubigkeit, ja er wehrt sich ausdrücklich gegen Wunder aller Art, denn nicht in ihnen offenbart sich das Göttliche, das Ehrfurcht fordert, sondern in den Erscheinungen und Geschehnissen der Natur, in der deutlich von Spinoza inspirierten Einsicht in das Einssein mit der Natur, in der Erkenntnis, »daß in der großen Natur das geschieht, was auch im kleinsten Zirkel vorgeht«:

»Wenn die gesunde Natur des Menschen als ein Ganzes wirkt, wenn er sich in der Welt als in einem großen, würdigen und werten Ganzen fühlt, wenn das harmonische Behagen ihm ein reines freies Entzücken gewährt, dann würde das Weltall, wenn es sich selbst empfinden könnte, als an sein Ziel gelangt aufjauchzen und den Gipfel des eigenen Werdens und Wesens bewundern.«

Goethes Religiosität ist ein ständiges Fluktuieren zwischen Heidnischem, Mystischem, Christlichem und Mythischem. Sein religiöses Lebensgefühl bewegt sich frei von allem Dogmatismus, aber auch frei von dem durch Spinoza bestimmten naturmystischen Pantheismus. Diese Freiheit und Unabhängigkeit in religiösen Fragen prägt die tief in ihm angelegte Religiosität, die Welt- und Naturfrömmigkeit. Mystisch zu nennen ist diese Spiritualität in der Sehnsucht nach Erkenntnis und Evidenz, im Bestreben, »das Unerforschliche ruhig zu verehren«. Die Wolkengedichte, die Gedichte über den Regenbogen oder den Tautropfen, ungezählt viele Texte Goethes können ohne Religion nicht verstanden werden.

Jahrhundertwende:
Erinnerung des Verlorenen

Die verlorenen Paradiese

Der Impressionismus in der Malerei findet seine philosophische Entsprechung im Denken Henri Bergsons, von dem eingangs bereits die Rede war. Bergson interpretiert vor allem die Zeit, das Medium also, welches das Lebenselement des Impressionismus ist. Die Zeit der Moderne ist in den Augen Bergsons nicht mehr das Prinzip der Auflösung und der Zerstörung, nicht mehr das Element, in dem Ideen und Ideale ihren Wert, Leben und Geist ihre Substanz verlieren, sondern die Form, in der wir uns unseres geistigen Seins, unseres lebendigen, der toten Materie und der starren Mechanik gegensätzlichen Wesens bewußt werden. Das, was wir sind, werden wir nicht nur *in* der Zeit, sondern durch die Zeit. Wir sind nicht nur die Summe der einzelnen Augenblicke unseres Lebens, sondern das Ergebnis der Aspekte, die diese Augenblicke durch jeden neuen Augenblick gewinnen. Die Zeit, die vergangen oder gar verloren ist, macht uns nicht ärmer, sondern erfüllt unser Leben erst mit Inhalt. Was die Impressionisten auf die Leinwand bannen, diese erfüllten Augenblicke schöpferischen Lebens, diese einmaligen, noch nie dagewesenen und sich nie wiederholenden Momente, schöpft Bergson zu Bausteinen seiner Lebensphilosophie zusammen: Das Dasein gewinnt erst Leben, Bewegung, Farbe, ideelle Transparenz und seelischen Gehalt aus der Perspektive einer Gegenwart, die das Resultat unserer Vergangenheit ist.

Es gibt kein anderes Glück als das der Erinnerung, die – wie man so schön sagt – vergegenwärtigt wird als das der Erweckung, Belebung, Eroberung der vergangenen und verlorenen

Zeit: »Man muß in die Tiefe steigen, um den Garten der Kindheit wiederzufinden. Was die Erde trug, ist nicht mehr auf ihr, sondern unter ihr. Man muß Ausgrabungen machen, daß wir plötzlich eine neue Luft einatmen, gerade deshalb, weil es eine Luft ist, die wir schon früher eingeatmet haben, jene reinere Luft, von der die Dichter vergebens behaupten, sie herrsche im Paradies, wo sie aber uns dieses tiefe Gefühl von Erneuerung auch nur dann geben könnte, wenn sie schon einmal eingeatmet wäre, denn die wahren Paradiese sind Paradiese, die man verloren hat« (Marcel Proust). Ähnlich sagt es Christian Morgenstern: »Man muß Erdbeben sein und die festen Städte der Menschen immer wieder zu Falle bringen. Man muß ihre Mauern wandeln machen, sonst stockt das Leben in ihnen. Aber es kann auch Zeiten geben, da man Urgestein sein muß, dahinauf sich ein namenlos geängstigtes Geschlecht retten kann. Wo man um der Liebe willen, um des nackten Lebens willen die verwerfen und verleumden muß, die den Erdboden zur schwankenden Welle machten, die den Abgrund predigten und die Schauder der Ewigkeit. Man wird aus Himmel und Sternen wieder ein Bild machen, man wird die Spinnweben alter Märchen auf offene Wunden legen müssen und all das bunte Spielzeug wieder hervorholen, das die Kulturen bisher hervorbrachten.«

Das Glück der Erinnerung, der Versuch, Versunkenes nicht der Vergessenheit auszuliefern, sondern es zu bewahren, zu befruchten, zu neuer Schöpfung zu machen, prägt das Bewußtsein der Moderne gerade in ihren Abwegen und Abstürzen in eine seelenlose Welt. Antoine de Saint Exupéry hat dieses Lebensgefühl griffig auf einen Punkt gebracht: »Man kann nicht mehr leben von Eisschränken, von Politik, von Bilanzen und Kreuzworträtseln. Man kann es nicht mehr. Man kann nicht mehr leben ohne Poesie, ohne Farbe, ohne Liebe. Wenn man bloß ein Dorflied aus dem 15. Jahrhundert hört, ermißt man den ganzen Abstieg.«

Nichts ist für die vorherrschende Kulturphilosophie des beginnenden 20. Jahrhunderts bezeichnender als eine pessimistische Einstellung zur Kultur selbst. Diese Kritik wehrt sich gegen Entsinnlichung durch Technik und Maschine, gegen den

»Aufstand der Massen«, gegen die Verachtung der Natur und das Natürliche, gegen die Entseelung der Lebensverhältnisse und gegen die Veräußerlichung der Kultur. Kurt Tucholsky, der gewiß nicht im Verdacht reaktionärer Kulturkritik steht, weiß gleichwohl: »Aus dem Getöse der Autos, dem Schreien der Sirenen und dem Kurvenheulen der Bahnen steigt leise und fast unhörbar ein Gedanke in die Welt, der neu und alt zugleich ist: der nämlich, daß sich die Seele nicht töten läßt, daß sie denen spottet, die sie auf Flaschen ziehen wollen, sie registrieren wollen. Dies ist vielleicht eine seelenlose Zeit, aber es ist eine, die die Seele sucht.«

Die Gefahr politischen Mißbrauchs der Ideen von Henri Bergson, Charles Maurras, Ortega y Gasset, Oswald Spengler, Ludwig Klages und vielen anderen, die merkwürdige Faszination, die auf manchen verschlungenen Umwegen unbeabsichtigt in faschistische Denkmuster und politische Irrationalitäten führt, ist nicht von der Hand zu weisen, aber sie ist dieser Kritik nicht anzulasten. Von links bis rechts reichen die Bekenntnisse zu den neuen Formen der Mystik, der Intuition, der Sprache der Seele, die gegen die seelenlose mechanistische Weltanschauung des Positivismus ins Feld geführt werden, im Visier den Kapitalismus ebenso wie die wissenschaftliche Beherrschung der Welt.

Ein emotionaler Aufschrei

Die Lebensphilosophie des Franzosen Henri Bergson protestiert gegen die Versachlichung der Welt durch den Intellekt und stellt ihm die Verwandlungskraft des schöpferischen, intuitiven, emotionalen Lebens entgegen. Die kulturpessimistische Konsequenz daraus zieht Ludwig Klages (1872–1956), der das »Zeitalter des Untergangs der Seele« angebrochen glaubt. Er geht den Weg vom Realismus zur Mystik, vom Zweifel zum Glauben, von der naturalistischen Schilderung zum ekstatischen Szenarium. Ludwig Klages, der Philosoph, Psychologe und Graphologe, der zunächst Chemiker war, gehört zum Kreis um Stefan George, der sich Anfang der neunziger Jahre des 19. Jahrhunderts sammelt, in dem sich unter anderem auch Hugo von Hofmannsthal, Max Dauthendey, Karl Wolfskehl, Graf Claus Stauffenberg, Friedrich Gundolf, Ernst Bertram und Ernst Kantorowicz einfinden. Neuromantik, Heimatkunst, Erschütterungstragik – mit solchen Etiketten wird man weder diesem Kreis noch Ludwig Klages gerecht. Klages vertritt die Einheit von Leib und Seele, die er durch den Intellekt gestört sieht, in seinem Hauptwerk »Der Geist als Widersacher der Seele« (drei Bände, 1929–1933). Ihm gebührt das Verdienst, 1913 auf dem Hohen Meißner die erste große Rede gegen die Naturzerstörung durch die Moderne gehalten zu haben. Er hat die großen ökologischen Zusammenhänge erkannt und vergleicht den blauen Planeten bereits mit einer Arche, so wie er heute als »Raumschiff Erde« begriffen wird. Klages sieht deutlich die Verflachung der Kultur, die den freudlosen Kalkulationen der Ökonomie mit ihrem Kosten/Nutzen-Denken beugen muß. Die erweiterte Macht des rationalen Willens endet zwangsläufig in der Zerstörung von Mutter Erde, »bis alles Leben und sie selbst dem Nichts überliefert ist«.

Was 1913 noch als emotionaler Aufschrei verklang, ist heute in ungezählten Datenbanken und Unheilskurven längst zur Gewißheit geworden. Ich stelle dieses bedeutsame Dokument hier in Auszügen vor, um einen Vorläufer ökologischer Kritik an der Naturmißachtung und -zerstörung zu würdigen, aber auch um deutlich zu machen, in welch politischer und kultureller Klarsicht sich das Naturgefühl am Anfang des 20. Jahrhunderts artikuliert.

»Die Höhe der Wissenschaft sei zugegeben, wie wenig sie auch vor jeder Anfechtung sicher ist; die der Technik steht außer Zweifel. Was aber sind davon die Früchte, nach denen wir gemäß einem weisen Bibelwort den Wert alles menschlichen Tuns ermessen sollen? Beginnen wir mit solchen Erscheinungsformen des Lebens, deren Lebendigkeit niemals bestritten wurde, mit den Pflanzen und Tieren. – Die alten Völker träumten von einem verlorenen ›goldenen Zeitalter‹ oder Paradiese, wo der Löwe friedlich mit dem Lamm, die Schlange als prophetischer Schutzgeist mit dem Menschen hauste. Das sind so ganz nicht Träume gewesen, wie es uns jene Irrlehre glauben macht, die aus der Natur immer nur eines herauslas, den schrankenlosen ›Kampf ums Dasein‹.

Polarforscher erzählen uns von der furchtlosen Zutraulichkeit der Pinguine, Rentiere, Seelöwen, Robben, ja der Möven beim ersten Erscheinen der Menschen. Pioniere der Tropen werden nicht müde, uns mit Erstaunen die Bilder kaum betretener Steppen zu entrollen, wo in friedlicher Gesellung durcheinander wimmeln Wildgänse, Kraniche, Ibisse, Flamingos, Reiher, Störche, Marabus, Giraffen, Zebras, Gnus, Antilopen, Gazellen. Von den eigentlichen Symbiosen vollends wissen wir, daß sie durch das ganze Tierreich und über die ganze Erde verbreitet sind. Wo aber der Fortschrittsmensch die Herrschaft antrat, deren er sich rühmt, hat er ringsumher Mord gesät und Grauen des Todes. Was blieb bei uns z. B. von der Tierwelt Germaniens? Bär und Wolf, Luchs und Wildkatze, Wisent, Elch und Auerochs, Adler und Geier, Kranich und Falke, Schwan und Uhu waren zur Fabel geworden, ehe noch der moderne Vernichtungskrieg einsetzte. Der aber hat gründlicher aufgeräumt. Unter dem schwachsinnigsten aller Vorwände, daß unzählige Tierarten ›schädlich‹ seien, hat er nahezu alles ausgerottet, was nicht Hase, Rebhuhn, Reh, Fasan und allenfalls noch Wildschwein heißt. Eber, Steinbock, Fuchs, Marder, Wiesel, Dachs und Otter, Tiere, an deren jedes die Legende uralte Erinnerungen knüpft, sind zusammengeschmolzen, wo nicht schon völlig dahin; Flußmöve, Seeschwalbe, Kormoran, Taucher, Reiher, Eisvogel, Königsweih, Eule rücksichtsloser Verfolgung, die Robbenbänke der Ost- und Nordsee der Vertilgung preisgegeben. (...)

Wir brauchen es nicht zu entscheiden, ob das Leben über die Welt der Eigenwesen hinausreiche oder nicht, ob die Erde, wie es der Glaube der Alten wollte, ein lebendiges Wesen oder aber (nach der Ansicht der Neueren) ein unfühlender Klumpen ›toter Materie‹ sei; denn soviel steht fest, daß Gelände, Wolkenspiel, Gewässer, Pflanzenhülle und Geschäftig-

216

keit der Tiere aus jeder Landschaft ein tieferregendes *Ganze* wirken, welches das Einzellebendige wie in einer Arche umfängt, es einverwebend dem großen Geschehen des Alls. Im Tönesturm des Planeten unentbehrliche Akkorde sind die erhabene Öde der Wüste, die Feierlichkeit des Hochgebirges, die ziehende Wehmut weiter Heiden, das geheimnisvolle Weben des Hochwaldes, das Pulsen seeblitzender Küstenstriche. Ihnen betteten sich ein oder es blieben träumend mit ihnen verschmolzen die ursprünglichen Werke des Menschen. Ob wir den Blick auf den mahnenden Tiefsinn richten der Pyramiden, Sphinxreihen, lotosknäufigen Säulen Ägyptens, auf die scheinhafte Zierlichkeit chinesischer Glockentürme, die gegliederte Klarheit hellenischer Tempel oder auf die warme Heimlichkeit des niederdeutschen Bauernhauses, die Steppenfreiheit des Tatarenzeltes – sie atmen ein jedes und offenbaren die Seele der Landschaft, aus der sie emporwachsen. (...)

Schrecklicher noch, als was wir bisher gehört, wenn auch vielleicht nicht ganz im gleichen Maße unverbesserbar, sind die Wirkungen des ›Fortschritts‹ auf das Bild besiedelter Gegenden. Zerrissen ist der Zusammenhang zwischen Menschenschöpfung und Erde, vernichtet für Jahrhunderte, wenn nicht für immer, das Urlied der Landschaft. Dieselben Schienenstränge, Telegraphendrähte, Starkstromleitungen durchschneiden mit roher Geradlinigkeit Wald und Bergprofile, sei es hier, sei es in Indien, Ägypten, Australien, Amerika; die gleichen grauen vielstöckigen Mietskasernen reihen sich einförmig aneinander, wo immer der Bildungsmensch seine ›segenbringende‹ Tätigkeit entfaltet; bei uns wie anderswo werden die Gefilde ›verkoppelt‹, d. h. in rechteckige und quadratische Stücke zerschnitten, Gräben zugeschüttet, blühende Hecken rasiert, schilfumstandene Weiher ausgetrocknet, die blühende Wildnis der Forste von ehedem hat ungemischten Beständen zu weichen, soldatisch in Reihen gestellt und ohne das Dickicht des ›schädlichen‹ Unterholzes; aus den Flußläufen, welche einst in labyrinthischen Krümmungen zwischen üppigen Hängen glitten, macht man schnurgerade Kanäle; die

Stromschnellen und Wasserfälle, und wäre es selbst der Niagara, haben elektrische Sammelstellen zu speisen; Wälder von Schloten steigen an ihren Ufern empor, und die giftigen Abwässer der Fabriken verjauchen das lautere Naß der Erde – kurz, das Antlitz der Festländer verwandelt sich allgemach in ein mit Landwirtschaft durchsetztes Chicago! ›O mein Gott‹, rief schon vor hundert Jahren der ritterliche Achim von Arnim aus, ›wo sind die alten Bäume, unter denen wir noch gestern richteten, die uralten Zeichen fester Grenzen, was ist damit geschehen, was geschieht? Fast vergessen sind sie schon unter dem Volke, schmerzlich stoßen wir uns an ihren Wurzeln. Ist der Scheitel hoher Berge nur einmal ganz abgeholzt, es wächst da kein Holz wieder; daß Deutschland nicht so verwirtschaftet werde, sei unser Bemühen!‹ (...)

Wir täuschten uns nicht, als wir den ›Fortschritt‹ leerer Machtgelüste verdächtig fanden, und wir sehen, daß Methode im Wahnwitz der Zerstörung steckt. Unter den Vorwänden von ›Nutzen‹, ›wirtschaftlicher Entwicklung‹, ›Kultur‹ geht er in Wahrheit auf *Vernichtung des Lebens* aus. Er trifft es in allen seinen Erscheinungsformen, rodet Wälder, streicht die Tiergeschlechter, löscht die ursprünglichen Völker aus, überklebt und verunstaltet mit dem Firnis der Gewerblichkeit die Landschaft und entwürdigt, was er von Lebewesen noch überläßt, gleich dem ›Schlachtvieh‹ zur bloßen Ware, zum vogelfreien Gegenstande eines schrankenlosen Beutehungers. In seinem Dienste aber steht die gesamte Technik und in deren Dienste wieder die weitaus größte Domäne der Wissenschaft. (...)

Daß die glänzenden Errungenschaften der Physik und Chemie einzig dem Kapital gedient, darüber besteht für denkende Köpfe heute kein Zweifel mehr; aber nicht einmal schwer zu erweisen wäre die gleiche Richtung in den herrschenden Lehren selbst.

Der Kapitalismus samt seinem Wegbereiter, der Wissenschaft, ist in Wirklichkeit eine Erfüllung des Christentums, die Kirche gleich ihm nur ein Interessenverband, und das ›Monon‹ einer entgötterten Sittlichkeit meint ebendieselbe Eins des lebenverfeindeten Ichs, die im Namen der *alleinigen* Gottheit des *Geistes* der nicht auszuzählenden Götter*vielheit* der *Welt* den Krieg erklärte, nur aber heute mit einem erblindeten All-Gedanken verkuppelnd, was ehedem wenigstens wahrheitsgemäß mit drohender Richtergebärde dem All gegenübertrat.

›Alle jene Blüten sind gefallen
Von des Nordes schauerlichem Wehn.
Einen zu bereichern unter allen,
Mußte diese Götterwelt vergehn.‹

Der eine aber, der sich bereichert wähnte, wenn er die Blüten in den Staub trat, ist, wie nun deutlich wurde, der Mensch als Träger des rechenverständigen Aneignungswillens, und die Götter, die er vom Baume des Lebens trennte, sind die immer sich wandelnden Seelen der Sinnenwelt, von der er sich losgerissen. Die Bilderfeindschaft, die das Mittelalter selbstgeißlerisch im Innern nährte, mußte nach außen treten, sobald sie ihr Ziel erreicht: den Zusammenhang aufzuheben zwischen dem Menschen und der Seele der Erde. In seinen blutigen Streichen gegen sämtliche Mitgeschöpfe vollendet er nur, was er zuvor sich selbst getan: das Verwobensein in die bildernde Vielgestalt und unerschöpfliche Fülle des Lebens hinzuopfern für das heimatlose Darüberstehen einer weltabscheidenden Geistigkeit. Er hat sich zerworfen mit dem Planeten, der ihn gebar und nährt, ja mit dem Werdekreislauf aller Gestirne, weil er besessen ist von einer vampyrischen Macht, die in den ›Gesang der Sphären‹ als ein schneidender Mißton fuhr. (...)

Dafür die Augen zu öffnen, ist das einzige, was wir vermögen. Wir sollten endlich aufhören zu vermengen, was im Tiefsten gespalten ist: die Mächte des Lebens und der Seele mit denen des Verstandes und des Willens. Wir sollten einsehen, daß es zum Wesen des ›rationalen‹ Willens gehört, den ›Schleier der Maya‹ in Fetzen zu reißen, und daß eine Menschheit, die sich solchem Willen anheimgegeben, in blinder Wut die eigene Mutter, die Erde, verheeren muß, bis alles Leben und schließlich sie selbst dem Nichts überliefert ist.

Keine Lehre bringt uns zurück, was einmal verloren wurde. Zur Umkehr hülfe allein die *innere Lebenswende*, die zu bewirken nicht im Vermögen von Menschen liegt. Wir sagten oben, die alten Völker hätten kein Interesse gehabt, die Natur durch Versuche auszuspähen, sie in Maschinen hineinzuknechten und listig durch sich selbst zu besiegen; jetzt fügen wir hinzu, sie hätten es als Verruchtheit verabscheut. Wald und Quell, Fels und Grotte waren für sie heiligen Lebens voll; von den Gipfeln hoher Berge wehten die Schauer der Götter (darum, nicht aus Mangel an ›Naturgefühl‹, bestieg man sie nicht!), Gewitter und Hagelschlag griffen drohend und verheißend in das Spiel der Schlachten ein. Wenn die Griechen einen Strom überbrückten, so baten sie den Flußgott für die Eigenmächtigkeit des Menschen um Verzeihung und spendeten Trankopfer; Baumfrevel wurde im alten Germanien blutig gesühnt. Fremd geworden den planetarischen Strömen, sieht der heutige Mensch in alledem nur kindlichen Aberglauben. Er vergißt, daß die deutenden Phantasmen verwehende Blüten waren am Baum eines Innenlebens, welches tieferes Wissen barg als all seine Wissenschaft: das Wissen von der weltschaffenden Webekraft allverbindender Liebe. Nur wenn sie in der Menschheit wiederwüchse, möchten vielleicht die Wunden vernarben, die ihr muttermörderisch der Geist geschlagen.«

Teilhard de Chardin: Mystik der Materie

Teilhard de Chardin ist eine faszinierende, oszillierende Gestalt: ein religiöser Mensch voll Elan für die wissenschaftliche Forschung, ein Naturwissenschaftler voll mystischer Intuition. Ein Heimatloser, von Kirche und Theologie zeit seines Lebens beargwöhnt und mißtrauisch zum Schweigen gebracht. Ein Mensch, der ständig unterwegs ist, den es bis in die letzten Winkel der Erde treibt, der seine Gedanken nicht am Schreibtisch zu Papier bringt, sondern sie in kurze Essays und Briefe packt, auf dem Schiff, dem Expeditionsfahrzeug, auf dem Rücken eines Maultiers, in der Einsamkeit der Wüste. Ein Mann ohne Grenzen, aber auch ohne Zuhause. Ein Exilant, ein Verbannter, ein Suchender ohne festes Ziel, aber mit tiefen Wurzeln in seiner Religion.

Der Grenzgänger

Es würde ganze Bücher füllen, wollte man das Leben dieses modernen Mystikers und strengen Wissenschaftlers nacherzählen. Ein buntes, abwechslungsreiches, ja auch gefährliches Leben könnte man erzählen. Hier nur ein paar Stichworte: Pierre Teilhard de Chardin wird am 1. Mai 1881 in Sarcenat (Frankreich) geboren. Er tritt 1899 in den Jesuitenorden ein, studiert 1901 auf der englischen Kanalinsel Jersey Philosophie, wirkt 1905 als Lehrer am Jesuitenkolleg in Kairo, absolviert 1908 ein Theologiestudium in Hastings (England). 1912 sehen wir ihn als Studenten der Naturwissenschaften in Paris, 1915 an der Front (als Sanitätsgefreiter), 1920 wieder in Paris bei wissenschaftlicher Arbeit. 1922 promoviert er, und ein Jahr später beginnt sein chinesisches Exil. Teilhard de Chardin ist Paläontologe und unternimmt in den Jahren 1923 bis 1946 unzählige Forschungsreisen durch China, Äthiopien, Zentralasien, die Mandschurei, die Mongolei, Indien, Java und Birma. Eine »gelbe Kreuzfahrt« führt ihn quer durch Asien, wissenschaftliche Arbeiten nach Peking, Vortragseinladungen nach Frankreich und den Vereinigten Staaten. In den Jahren 1946 bis 1950 lebt Teilhard wieder in Paris, 1950 bis 1955 im Exil in New York, wo er wissenschaftlich in der Wenner-Gren-Foundation arbeitet und von wo aus er zu seiner letzten großen Forschungsreise nach Südafrika aufbricht. Teilhard de Chardin stirbt am Ostersonntag, am 10. April 1955.

Von seiner Kirche viele Jahre verurteilt, sind seine zahlreichen Werke und Schriften um ihre Wirkung gebracht worden; ein Teil ist erst nach seinem Tod veröffentlicht worden. Im Konzil ist er vor den Wagen der Weltoffenheit gespannt worden, aber eine Heimat hat ihm die katholische Kirche bis heute nicht geboten. Der »Pilger der Zukunft« bleibt jenseits der Grenzen des Katholizismus, die er einst überschritt, er bleibt ein Grenzgänger auch zwischen Philosophie und Naturwissenschaft, Religion und Dichtung, Glauben und Denken. Von den meisten Naturwissenschaftlern wird er auch heute noch nicht sonderlich anerkannt – darin sind sie sich mit den Theologen einig. Grenzgänger werden hier wie dort nicht geschätzt.

Gerade weil Teilhard als Ordenspriester auch Forscher, als Theologe auch Naturwissenschaftler (in den Disziplinen Biologie, Geologie und Paläontologie) ist, erfährt er besonders eindringlich, daß die Welt in zwei Hälften zerbrochen ist und das Bewußtsein des Menschen sich in religiöser Schizophrenie gespalten hat. Dieses »große Schisma« will Teilhard durch eine »Synthese von Himmel und Erde« überwinden, die Einheit der Wirklichkeit also gedanklich vollziehen.

Den Konflikt, der sich ihm zwischen dem traditionellen Gott der Offenbarung und dem »neuen Gott der Evolution« stellt, sucht Teilhard durch eine erneuerte Christologie zu lösen. Der auferstandene und kosmische, der »universale«, der »größere Christus« ist für ihn das eigentliche Ziel der Evolution, der Punkt, auf den sich alles entwickelt. Damit gelingt ihm eine ungeheuer brisante Synthese von Schöpfung, Erlösung und eschatologischer Vollendung. Seine Vision von Schöpfung greift ins Unendliche aus: Schöpfung ist kein Ereignis der Vergangenheit, sondern in die Zukunft gerichtete Erlösung, eine zur Vollendung treibende und drängende organische Kraft.

Das Lob der Materie

Vieles in seinem Gedankengebäude mit tausend Zimmern ist ein Kind der Zeit, manches auch fragwürdig, einiges hält der Kritik nicht stand. Aber so einheitlich, wie die »Lehre« Teilhards anmutet, ist sie nicht; er hat sie auch so nicht verstanden: »Ich bin nicht, noch kann ich, noch will ich ein Meister sein. Nehmen Sie von mir das, was Ihnen paßt, und bauen Sie Ihr eigenes Gebäude«, sagt er seinen Schülern. Uns »paßt« seine mystische Intuition, darum nehmen wir sie hier auf: die synthetisierende Kraft seines Denkens, die faszinierende Dichte seiner Visionen. Sein Lob der Materie ist von erregender Leidenschaft und Beherrschtheit zugleich:

»Gesegnet seist du, herbe Materie, unfruchtbarer Boden, harter Fels, du, die du nur der Gewalt weichst und uns zwingst zu arbeiten, wenn wir essen wollen.

Gesegnet seist du, gefahrvolle Materie, gewalttätiges Meer, unzähmbare Leidenschaft, du, die du uns verschlingst, wenn wir dich nicht anketten.

Gesegnet seist du, machtvolle Materie, unwiderstehliche Evolution, immer neugeborene Wirklichkeit, du, die du in jedem Augenblick unsere Rahmen sprengst, uns zwingst, die Wahrheit immer weiter zu verfolgen.

Gesegnet seist du, universelle Materie, grenzenlose Dauer, uferloser Äther – dreifacher Abgrund der Sterne, der Atome und der Generationen – du, die du, unsere engen Maße überflutend und auflösend, uns die Dimensionen Gottes offenbarst.

Gesegnet seist du, undurchdringliche Materie, du, die du, überall zwischen unsere Seelen und die Welt der Wesenheiten gespannt, uns vor Verlangen schmachten läßt, den nahtlosen Schleier der Phänomene zu durchstoßen.

Gesegnet seist du, tödliche Materie, du, die du uns, eines Tages in uns zerfallend, mit Gewalt in das Herz selbst dessen einführen wirst, was ist.

Ohne dich, Materie, ohne deine Angriffe, ohne dein Herausreißen würden wir träge, stillstehend, kindisch, unwissend um uns selbst und um Gott dahinleben. Du schlägst und du verbindest – du widerstehst und du beugst dich – du stürzest um und du baust auf – du verkettest und du befreist – Saft unserer Seelen, Hand Gottes, Fleisch Christi, Materie, ich segne dich.

– Ich segne dich, Materie, und ich grüße dich, nicht so, wie dich die hohen Herren der Wissenschaft und die Tugendprediger verkürzt oder entstellt beschreiben – eine Zusammenhäufung, so sagen sie, brutaler Kräfte oder niedriger Neigungen –, sondern so, wie du mir heute erscheinst, *in deiner Totalität und in deiner Wahrheit.*

Ich grüße dich, unerschöpfliche Fähigkeit des Seins und der Transformation, in der die erwählte Substanz keimt und wächst.

Ich grüße dich, universelle Potenz der Annäherung und Vereinigung, durch die sich die Menge der Monaden verbindet und in der sie alle auf der Straße des Geistes konvergieren.

Ich grüße dich, harmonische Quelle der Seelen, klarer Kristall, aus dem das Neue Jerusalem gewonnen wird.

Ich grüße dich, mit schöpferischer Kraft geladenes, göttliches Milieu, vom Geist bewegter Ozean, von dem inkarnierten Wort gekneteter und beseelter Ton.

– In dem Glauben, deinem unwiderstehlichen Ruf zu gehorchen, stürzen sich die Menschen häufig aus Liebe zu dir in den äußeren Abgrund egoistischen Genießens. –

Ein Widerschein täuscht sie, oder ein Echo.

Das sehe ich jetzt.

Um dich, Materie, zu erreichen, müssen wir im Ausgang

von einem universellen Kontakt mit allem, was sich hier unten regt, nach und nach spüren, wie zwischen unseren Händen die besonderen Formen von all dem, was wir halten, verschwinden, bis wir nur noch im Ringen mit der einzigen Wesenheit aller Konsistenzen und aller Vereinigungen bleiben.

Wir müssen, wenn wir dich haben wollen, dich im Schmerz sublimieren, nachdem wir dich wollüstig in unsere Arme genommen haben.

Du herrschest, Materie, in den erhabenen Höhen, wo die Heiligen glauben, dir auszuweichen – so durchsichtiges und so bewegliches Fleisch, daß wir dich nicht mehr von einem Geist unterscheiden.

Trage mich dorthin empor, Materie, durch das Bemühen, die Trennung und den Tod – trage mich dorthin, wo es endlich möglich sein wird, das Universum keusch zu umarmen!

Unten, in der wieder ruhig gewordenen Wüste, weinte jemand: ›Mein Vater, mein Vater! Welch irrer Wind hat ihn fortgerissen!‹

Und auf dem Boden lag ein Mantel.«

In solchen Bildern, in solchen ungestümen Visionen träumt Teilhard de Chardin den großen Traum von der guten Schöpfung, von der beseelten Materie, die fürchterlich und grauenhaft ist und zugleich von einer irisierenden Schönheit, einem strahlenden Glanz. In seinen mystischen Visionen begegnet uns mitten im 20. Jahrhundert die älteste Erkenntnisweise Gottes. Die Mystik Teilhards ist bestimmt von der Suche nach dem berührbaren Gott, den er in der Materie zu finden hofft: »Wie der Heide bete ich einen greifbaren Gott an. Ich berühre Ihn sogar, diesen Gott, durch die ganze Oberfläche und die ganze Tiefe der Welt, der Materie, in die ich hineingenommen bin. Doch, um Ihn zu fassen, wie ich möchte (einfach um Ihn weiter zu berühren), muß ich durch jeden Zugriff hindurch und über allen Zugriff hinaus immer weitergehen – ohne mich jemals in irgend etwas ausruhen zu können –, in jedem Augenblick von den Geschöpfen getragen und in jedem Augenblick über sie hinausgehend – in einem fortwährenden Empfangen und einer fortwährenden Loslösung.«

Teilhards Mystik ist ganz durchdrungen von dieser Ambivalenz der Erfahrung, von dem Schmerz und dem Glück der Erkenntnis, von der Kraft der Gefühle, die zugleich beseligend und leidvoll sein können: »Nichts ist beseligender als die erreichte Vereinigung: nichts aber ist mühseliger als die Jagd nach der Vereinigung.«

Versöhnung zwischen Naturwissenschaft und Glauben

Die Materie des Naturwissenschaftlers ist nicht die gewöhnliche metaphysische Materie, sondern die *materia formata*, die organisierte Materie, die sogar im leblosen Zustand nicht wirklich unbeseelt bleibt. An solchen Feststellungen rüttelt auch die moderne Physik nicht mehr. Der Glaube geht noch einen entscheidenden Schritt weiter: Die Materie ist im Zustand der Schöpfung, sie umfaßt die Gegenwart Gottes, sie ist in Gott. Ihre ganze Selbständigkeit und schöpferische Kraft geht nicht auf eine wirkliche Unabhängigkeit zurück, sondern darauf, daß sie in unauflöslicher Einheit den Geist und immer mehr den Geist enthält. So muß man den »Materialismus« eines Teilhard de Chardin auffassen: Versöhnung von Naturwissenschaft und Glauben. Teilhard vertritt sein ganzes Leben lang eigentlich keine persönlichen Ansichten, er sucht eine neue Geistigkeit. Seine Ideen sind vielmehr die gegenseitige Bereicherung von Naturwissenschaft und katholischer Religion in einem Höhenflug von Mystik und Poesie. Die ganze Gedankenwelt, die Teilhards strikt naturwissenschaftliche Forschungen (die in der Fachwelt unbestritten sind) begleiten, wird von einer prophetischen Vision der Zukunft bestimmt, die möglich ist, wenn der Mensch es nur wirklich will, eine Zukunft, die durch die Gegenwart Gottes und Christi »im Herzen der Materie« in der kosmischen Evolution vorgezeichnet ist.

Teilhard akzeptiert die naturwissenschaftliche Erklärung zum Verständnis der wahren Natur der Welt und ihres Schöpfers. Die Einwirkung Gottes gibt keine Erklärung für naturwissenschaftliche Probleme. Viele Christen verfielen dem Fehler, Gott zur Erklärung alles Unverständlichen in der Welt zu machen, und die Atheisten haben mit Recht einen solchen Rückgriff auf Gott zurückgewiesen. Gott ist nicht die Erklärung für wissenschaftliche Einzelfragen. Er ist die höchste ontologische – kosmische – Erklärung, und man glaubt an ihn oder glaubt nicht an ihn. Der Glaube an Gott, auch dafür steht das Denken und Wirken Teilhards, macht die Forschung nach natürlichen Ursachen nicht überflüssig, aber er offenbart uns das, was Natur und Mensch an sich und essentiell sind.

Teilhard bezeugt aus tiefster Seele, daß die Gewißheit persönlich ist wie das Vertrauen. Er hat sich voll Enthusiasmus dem hellen Licht der mystischen Erfahrung hingegeben, das durch die Versöhnung von Naturwissenschaft und Glauben auf das volle Verständnis der Welt geworfen wird, und er hat aus dieser Mystik seine Freude und seinen Tatendrang als Naturwissenschaftler und Christ bezogen. Wer wie Teilhard seine Wissenschaft in der Kommunikation mit Gott lebt, wird im Glauben nicht geschwächt, sondern begeistert.

Teilhard zeigt, daß der Glaube nicht auf den Unzulänglichkeiten oder auf gewissen Einzelheiten der Naturwissenschaft (wie der Expansion des Universums oder dem Indeterminismus), die sich schon morgen als unrichtig erweisen können, aufbaut, sondern auf dem Gesamtbild der naturwissenschaftlichen Kosmologie, die im Aufbau der Welt eine solche Harmonie und Schönheit zeigt, daß Gott wahrnehmbar wird. Diese Schönheit ist Gott selbst, der uns liebt und auf uns zählt, um sein Projekt weiterzubringen, seine Welt zu vollenden, um daraus nicht nur – wie Teilhard gesagt hat – eine Noosähre, sondern eine Agaposphäre, eine Gemeinschaft der Liebe und Agape zu machen. Darin schließt Teilhard direkt an den demütigen minderen Bruder an, der als Kranker im Garten von Santa Clara zu San Damiano Gott für die Schönheit der Welt dankte, indem er aller Kreatur im unvergeßlichen Sonnengesang seine Stimme gegeben hat. In sein Tagebuch notiert er am 5. Februar 1916:

»– Beim Schreiben über die Welt darauf achten, mein Denken nicht durch Abstraktion verarmen und erkalten zu lassen; vielmehr muß ich ebenso, wie ein Künstler seinen Blick von Zeit zu Zeit auf dem Modell ruhen läßt, das ihn inspiriert, auch meine Seele wieder eintauchen, wieder sensibilisieren in dem oder jenem Schauspiel der Größe, der Poesie oder des Geheimnisses – mich wieder dem Problem stellen...

– Ein wichtiger Punkt, das ›Problem der Natur‹ fixieren, erfassen. – Unleugbar bewegt ihr Schauspiel uns: *irgend etwas* verbirgt sich in *ihr.* Aber *was?* (Eine Quelle, ein Ausweg.) Aber wo? Lösung für den Geist? Heilmittel für das Leben? Nahrung für das Herz? – Und der Mensch stürzt sich auf die Fata Morgana. Er sucht im sehr Großen, im Fernsten, in der tiefsten Vergangenheit... und niemals umarmt er etwas. Die erahnte und gesuchte ›Sache‹ verflüchtigt sich in der Analyse, im Licht... Sie ist überall diffus gegenwärtig oder auf die Zukunft verschoben oder auf einer anderen Ebene gesetzt... Ich fühle mein Herz voll von dem, was ich nicht auszudrücken vermag. Mein Sein sucht offensichtlich etwas, sich daran festzuklammern: eine zu erwärmende Liebe, einen auszuübenden Einfluß, eine zu schaffende Strömung. (...) In mein Streben zu Gott mischt sich, so fühle ich, *eine große Liebe* zur *Erde* und ihrem greifbaren *Werden*, und mir scheint, diese beiden Leidenschaften müssen sich verbünden. Die letztere muß nur gereinigt, rehabilitiert werden. Wie Newman selbst es zur Zeit der Ereignisse sagte, die seiner Bekehrung vorausgingen: ›I am on journey‹ – ›God is taking me‹. (Ich bin unterwegs – Gott nimmt mich.)«

Mitten zwischen zwei Welten

Teilhard gilt als der große Brückenbauer zwischen Naturwissenschaft und Glauben. Er überwindet in großen mystischen Entwürfen die Spaltungen, Trennungen und Verwerfungen im alten Kampf zwischen dem Glauben an Gott und dem Glauben an die Welt. Die Spezialisten der Materie und des Geistes sind sich häufig in einem Punkt leider völlig einig: daß die

Wirklichkeit dualistisch sei, daß es eine Welt des Materiellen und eine Welt des Geistigen gebe. Die Religion wird dann zum Raum des Geistigen, zum Verhältnis zwischen Gott und Mensch, zum sakralen, heiligen Bezirk – und der Physiker auf der anderen Seite begegnet dem rationalen Gott nicht als Schöpfer des Unbelebten und dessen Gesetzen, sondern nur persönlich im privaten Leben als Transzendenz im geistigen Bereich, außerhalb der materiellen Welt und seiner Forschungsdomäne. Darin liegt der Ursprung aller Einwände, die gegen die Auffassung Teilhards von der »Innerlichkeit der Dinge« vorgebracht worden sind.

Zwei Zitate sollen den Standpunkt Teilhards im Schnittpunkt der Glaubens- und Weltbilder belegen: »Es gibt außerhalb der Kirche eine ungeheure Fülle von Güte und Schönheit, die zweifellos auch einmal ihre Erfüllung in Christus finden werden, die aber bis dahin einfach nicht da sind, die wir aber unterdessen lieben müssen, wenn wir selbst ganze Christen sein und sie mit Gott vereinigen wollen.« Und anläßlich einer naturwissenschaftlichen Konferenz schreibt er 1926 aus Peking: »Ich dachte an den Abgrund, der die intellektuelle Welt von der theologischen, römischen trennt, deren Sprachen mir beide geläufig sind. Nach einem ersten Schock beim Gedanken, daß diese ebenso wirklich sein könnte und müßte wie jene, sagte ich mir, daß ich jetzt vielleicht fähig sein könnte, die wissenschaftliche Sprache das richtig ausdrücken zu lassen, was die andere in ihren Worten wiederholt und bewahrt, was aber für viele mißverständlich geworden ist. Gott möge mich diese gewaltige Musik der Dinge immer hören und hörbar machen lassen. Welch gewaltiges Ding ist doch diese Welt, die für eine Religion zu gewinnen ist.«

Teilhard de Chardin steht für das Experiment, den abendländischen Dualismus im Welt- und Existenzverständnis ebenso zu überwinden wie die erwähnte unselige Trennung zwischen Theologie und Naturwissenschaft. Teilhard entwirft eine ganzheitliche Sicht der Welt, ein evolutives und prozeßhaftes Bild von Schöpfung und Mensch, eine Vision der Einheit von Gott und Natur, Geist und Materie, Himmel und

Erde. Seine mystisch-sakramentale Schau der Materie schafft die Grundlagen für ein sympathetisches Denken *mit* der Natur (von der Umwelt zur Mitwelt). Damit überwindet Teilhard die traditionellen metaphysischen Systeme von Immanenz und Transzendenz und bereitet die Versöhnung in seiner Forschungsarbeit, aber auch in seiner religiösen Existenz vor. »Mitten zwischen zwei Welten« trägt Teilhard den Kampf in seiner eigenen Person aus und überwindet die scheinbaren, für ihn aber real bestehenden Widersprüche und Konflikte zwischen dem »Gott der Offenbarung« und dem »Gott der Evolution«.

In diesem synthetisch-mystischen Bewußtsein werden das Universum und die Natur letztlich in einem sakramentalen Licht wahrgenommen. Teilhards Entwicklung geht von diesem sakramental-mystischen, ja eucharistischen Naturverständnis bis zur evolutionären Weltanschauung, die aber die Mystik nie aufgibt. Den entscheidenden Schritt von einem ausgeprägten Bewußtsein von der Heiligkeit der Natur, vom Einheitsdenken zu einer Umweltethik allerdings tut Teilhard nicht. Im Gegenteil: Ökologisches Denken ist ihm fremd, und er nimmt es auch nicht in Ansätzen vorweg. Er verweigert jede kritische Einstellung zur Naturwissenschaft und Technik und ihren Folgen. Teilhard bewundert den Fortschritt der Forschung kritiklos, feiert enthusiastisch den fortschreitenden Prozeß zur Evolution des Reiches Gottes.

Der Aufstieg des Bewußtseins

Teilhard bejaht den Evolutionsgedanken, diesen aber nur im Glauben an einen persönlichen Gott, den Schöpfer alles Seienden. Aufgrund seiner Autonomie ist der Mensch wesentlich für die Weiterentwicklung der Schöpfung verantwortlich. Dadurch kommt zum Evolutionsprozeß ein entscheidender ethischer Gesichtspunkt hinzu. Nach Teilhard ist die Evolution ein geistiger Vorgang: Die Fähigkeit des Menschen, reflektierend sich selbst und seine Umwelt wahrzunehmen, führt zur

Erweiterung des Bewußtseins, zur fortschreitenden geistigen Entwicklung, deren Spitze Christus ist. Eine auf ein geistiges Ziel ausgerichtete Evolution findet in Christus ihren letzten Sinn. Er ist das Alpha und das Omega der Schöpfung, Ursache und Ziel der Menschheit. Gottes schöpferisches Wort »Es werde« steht am Anfang dieser Entwicklung des Seins, die mit der Kosmogenese anhebt, in eine organische Bewegung übergeht, der Biogenese, und durch Konvergenz und Differenzierung zur Zoogenese, Anthropogenese und Noosphäre kulminiert. Für Teilhard ist »der Aufstieg des Bewußtseins... die eigentliche Achse der Kosmogenese«, die, theologisch gesehen, in der Christogenese, der konkreten Fortsetzung der Noosphäre, gipfelt.

Teilhard hat seine Theorie von der Evolution mehrfach als Credo zusammengefaßt. 1934 schreibt er: »Ich glaube, daß das Universum eine Evolution ist. – Ich glaube, daß der Geist (im Menschen) sich im Personalen vollendet. – Ich glaube, daß die höchste Person der Universal-Christus ist.«

Teilhard betont wiederholt, daß die Christogenese »kein natürliches Phänomen oder gar Produkt der Evolution« sei; vielmehr vereinigen sich die in der Christogenese zur Einheit strebenden Bewegungen der Menschheit. Der universale Christus ist Schöpfer und Erlöser. Der Geist, als bleibender, unzerstörbarer Teil der gesamten Schöpfung, ist die ursächliche Wirkung der zum Omega-Punkt hin bestimmten Menschheit. Er ist das Prinzip des Lebendigen und schließt die Möglichkeit des Todes aus.

Max Scheler spricht in einem ähnlichen Zusammenhang vom Verwiesensein des Menschen auf eine »Absolutsphäre«, auf den absoluten Geist, auf Gott, der sich mit Materie umgeben hat und Mensch geworden ist – ein Gedanke, den wir in vergleichbarer Form bereits bei Hildegard von Bingen gefunden haben. So liefert die Materie das Material der Vergeistigung, sie ist auf dem Weg zum Geist. Diese Tatsache gibt allem Sein und Dasein Sinn. Doch dieser Sinn erschließt sich nur, wenn der Mensch seine Sinne öffnet und seine Sinnlichkeit als Erkenntnispotential begreift:

»Seitdem der Mensch ins Dasein getreten ist, wird er sich selbst zum Schauspiel dargeboten. Seit Jahrtausenden betrachtet er tatsächlich nur sich selbst. Und dennoch steht er kaum am Beginn einer wissenschaftlichen Ansicht über seine Bedeutung innerhalb der Natur der Welt. Wundern wir uns nicht, daß dieses Erwachen so langsam vor sich geht! Oft ist nichts schwieriger wahrzunehmen, als was uns »in die Augen springen« sollte. Bedarf das Kind nicht einer Erziehung, um die Bilder zu scheiden, die sich seiner eben erst dem Licht geöffneten Netzhaut aufdrängen? Der Mensch bedurfte zur endgültigen Entdeckung des Menschen einer ganzen Reihe von »Sinnen«, deren stufenweise Erwerbung – wir werden es noch zeigen – sich mit der Geschichte der Geisteskämpfe deckt und ihre Epochen bestimmt.

Sinn für den in seiner Kleinheit unermeßlichen Raum, dem es gelingt, in einem Bereich von unbestimmtem Ausmaß die Kreise der uns umdrängenden Dinge zu entwirren und voneinander zu trennen.

Sinn für die Tiefe der Zeit, der nicht ruht in der Bemühung, Ereignisse, die für unser Auge wie von einer Art von Schwere in eine dünne Schicht von Vergangenheit zusammengedrängt werden, über ungezählte Glieder hinweg und über unmeßbare Zeiträume zurückzuverlegen.

Sinn für die Zahl, der unbeirrbar die schwindelerregende Menge belebter und unbelebter Elemente aufdeckt und einschätzt, die bei der geringsten Veränderung des Universums beteiligt sind.

Sinn für Proportionen, der nach bestem Vermögen die Unterschiede in den Maßstäben erfaßt, die nach Ausdehnung und zeitlicher Bewegungsfolge das Atom vom Sternennebel und das unendlich Kleine vom unendlich Großen trennen.

Sinn für Qualität oder Neuheit, dem es gelingt, ohne die physische Einheit der Welt zu brechen, in der Natur absolute Stufen von Vollkommenheit und Wachstum zu unterscheiden.

Sinn für Bewegung, der fähig ist, den unwiderstehlichen Fortschritt zu entdecken, der sich hinter der langsamsten Entwicklung verbirgt – die äußerste Bewegtheit unter dem Schleier scheinbarer Ruhe –, das völlig Neue, das sich mitten in die einförmige Wiederholung des Gleichen hineinstiehlt.

Und schließlich Sinn für das Organische, der aus dem Nebeneinander, das die Oberfläche darbietet, die natürlichen Zusammenhänge und die strukturelle Zusammengehörigkeit des Nacheinander und des Miteinander herausfindet.

Solange unser Blick die eben erwähnten Eigenschaften nicht besitzt, bleibt der Mensch, so sehr man auch bemüht ist, uns das Sehen zu lehren, das, was er noch immer in der Vorstellung so vieler ist: ein unverständliches Wesen in einer zusammenhangslosen Welt. – Schwindet dagegen in unserer Optik die dreifache Täuschung der Kleinheit, der Vielheit und der Bewegungslosigkeit, so rückt der Mensch mühelos auf den von uns angekündigten Platz im Mittelpunkt: als gegenwärtiger Gipfel einer Anthropogenese, die selbst Krönung einer Kosmogenese ist.

Der Mensch kann sich nicht vollständig schauen außerhalb der Menschheit, noch die Menschheit außerhalb des Lebens, noch das Leben außerhalb des Universums.«

Der Punkt Omega: Ziel aller Entwicklung

Der naturwissenschaftliche Materialismus wird für Teilhard zu einem mystischen Materialismus, zu einem Prozeß der Schöpfung, zur Gegenwart Gottes in seinem Werk. Teilhard sieht darin ein solches Wunder, daß er es als die Gegenwart und Liebe Gottes in der Welt zu begreifen sucht: »Ein mit Liebe beladenes, in Evolution begriffenes Universum.« Das Wunder liegt für ihn nicht im Irrationalen, Staunenswerten, Zauberhaften, sondern in den Tatsachen selbst, in Harmonie und Disharmonie, die einer unvollkommenen Welt – unvollkommen, weil sie nicht Gott ist – eigen sind.

Die Menschheit, so Teilhards zentrale These, hat »den geistigen Schritt vom Kosmos zur Kosmogenese«, zur Anthropogenese getan. Kosmos, das ist für ihn die unbewegliche, unveränderliche, statische Ordnung, die ewig den Menschen umschließende Welt. Kosmogenese enthält die Vorstellung, daß die dynamische, vom Menschen verantwortlich vorangetriebene Welt sich im Werden befindet, in der Bewegung, in einer ständigen Wandlung und Veränderung. Mit dieser Sicht der Wirklichkeit unserer heutigen Welt als Evolution, Genese, Prozeß zieht Teilhard die moderne Naturwissenschaft auf seine Seite.

Aber mit dem Begriff »Christogenese« betritt Teilhard explizit den Boden des Glaubens. Diese beiden Artikel bilden sein *Credo*: »Das Universum ist evolutiv zentriert nach oben/vorn« und »Christus ist sein Zentrum«. Der Versuch, den alten Gegensatz von Himmel und Erde, Glaube und Wissen zu überwinden, ist dabei auf einen mystischen Weg geradezu angewiesen. Mystik wird von Teilhard als die Synthese bereitende Bewegung gedacht, als Suche nach der Einheit aller Weltwirklichkeit in Gott: Sie entfaltet einen großartigen Kosmos der Einheit, den Teilhard in atemberaubenden Bildern entwirft, eine Einheit von Übernatur und Natur, Seele und Leib, Reich Gottes und Zukunft, Metaphysik und Physik, Glauben und Handeln, Hoffen und Wissen. Diese Einheitsbewegung verfolgt die mystische Suche durch alle Wahrnehmungsbereiche hindurch, sie enthält ebenso überzeugende wie irritierende Momente, die alle auf ein Ziel hinweisen: Omega, die in den kosmischen Christus mündende Spitze der Evolution, der Genese. Dieser Prozeß wird bewegt vom »Gesetz von Komplexität und Bewußtsein«: Die ständig wachsende Komplexität der Materie führt zu immer höherem Bewußtsein. Alle Entwicklungslinien konvergieren »in einem zugleich personalen und universalen Christus«.

Die Bibel hat diese permanente Offenbarung Gottes als Prinzip der Geschichte deutlich zum Ausdruck gebracht. Gott selbst wird Mensch, betritt die Erde und wird historische Wirklichkeit in Jesus Christus, um sich selbst zur Revolte gegen die Sünde, gegen Unterdrückung und Ungerechtigkeit zu machen. Der Augenblick der Menschwerdung könnte zufällig erscheinen, es war aber in kosmischer Perspektive ein Wendepunkt. Die Geschichte ist ein Weg in eschatologischer Perspektive bis zum Ende der Zeiten, jenem Punkt Omega von Teilhard, wo alles in Gott zusammenströmt. Dies ist ein durch und durch mystisches Bild letzter Einswerdung der Geschichte und des Menschen mit Gott, die letzte Konsequenz der mystischen Liebe zur Erde in kosmischen Dimensionen. Wir kennen das Antlitz dieses Punktes Omega nicht, wissen nicht, ob er in eine durch die menschliche Schuld der Verwüstung dieses Planeten hervorgerufene apokalyptische Katastrophe mündet oder das Erscheinen der Stadt der Versöhnung zwischen Mensch und Natur, der eschatologischen Hoffnung, der himmlischen Stadt Jerusalem ist.

Lange schien jede naturwissenschaftliche Theorie ein Angriff gegen Glaube und Dogma zu sein und jede Kritik an der überlieferten Weltauffassung mit dem Dogma unvereinbar zu bleiben. Diese Zeit ist glücklicherweise überwunden. Wir stehen mitten in einem historischen Prozeß koexistenter, toleranter, ja konvergenter und ökumenischer Achtung vor der Wahrheit. Gerade in einer Zeit wachsender ökologischer Probleme und unabsehbarer Katastrophen braucht es diese neue Allianz von naturwissenschaftlichem und religiösem Denken. Die mystische Liebe zur Erde baut ständig Brücken.

Albert Einstein: Kosmische Religiosität

Vom 17. bis zum 20. Jahrhundert haben die Naturphiloso-
phen, -denker und -wissenschaftler scheinbar vergessen,
daß die Natur etwas ganz Unbekanntes, Mystisches ist. Die
Natur wurde zur Enklave, zum Reservat; die Schönheiten,
Gesetzlichkeiten, Regelmäßigkeiten, Erkennbarkeiten der
Natur, die der Mensch nicht besitzt, ließen sie mit all ihren
Ungeheuerlichkeiten zum Objekt werden, das sich dem analytischen, messerscharf sezierenden Verstand anbietet. Die Natur erschien als Flucht- und Ausweg, als Abwehr gegen dieses
Ungeheuerliche, Unberechenbare, Furchtbare, Vulkanische,
Numinose. Es zeigte sich aber auch, daß gerade die großen
Naturdenker von Newton bis Einstein und Heisenberg die Na-
tur immer wieder als ein im letzten nicht berechenbares und
erschließbares Phänomen sahen, als eine Kraft, in der Göttliches zugleich erscheint und sich verbirgt.

Albert Einstein, der Entdecker der Relativitätstheorie, der
Lichtquantenhypothese, der den molekularen Aufbau der
Materie bestätigte, die spezifische Wärme fester Körper quan-
tentheoretisch erklärte, der weltberühmte Forscher, dessen
Werdegang von einer rauschhaft-verständnislosen Erregung
des Publikums begleitet war, Einstein sah hinter der theoreti-
schen Physik als der Wissenschaft von den allgemeingültigen
Naturgesetzen ein anderes, größeres, nicht ausforschbares
Gesetz. Die Zerstörung des mechanischen Weltbildes, zu der
er beigetragen hat, ließ Einstein eine Befreiung des Denkens
entdecken, das sich durch Verzicht auf alle erfundenen Abso-
lutheiten auszeichnet. Und doch – oder gerade darin – ist Einstein ein Wahrheitssucher, der von Metaphysik bestimmt
bleibt, nicht konfessionell, nicht kirchlich, überhaupt an keine
Religion gebunden, auch nicht an seine jüdische Tradition.
Einstein lehnt die Vorstellung eines Gottes ab, der sich mit

den Schicksalen und Handlungen der Menschen abgibt. Seine Wahrheit – unanschaulich in den unendlichen Räumen des Kosmos verborgen – entspringt einer kontemplativen Metaphysik. Denn sosehr er sich dezidiert dagegen wehrt, an einen Gott zu glauben, so sehr ist er sich doch bewußt – und hat es auch deutlich zum Ausdruck gebracht –, daß er ein Ergriffener ist, daß er etwas berührt, was ihm nahe kommt und sich zugleich entzieht. Einstein hat sich gewiß nicht als Theologe und auch nicht als Philosoph verstanden; als Naturwissenschaftler hat er um das theologische Vokabular einen weiten Bogen gemacht. Aber aus seinen Bemerkungen und aus seinen schriftlichen Notizen zum Thema Gott erfährt man einiges von seinem tiefen Erschrecken in der Wüste der Menschheit.

»Das Schönste, was wir erleben können, ist das Geheimnisvolle. Es ist das Grundgefühl, das an der Wiege von wahrer Kunst und Wissenschaft steht. Wer es nicht kennt und sich nicht mehr wundern, nicht mehr staunen kann, der ist sozusagen tot und sein Auge erloschen.

Das Erlebnis des Geheimnisvollen – wenn auch mit Furcht gemischt – hat auch die Religion gezeugt. Das Wissen um die Existenz des für uns Undurchdringlichen, der Manifestationen tiefster Vernunft und leuchtendster Schönheit, die unserer Vernunft nur in ihren primitivsten Formen zugänglich sind, dies Wissen und Fühlen macht wahre Religiosität aus; in diesem Sinn und nur in diesem gehöre ich zu den tief religiösen Menschen. Einen Gott, der die Objekte belohnt und bestraft, der überhaupt einen Willen hat nach Art desjenigen, den wir an uns selbst erleben, kann ich mir nicht einbilden. Auch ein Individuum, das seinen körperlichen Tod überdauert, mag und kann ich mir nicht denken; mögen schwache Seelen aus Angst oder lächerlichem Egoismus solche Gedanken nähren. Mir genügt das Mysterium der Ewigkeit des Lebens und das Bewußtsein und die Ahnung von dem wunderbaren Bau des Seienden sowie das ergebene Streben nach dem Begreifen eines noch so winzigen Teiles der in der Natur sich manifestierenden Vernunft.«

An der Wiege des religiösen Denkens und Erlebens stehen die verschiedensten Gefühle. Furcht und Angst können religiöse Vorstellungen hervorrufen, aber auch soziale Gefühle vermögen das, die Sehnsucht nach Liebe, Geborgenheit und Anerkennung. Die dritte Stufe religiösen Erlebens hat Albert Einstein »kosmische Religiosität« genannt: »Die religiösen Genies aller Zeiten waren durch diese kosmische Religiosität ausgezeichnet, die keine Dogmen und keinen Gott kennt, der nach dem Bild des Menschen gedacht wäre. Es kann daher auch keine Kirche geben, deren hauptsächlicher Lehrinhalt sich auf kosmische Religiosität gründet. So kommt es, daß wir gerade unter den Häretikern aller Zeiten Menschen finden, die von dieser höchsten Religiosität erfüllt waren und ihren Zeitgenossen oft als Atheisten erschienen, manchmal auch als Heilige. Von diesem Gesichtspunkt aus betrachtet, stehen Männer wie Demokrit, Franziskus von Assisi und Spinoza einander nahe.«

Einstein hat die kosmische Religiosität die stärkste und edelste Triebfeder wissenschaftlicher Forschung genannt. Die Religion des Forschers »liegt im verzückten Staunen über die Harmonie der Naturgesetzlichkeit, in der sich eine so überlegende Vernunft offenbart, daß alles Sinnvolle menschlichen Denkens und Anordnens dagegen ein gänzlich nichtiger Abglanz ist«. Noch kürzer und präziser faßt er es in einem Aphorismus zusammen: »Freude am Schauen und Begreifen ist die schönste Gabe der Natur.«

Ich zögere, diese Grundeinstellung dem forschenden Denken gegenüber »Ehrfurcht« zu nennen, weil sich hinter diesem Begriff nicht selten die Forderung nach Verzicht verbirgt, die weiten Räume möglichen Begreifens und Erkennens zu betreten. Aber Ehrfurcht vor dem, was die Zukunft bringen mag, ist es auf jeden Fall: »Einstein ist vielleicht auch deshalb der würdige Repräsentant unserer Zukunft, weil er im Grunde dieser Zukunft nie ganz angehört hat. Auf seine Umwelt wirkte er als naives Genie. Dabei waren eben seine Naivität, die Natürlichkeit seiner Fragen, der Kern seiner Genialität« (Carl Friedrich von Weizsäcker).

SECHSTER TEIL

Das mystische Milieu der Zukunft

Wie eine gewaltige Flut wird das Sein das Brausen der Seienden übertönen. In einem zur Ruhe gekommenen Ozean, von dem aber jeder einzelne Tropfen das Bewußtsein haben wird, er selbst zu bleiben, wird das außerordentliche Abenteuer der Welt beendet sein. Der Traum jeder Mystik wird seine volle und berechtigte Erfüllung gefunden haben.

TEILHARD DE CHARDIN

Der Versuch einer Archäologie zu den Quellen der Tiefe, der Blick in die Geschichte ist damit abgeschlossen. Freilich werden an dieser Stelle die Defizite dieser Darstellung besonders schmerzlich bewußt. Es fehlt vollständig die islamische und die jüdische Mystik, es fehlt ganz die Tradition des amerikanischen Kontinents (Emerson, Thoreau, Whitman). Weder die deutsche Naturphilosophie (Leibniz, Schelling) noch das Naturdenken der italienischen Renaissance (Bruno, Cardano, Patritius, Campanella) werden vorgestellt, auch die Romantik nicht (Novalis, Arnim, Schlegel, Wackenroder, Baader, Schleiermacher). Ausflüge nach Schweden (Swedenborg), zum Schamanismus, zur Magie der Naturreligionen sind ausgeblieben. Der deutsche Humanismus (Erasmus, Reuchlin, Rufus, Agricola) hat ebensowenig Berücksichtigung gefunden wie die deutsche Theosophie (Weigel, Franck, Schwenckfeld, mit einer Ausnahme: Böhme). Die unerläßliche Weiterverfolgung der mystischen Linien zur Ethik (Schweitzer) ist nicht unternommen worden. Alle diese »Leerstellen« machen die hier erzählte Geschichte des Naturgefühls und -denkens nicht nur fragmentarisch, sondern auch unzusammenhängend. Die Konzentration auf wenige exemplarische Porträts, die Beschränkung auf nur einige Entwicklungslinien naturmystischen Denkens und Erlebens liegt aber vielleicht auch in der Natur der Sache: daß man zu keinem Ende kommt, zu keinem befriedigenden Abschluß, sondern nur zu immer neuen Fragen, zu immer neuen Aufbrüchen.

Dieses Kapitel will das mystische Milieu der Zukunft beschreiben, es will Hinweise geben, wie Fühlen und Denken mit der Natur unter den Herausforderungen der Zukunft möglich sein könnte.

Das Verlangen nach Verbundenheit

Wir sind psychosomatische Bewohner der Biosphäre, wie Arnold Toynbee gesagt hat, und in dieser Hinsicht sind wir mit den vielen Arten lebender Kreatur auf dieser Erde verwandt. Aber wir sind auch geistige Wesen, befähigt zur Erkenntnis, mit Gefühlen, die über Instinkte weit hinausreichen. Das verbindet uns – den Mystikern zufolge bis hin zur Identität – mit einer Realität, die nicht von dieser Welt ist, aber bis hinein in alle Wesen und Erscheinungen wirkt. In der Begegnung mit der letztmöglichen Identität des Kosmischen in uns erfahren wir die unausweichliche Anforderung, uns zu entscheiden: Wollen wir unsere technische Macht vergrößern und die Erde vernichten, oder wollen wir die mörderische aggressive Habgier überwinden und die Erde erlösen? Wollen wir, mit einem Wort, der Erde treu bleiben?

Friedrich Nietzsche läßt seinen Zarathustra sagen: Brüder, bleibt der Erde treu. Eure schenkende Liebe und eure Erkenntnis dienen dem Sinn der Erde. Unerschöpft und unentdeckt sind noch immer der Mensch und die Erde. Es ist noch nicht entschieden, welche Beziehung wir zur Erde aufnehmen werden, welches Verhältnis wir zu ihr gewinnen wollen. Die Weichen sind gestellt, und es scheint, daß wir unausweichlich auf die definitive Zerstörung zulaufen. Aber es gibt auch starke Gegenkräfte, die ihren Sinn und ihre Bedeutung noch immer aus einer mystischen Liebe zur Erde gewinnen.

»Wir beginnen, mit ökologischen Ideen zu spielen«, schreibt Gregory Bateson, »und obwohl wir diese Ideen unmittelbar zu Kommerz und Politik trivialisieren, regt sich doch zumindest noch ein Impuls in der menschlichen Brust, die gesamte natürliche Welt, der wir angehören, zu vereinigen und dadurch zu heiligen. Man kann jedoch beobachten, daß es in der Welt viele verschiedene und sogar gegensätzliche Erkenntnistheorien gegeben hat und noch gibt, die sich darin gleichen, daß sie eine letzte Einheit betonen, und die auch, obwohl das weniger sicher ist, die Vorstellung hervorheben, daß diese letzte Einheit *ästhetisch* ist. Die Einheitlichkeit dieser Weltanschauungen läßt hoffen, daß die große Autorität der quantitativen Wissenschaft vielleicht nicht so weit geht, eine allem zugrunde liegende einigende Schönheit zu leugnen.«

Die mystische Liebe zur Erde wird aus Schönheit geboren, aus der Wahrnehmung von Schmerz und Freude. Sie verliert sich weder in sentimentalen Gefühlen noch in zerstörerischer Resignation. Vielleicht ist der zu erweckende Sinn für Schönheit *die* große Chance für die Erde und für uns. Vielleicht werden wir eines Tages die Augen öffnen und die Kraft zur Verbundenheit in allem entdecken, was in und mit und durch uns lebt. Möglicherweise wird ja noch einmal ein Gefühl für die Erde geboren, das sich fruchtbar und heilsam mit dem Denken verbindet: »Unser Bewußtsein ist nichts weiter als eine unbedeutende schwimmende Insel in einem Ozean, der die Erde umgibt. Aber durch dieses kleine Stückchen Land können wir auf die unendliche Weite des Unbewußten selbst hinausblicken; ein Gefühl davon ist alles, was wir haben können, aber dieses Gefühl ist nichts Kleines: Denn mit seiner Hilfe vermögen wir zu erkennen, daß unsere fragmentarische Existenz ihre volle Bedeutung erlangt und daß wir daher sicher sein können, nicht umsonst zu leben« (Daisetz Teitaro Suzuki). Die Mystik ist eine Fähigkeit, die bei dem einen Menschen stärker, bei einem anderen schwächer ausgebildet ist. Aber sie läßt sich bis zu einem gewissen Punkt lernen. Man kann lernen, mit Gefühlen umzugehen, Gefühle sprechen zu lassen, Gefühle zu kultivieren. Diese Lernvorgänge sind möglich – auch in der Mystik. Man kann Gefühle hervor- und wachrufen, aber man kann sie nicht herbeizwingen. Hier liegen die Grenzen des pathischen Verhältnisses zur Welt. Traum, Vision und Ekstase sind die von innen kommenden, Sympathie (Mitfühlen, Mitleiden) und Empathie (Einfühlen) die beiden nach außen gerichteten Grundveranlagungen der mystischen Emotionalität. Sympathie und Empathie können in der Mystik wachgerufen werden, während und nachdem man zunächst in sich selbst die Sehnsucht nach Nähe, das Verlangen nach Verbundenheit, das Begehren der Einswerdung mit dem Grund des Lebens spürt.

Die Konzentration auf das innere Erleben schwingt dann aus auf die Schöpfung, auf das in der Natur, was außen ist, was fern von uns existiert, was wir als abgetrennt von uns wahrnehmen. Das, was zunächst außerhalb unser selbst liegt, kann uns zur innersten Wirklichkeit werden. Wie die mittelalterliche Mystik eine Begegnung mit dem Göttlichen in der Seele zu erreichen suchte, so ist die Naturmystik spätestens seit der Renaissance darauf aus, die Begegnung mit dem Göttlichen in der Natur zu finden. Was in der Seele wirkt, der göttliche Funke, um es mit einem Begriff von Meister Eckhart zu sagen, kann die intimste Natur sein, die sich überhaupt denken läßt: die Natur, die Gott selbst bewirkt und beseelt. Und was in der Natur wirkt, kann wiederum in der Seele so erfahren werden, daß man die Verbundenheit mit dem vom göttlichen Geist durchwehten Grund allen Seins erlebt. Aber immer ist es ein Erleben, ein Gefühl, eine Ahnung oder Intuition, immer ist es Schmerz und Glück, Leiden und Freude, Trauer und Seligkeit.

Die Kraft der Trauer und der Liebe

Ein Lied von der Erde singen die Dakota-Indianer:

Alles, was lebt, ist ihr Lied,
Alles, was stirbt, ist ihr Lied.
Auch der Wind, der da weht, ist ein Erdlied,
Und die Erde will alle ihre Lieder singen.

Wir haben hier ein Beispiel für die pathische Wahrnehmung der Natur vor uns. Indianische Spiritualität stößt heute bei vielen Menschen auf ein breites Interesse. Man entdeckt eine ganze Welt geheimnisvoller Bilder und Kräfte, ist fasziniert von dunklen Riten und magischer Naturnähe in diesen vormodernen religiösen Volksüberlieferungen. Jenseits neuromantischer Verfälschung und Verklärung ist aus dieser versunkenen Kultur des amerikanischen Kontinents ein lehrreicher Blick auf naturmystisches und -religiöses Daseinsbewußtsein zu gewinnen. Er könnte dazu beitragen, die konventionellen westlichen Fixierungen auf das Naturwissen und die Naturbeherrschung aufzubrechen und an autochthone Traditionen eines naturgemäßen Umgangs mit der Erde (wieder) zu erinnern. Die Naturnähe der Indianer ist nicht nur von kreatürlicher Ursprünglichkeit, sondern auch von Transzendenzbezügen und einer tiefen Intimität mit dem Göttlichen geprägt.

Die Kritik an der schöpfungsfeindlichen Herrschaft des »weißen Mannes« ist offensichtlich: »Die Weißen haben sich nie um Land, Wild oder Bär gekümmert. Wenn wir Indianer Wild töten, essen wir alles auf. Wenn wir Wurzeln ausgraben, machen wir kleine Löcher... Wir pflücken Eicheln und Tannenzapfen. Wir fällen die Bäume nicht. Wir benutzen nur trockenes Holz. Aber die Weißen pflügen den Boden, fällen die Bäume und töten alles. Die Bäume sagen: ›Tut es nicht. Es schmerzt uns. Verletzt uns nicht.‹ Aber sie fällen den Baum und zerhacken ihn. Der Geist des Landes haßt sie... Die Indianer verletzen niemals etwas, aber die Weißen zerstören alles. Sie sprengen Felsen und verstreuen sie auf dem Boden. Die Felsen sagen: ›Tut es nicht. Ihr verletzt uns.‹ Aber die Weißen achten nicht darauf. Wenn die Indianer Felsen benutzen, dann nehmen sie kleine runde Stücke für ihre Kochstellen... Wie kann der Geist der Erde den weißen Mann lieben?... Wo immer der weiße Mann sie berührt hat, wurde sie wund«, klagt ein Wintu-Indianer aus Kalifornien.

Das Erschrecken über die Verwundung der Erde ist in vielen indianischen Texten grenzenlos. Es verbindet sich mit tiefer Trauer um das Verlorene, aber auch mit dem ausweglosen Kampf um die indianische Kultur und Lebensweise: »In meinen jungen Jahren war das Land schön. In den Flußauen wuchs Wald: Baumwollbäume, Ahorne, Ulmen, Eichen, Hickorys, Waldnüsse und viele Arten mehr. Da wuchsen im Unterholz Reben und Büsche, und noch eine Stufe tiefer gediehen viele gute Kräuter und Blumen. Wald und Prärie waren durchzogen von Wildpfaden, und überall sangen die Vögel. Wo ich auch ging, erblickte ich die mannigfaltigsten Formen des Lebens, von Wakanda an ihren Ort gesetzt. Die Tiere gingen, flogen, sprangen, liefen und spielten herum. Aber nun ist das Gesicht des Lebens verwandelt und voller Trauer. Die lebenden Wesen sind dahin. Ich sehe das Land verwüstet, und mich drückt unsäglicher Kummer. Manchmal wache ich nachts auf, und dann meine ich ersticken zu müssen unter dem Druck dieses fürchterlichen Gefühls der Einsamkeit« (ein Omaha-Indianer).

Wir sollten der Versuchung nicht nachgeben, in solchen indianischen Zeugnissen nur Berichte aus einer fernen, mit unserer Realität in keinerlei Beziehung mehr stehenden Zeit zu erkennen. Die in diesen Texten zum Ausdruck gebrachten Gefühle können auch uns nah kommen. Ich habe in dieser Hinsicht sehr viel von Gertrud Leutenegger gelernt, in deren Erzählungen oft die Bestürzung zur Sprache kommt, die einen angesichts der zunehmenden Zerstörung natürlicher Lebens-

räume überfallen kann: »Nirgend mehr kann ich die Erde berühren«, schreibt sie in »Das Monument«. »Ich weiß nicht
mehr, wie Sumpfgras nach dem Regen riecht, wie Barfuß-
laufen den Bach entlang ist, wie offenes Land unbebaut in den
See verläuft. Die Berge, die wie goldene Elefanten durch den
Abend ritten, sind verstümmelt. Kein Gesicht atmet mehr.
Alles, was ich anfasse, ist aus Beton. Ich werde sterben und
zwischen Beton zu liegen kommen. Ich werde keinen Sarg haben, der zerfällt, keinen einzigen übriggebliebenen Streifen
feuchter Erde, die mich aufnimmt. Ich werde tot sein, und sie
werden mich zumauern. Jetzt schon haben sie uns einbeto-
niert. Sie haben das Unsichtbare erstickt.

Ich bin nach Hause gefahren, nach Schwyz, mit dem Zug
durch das Hochtal der Altmatt, hinunter gegen die Goldauer
Wälder, zum Lauerzersee. Ich habe gesehen, wie der Tod in
die Welt kommt. Ich hätte schreien mögen. Es ist, als wäre
dort ein Krieg ausgebrochen. Eine total um sich greifende
Verwüstung. Riesige Bulldozer fressen eine breite Schneise
durch den Bergsturzwald, durch eine einzigartige Riedland-
schaft... Seit zwanzig Jahren breitet sich die Verwüstung wie
ein Krebsgeschwür aus: Militärbauten, eine Hochspannungs-
leitung, ein Sprengstofflager, Camping- und Wohnwagen-
parks, verschiedene Deponien von bestürzendem Ausmaß,
private Weekendhäuser, die wiederum unsinnige Asphaltie-
rungen zur Folge haben...

1797 schrieb Goethe auf einer Reise in Schwyz: ›2 Uhr aufm
Lauerzer See. Hoher herrlicher Sonnenschein. Für lauter
Wollust sah ich gar nichts.‹ Beschreibungen aus einer versun-
kenen Welt.«

Es gibt ein Wort für diese Art von Wahrnehmung des Zer-
störten und Gefährdeten: Trauer. Von dieser Trauer erzählt
Gertrud Leutenegger immer wieder, wenn sie den Schmerz
der Erde beschreibt, das Leiden der gequälten Kreatur, das
Ausmaß der Zerstörung, die – offensichtlich oder nicht –
schon unübersehbar geworden ist. Ihre Poesie ist eine einzige
Manifestation eines bekannten Satzes von Günter Eich: »Die
Seufzer aus vielen Mündern sammelt die Erde, und in den Au-

gen der Menschen, die du liebst, wohnt die Bestürzung. Alles, was geschieht, geht dich an.« Eine solche sympathische Wahrnehmung der verwundeten Erde ist der Anfang der mystischen Liebe heute, die über ein bloß romantisches Gefühl für die Schönheiten der Natur hinausgeht. Sie besingt die Wunder der Erde, beklagt aber auch ihre Wunden. Geboren wird diese Liebe aus einem verlorenen Traum der Kindheit, so wie Gertrud Leutenegger es beschreibt: »Ich kämpfe um das Land meiner Kindheit, an dem ich unendlich hänge, aber das ich schon kaum mehr kenne. Die Versprechen von Leben, die noch mein Aufwachen streiften, die Scheu vor der Gewalt dieser Landschaft, vor dem Unsichtbaren in ihr: ich kann sie nicht mehr finden... Wir wissen nicht mehr, daß die Erde lebt, daß die Seen atmen und die Berge hellwach in der Nacht stehen. Wir wissen es auch vom Menschen nicht mehr. Die Naturmißachtung ist nur der Anfang der Mißachtung der menschlichen Seele. Wer aufschreit, wird für wahnsinnig erklärt.«

Die Erde schaut uns an. Sie zeigt uns ihre Wunden und ihre Wunder. Aber der Weg zu ihr ist lang, ist interplanetarisch weit geworden: »Wenn nur das Gehen durch dieses Land nicht so zäh wäre. Mühsam setzen wir Schritt vor Schritt. Sich in dieses Land hineinknien. Wir zwingen die besonnten Abhänge zu uns, den Rauch über den Flüssen, den versunkenen Glanz abweisender Täler, dieses Dasein, das herrlich sein könnte« (Gertrud Leutenegger).

Der erste, der allererste Schritt zu dieser spirituellen Wahrnehmung der Natur liegt in der Trauer, der nicht mehr verdrängten, der durchlebten Trauer über das Vergangene und Verlorene. Der griechische Therapeut Jorgos Canacakis schreibt: »Wir sollen und können nicht fühlen, weil wir so trainiert sind. Wir entwickeln für die Natur keine Gefühle und Empfindungen. Von der unsichtbaren Zerstörungsenergie bleiben weder Natur noch Mensch verschont. Die Anästhesierung läßt uns unempfindlich und unsensibel für subtile Lebensfunktionen und Abläufe um uns herum werden. Unsere Lebensangst, die meistens aus der Todesangst kommt, lähmt uns. Unsere depressive Stimmung läßt unsere Sinnesorgane

247

›einschlafen‹. Wir sehen weder die Vielfalt des Kaputten noch den Rest des übriggebliebenen Schönen. Wir sind nicht mehr in der Lage, die Zerstörung unserer Lebensräume zu betrauern. Wir nehmen das hin ohne Protest, der vielleicht Umwälzendes erreichen könnte.«

Weil wir die Fähigkeit zu trauern verloren haben, fällt es uns auch so schwer zu lieben. Dabei ist Trauer eines unserer kostbarsten Gefühle, deren Wandlungsenergie Leben schützen und auch entstehen lassen kann. Die Wiederaneignung der Trauerfähigkeit wäre eine der wenigen uns noch verbleibenden Chancen, um unsere Lebensfähigkeit zu retten. Wenn eine Gesellschaft nicht mehr unter der Zerstörung ihrer gewachsenen Lebensräume leidet oder die sich in unserem Inneren zu Wort meldende Trauer darüber verleugnet und verdrängt, kann man sie nur als zurückgebliebene Gesellschaft bezeichnen. Jorgos Canacakis hält die Trauersensibilität für ein Maß ihrer Entwicklung: »Wir versuchen, die Trauer im Bauch zu vergessen, verstopfen sie mit orgiastischem Konsumverhalten, überschütten sie mit materiellen Dingen, die wir für unentbehrlich halten. Wir klammern uns an Annehmlichkeiten, die wir, koste es, was es wolle – und sei dies eine Atomfabrik neben dem Schlafzimmer –, nicht loslassen können. Unsere neue Gottheit ist die Hochtechnologie. Sie ist unsere letzte Hoffnung, um nicht Abschied nehmen zu müssen von liebgewordenen Dingen, eine Technologie, welche die kaltberechnende ›Natur‹-Wissenschaft geschaffen hat, eine Supertechnologie, die nicht aus einem kreativen Moment entstand, sondern aus den Phantasien der unerledigten, zerstörerischen Trauer, aus der Todesangst und dem Verlangen nach Sicherheit.«

Wenn wir die Leiden der Schöpfung, das Stöhnen der Erde am eigenen Leib erleben, erst dann wird die Mauer des Verdrängens, des Beschönigens, der Apathie durchbrochen. Die Erde schaut uns an, und wir erwidern diesen Blick, spirituell wach, trauernd und liebend.

Der Blick für die mögliche Welt

In den letzten Jahren läßt sich überraschend beobachten, daß gerade Wissenschaftler aus besonders fortgeschrittenen Disziplinen, aus der Astrophysik, der Biologie, der Gentechnologie, philosophisch zu fragen beginnen, daß sie aus ihren eigenen Wissenschaftsbereichen philosophische Fragestellungen entwickeln. Vielleicht ist die in Anfängen wahrnehmbare Rückkehr zur Philosophie auch daraus zu erklären, daß die Wissenschaft zunehmend ihre – ethischen – Grenzen erfährt, gerade dort, wo sie scheinbar grenzenlos operiert und in ihrer Forschungseuphorie nicht zu bremsen ist. Denn unbezweifelbar hat gerade sie nicht halten können, was sie im Hochgefühl ihrer Aufgeklärtheit und ihres Selbstbewußtseins versprochen hat. Sie hat uns vieles geboten, aber fast nichts, was uns helfen könnte, das Leben und den Tod zu bewältigen. Von diesem Anspruch hat sie sich längst distanziert, und das Vakuum wurde von keiner anderen Instanz mehr ausgefüllt, von der Religion nicht, von der Philosophie nicht, auch nicht von der Psychologie. Die Erwartungen, die viele in die Wissenschaft gesetzt haben, ungebrochen bis weit in unsere Gegenwart hinein, wurden enttäuscht.

Die moderne Wissenschaft ist bekanntlich die Tochter der Philosophie, und so kann es nicht verwundern, wenn sie zunächst an die Philosophie wieder Anschluß sucht, von der sie sich einst abgelöst und emanzipiert hatte. Sie trat an mit dem Zutrauen, das Weltbild aufzuklären, dem Dasein eine tiefe Sinnhaftigkeit zu geben, also Aufgaben zu übernehmen, die vorher Philosophie und Religion erfüllt haben. Die Rückkehr zur Philosophie, wenn sie sich denn durchsetzen sollte, wird jedoch nicht dazu führen, die alten Ansprüche von neuem zu erheben. Sie kann nur zu größerer Vergewisserung, zur Verwurzelung im Humanen führen, zur Weisheit des Kreatürlichen und Lebendigen. Als höchste Rationalität aber erreicht die Philosophie die eigentümliche Spannung des Emotionalen nicht, dazu müßte sie sich mystischer Wahrnehmung und Erfahrung öffnen.

Die Philosophie, als »Lehre vom glücklichen Leben«, denkt nach über das Selbstverständliche, das uns vielfach auszureden versucht wird. Die Mystik öffnet jenseits der in viele Seitenarme sich verlaufenden philosophischen Denkanstrengung einen Raum, in dem Fragen nach dem Nichtselbstverständlichen, nach dem Wunderbaren, nach der Hoffnung gestellt werden können. Philosophie ist, um es sehr vereinfacht zu sagen, das Nachdenken darüber, was »wirklich« ist und sein kann. Mystik ist, um es ebenso vereinfachend zu benennen, das Erleben dessen, was möglich ist und sein kann. Dieser Möglichkeitssinn, dieser Blick für mögliche Welten, übersteigt die (philosophischen) Utopien, denn utopisch bedeutet letztlich, daß etwas keinen Ort findet. Der mystische Blick ist vielmehr visionär, er schaut, er entwirft, er umreißt die mögliche Welt. Er eröffnet ein ungeheures Hoffnungspotential und füllt die leeren Räume, die Wissenschaft und Philosophie übriglassen. Aber die Mystik kann und darf nicht überfordert werden, sie versagt, wenn man ihr zumutet, die fortschreitende Zerstörung der Natur aufzuhalten. Doch sie erlaubt, die unbegriffenen Ängste zu artikulieren, eine Unbefangenheit zu erproben, in der die Hoffnung alle sogenannten Sachzwänge, alle festgefahrenen Situationen grundsätzlich – vom Grund her – übersteigen kann. Dieses Übersteigen der scheinbaren Fatalität ist kein Überspielen von Ängsten, sondern ein heftiges Träumen, ein unbewußtes Gewahrwerden ebenso wie ein bewußtes Wünschen. Wir vermögen dies nicht, ohne an unsere tiefen Gefühle zu gelangen, und noch im strengsten Nachdenken aus der mystischen Erfahrung heraus bleibt ein Moment nicht faßbarer Irrationalität wirksam. Die Mystik der Erde ist nur begrenzt tauglich zu konkreten Durchdringungen der Lebenspraxis, weniger noch zur Orientierung in komplexen Sachverhalten. Aber sie öffnet den Blick für die mögliche Welt, für die mögliche Rettung, auch für den möglichen politisch-ökologischen Zukunftsentwurf. Sie hilft uns, aus den sogenannten Sachzwängen und scheinbar unabwendbaren Entwicklungen heraus ganz unbefangen neue Wege zu finden.

Worin können die neuen Wege bestehen? Die Mystik berührt ja viele Gebiete, auch manche obskuren Lehren und magischen Praktiken, sie ist heute virulent in esoterischen Zirkeln, im New Age, in östlich inspirierten Therapien mit neuer Leiberfahrung, im Glauben an die Richtigkeit gewisser Ernährungsweisen und an natürliche Heilmethoden einer alternativen Medizin – und auch in der sogenannten Naturmystik, in der Zuversicht, die globalen und katastrophenträchtigen Zivilisationsprobleme könnten in der Schule der großen Lehrmeisterin Natur gelöst werden. Diese Wege werden oft aus einer tiefen Verzweiflung heraus beschritten, und Verzweiflung mag vielleicht keine gute Ratgeberin sein. Die Naturmystik sollte jedenfalls entscheidende Schritte über alle kurzschlüssigen Versuche, das Leben angesichts wachsender Technologisierung meistern zu können beziehungsweise zu wollen, hinausgehen. Sie schlägt zunächst durch das Erlebnis der Verbundenheit mit dem Grund des Seins vor, die erfahrene Symbiose, das Prinzip der Vernetzung, das es in der Natur selbst sehr ausgefeilt gibt, das organische Motiv des Zusammenseins auf alle Bereiche des Lebens *in* und *mit* der Natur auszudehnen, nichts *gegen* die Natur auszuspielen. Sie kann sogar Strategien des Lebendigen entwickeln, weil sie intuitiv spürt, was lebensförderlich und lebenshinderlich ist. Nur aus einer solchen Intuition heraus kann bewertet werden, ganz rational, was mit und was gegen die Natur ist. Selbstverständlich liefert uns die Vernunft Argumente, warum etwas so und so ist und wirkt, aber die eigentliche synthetisierende Aufgabe, Vernetzungen zu erkennen, Zusammenhänge herzustellen, kann sie nicht erfüllen.

Nur eine tiefe Wahrnehmung der Natur in ihrem mystischen Milieu, nur ein Gefühl für kreatürliche Vorgänge und Seinsgrundlagen liefern uns auch Strategien, Natur zu erhalten und nicht zu zerstören. Das klingt simpel und naiv angesichts der

Komplexität der Moderne, aber so ist es tatsächlich. Die Natur, die belebte Welt *ist* eine Lehrmeisterin, auch wenn die oft ausgesprochene Forderung, wir müßten wieder so leben, wie die Natur es uns gezeigt hat, unzulässig vereinfachend ist. Technologiefeindlichkeit kann heute ebenso gefährlich sein wie unbesehenes Akzeptieren der Technologieentwicklung. Orientierung an der Natur aber – aus einer mystischen Intuition, auch aus einem voll entwickelten und nicht mehr unterdrückten Gefühl für das Leben, das leben will – ermöglicht eine Gesamteinsicht in die globalen Zusammenhänge aller Dinge.

Die Mystik der Wissenschaft

Hellsichtig und präzise hat Teilhard de Chardin die Situation der Moderne erfaßt, die das Projekt der Zukunft fraglich erscheinen läßt: »Es gibt derzeit unbestreitbar (um uns herum und vielleicht in der Tiefe unser selbst) eine intellektuelle und moralische Krise des Fortschritts. Wir wissen nicht mehr immer recht, ob es möglich und gut ist, zu versuchen, noch weiter in Richtung des Aufbaus einer menschlichen Zukunft zu gehen. Einige haben die Schamlosigkeit, sich über diese Krise zu freuen. Andere neigen dazu, sich in die defätistische Haltung... zurückzuziehen. Und indessen verbreitet und beschleunigt... das umfassende Bemühen der Erforschung und Eroberung, das vor einem Jahrhundert auf der Erde eingeleitet wurde, weit davon entfernt, schwächer zu werden, sich unaufhörlich vor unseren Augen.« Teilhard lehnt jede Zaghaftigkeit ab und verkündet unerschütterlich: »Im Herzen seiner selbst ist trotz aller Zweifel, die die Vernunft ihm aufredet, der Glaube des Menschen an die Zukunft lebendiger denn am ersten Tag. Zurückweichen, sagt er uns mit der universellen Geste der Forschung, zurückweichen? Niemals!«

Heute sind es wohl eher das Gefühl, die Intuition, die Ahnung, die den Zweifel nähren – und weniger die Vernunft und der Optimismus der Forschung. Unsere Hoffnungen scheinen jeden Halt verloren zu haben und ins Bodenlose zu stürzen. Nicht die Vernunft, das Gefühl sagt uns, daß wir in den alten Geleisen der wissenschaftlichen Beherrschung der Welt – und einer immer größer werdenden Ausdehnung dieser Herrschaft der instrumentellen Vernunft – nicht mehr lange werden fahren können. Aber, so fragt Teilhard, »werden wir deswegen den uns bewegenden Geist, diesen heiligen Eifer, ersticken müssen? Keineswegs. Dieser Geist ist da, unzweifelhaft, denn ohne ihn würde das Universum absurd, unbegreiflich, da es in dem Elan aufgehalten würde, der sein Leben ausmacht. Es ist lediglich notwendig, seinen wirklichen Namen zu entdecken. Die Religion der Wissenschaft ist tot. Es muß eine neue Mystik geben, um sie abzulösen.«

Damit kann ich mich anfreunden. Aber wo wäre diese neue Mystik zu suchen? Sie wäre zu entdecken, wenn die Forschung sich den Gesetzen des inneren Lebens öffnen würde. Sie wäre in der Absage an die stets zu befürchtende Mechanisierung des Daseins, in der Absage der brutalen Kraft, in der Absage an den geheimen Amoralismus zu suchen: »Im Grunde«, schreibt Teilhard, »kann keine Mystik ohne Liebe leben. Die Religion der Wissenschaft hatte geglaubt, einen Glauben, eine Hoffnung zu finden. Sie ist gestorben, weil sie sich der Liebe verschlossen hat.«

Es wird ein ganz neuer Blick aufwachen, wenn sich die Wissenschaft der spirituellen Dimension ihrer Forschung bewußt wird. Wie die Wissenschaft uns an den unteren Grenzen der Materie ein ätherisches Fluidum zeigt, um in der Bilderwelt Teilhards zu bleiben, ein Fluidum, in das alles eingetaucht ist und aus dem alles emergiert, so enthüllt sich uns an den oberen Grenzen des Geistes ein mystisches Milieu, das alles umfließt und in dem alles konvergiert.

Dieses mystische Milieu muß der Wissenschaft bewußt werden, denn in ihm kommen Aktion und Kontemplation, Geist und Materie, das eine und das viele zusammen: »Alles wird eins, indem es selbst wird« (Teilhard). In diesem Milieu berührt der Mensch eine göttliche Dimension, etwas Heiliges, Umgreifendes. Die Wahrnehmung der göttlichen Dimension ist jedem Menschen möglich; sie enthüllt sich in ihm wie ein Wandel des tiefen Seins der Dinge. Teilhard de Chardin beschreibt das so:

»Eine Brise weht durch die Nacht. Warum hat sie sich erhoben? Woher kommt sie? Wohin geht sie? Niemand weiß es. Niemand kann erzwingen, daß sich der Geist, der Blick, das Licht Gottes auf ihn lege. Eines Tages wird sich der Mensch bewußt, daß er für eine gewisse Wahrnehmung des Göttlichen, das überall ausgegossen ist, empfindungsfähig geworden ist. Fragt ihn, wann dieser Zustand für ihn begonnen habe. Er kann es nicht sagen. Er weiß nur, daß ein neuer Geist sein Leben durchdrungen hat. ›Es fing mit einem eigenartigen und seltsamen Weiterschwingen an, das jeden Einklang steigerte – mit einem unbestimmten Leuchten, das jede Schönheit umstrahlte… Empfindungen, Gefühle, Gedanken, alle Elemente des seelischen Lebens wurden eines nach dem anderen ergriffen. Durch ein unbestimmbares, aber immer durch das gleiche Etwas wurden diese von Tag zu Tag wohlriechender, farbiger und hinreißender. Dann begannen Ton, Duft und Licht, zuerst verschwommen, bestimmter zu werden. Und schließlich gelangte ich dazu, gegen alles Herkommen und gegen alle Wahrscheinlichkeit zu fühlen, was allen Dingen auf unaussprechliche Weise gemeinsam ist. Die Einheit teilte sich mir mit, indem sie mir die Gabe mitteilte, sie zu erfassen. Ich hatte wirklich einen neuen Sinn erhalten – den Sinn für eine neue Eigenschaft oder neue Dimension. Doch die Veränderung ging noch tiefer. Es hatte sich sogar in meiner Wahrnehmung des Seins eine Umwandlung vollzogen. Das Sein war mir von jetzt an gewissermaßen faßbar und schmackhaft geworden. Indem es alle Formen, mit denen es sich schmückte, übertraf, begann das Sein selbst mich anzuziehen und mich zu berauschen.‹ Das könnte mehr oder weniger ausdrücklich jeder Mensch erzählen, der in der Fähigkeit, zu fühlen und sich selbst zu analysieren, etwas weiter vorangeschritten ist. Dieser Mensch ist äußerlich vielleicht ein Heide. Und wenn er zufällig Christ ist, so wird er gestehen, es komme ihm vor, diese innere Umkehr habe sich in den profanen, ›natürlichen‹ Teilen seiner Seele vollzogen.«

Keine Macht der Welt kann dieses Aufleuchten der Diaphanie Gottes erzwingen, aber ohne sie bleibt alles kalte Berechnung, blindes Hantieren an der Natur, empfindungsloses Benutzen und Beherrschen, ein Deuten und Bezeichnen ohne Sinn und Verstand. Ich weiß, daß solche Wahrnehmungen in unseren heutigen Wissenschaftsprozessen obsolet sind. Aber man muß nicht die christliche Begrifflichkeit Teilhards heranziehen, nicht einmal eine religiöse Terminologie, man kann es auch mit Bildern aus anderen Traditionen und Herkünften beschreiben. Mir kommt es darauf an, dieses unendliche Berührtwerden, das uns in unseren tiefsten Gefühlsschichten trifft, zu integrieren in den Elan der Vernunft, mit dem alle Wissenschaft arbeitet.

Die Mystik Teilhards stellt diese Erfahrung in einen christlichen Zusammenhang: »Die Wahrnehmung der Allgegenwart Gottes ist wesentlich ein Schauen, ein Kosten, das heißt eine Art intuitiver Erkenntnis gewisser höherer Eigenschaften der Dinge. Wir können sie also weder durch irgendeine Beweisführung noch durch irgendeinen menschlichen Kunstgriff unmittelbar gewinnen. Diese Wahrnehmung stellt ohne Zweifel die höchste erfahrungsmäßige Vollendung des Lebens dar und ist, wie dieses, ein Geschenk. Und nun sind wir – in unserem Innern – an den Rand der geheimnisvollen Quelle zurückgekehrt, zu dem wir... hinuntergestiegen waren, um ihr Hervorsprudeln zu beobachten. Die Anziehung Gottes zu erfahren, empfänglich zu sein für den Zauber, für die Dichtigkeit und die letzte Einheit des Seins, das ist die höchste und zugleich die vollkommenste Art, unser ›Wachstum zu erleiden‹.«

Was für den Menschen allgemein gilt, sollte für den Wissenschaftler erst recht Geltung haben. Denn der Wissenschaftler ist besonders gefährdet, ohne Wahrnehmung des mystischen Milieus und gleichwohl an den Grenzen des Wissens und Begreifens zu operieren. Sein ganzes Vertrauen auf die instrumentelle Vernunft und die Kraft des Intellekts setzend, merkt er nicht oder erst spät, wie sehr er sich von den kreatürlichen Grundlagen des Seins entfernt, wenn er die Natur nur mit dem Seziermesser des analytischen Verstandes wie irgendein Objekt auseinanderteilt. Mystik aber ist nicht Teilen, sondern Zusammenfügen, nicht Analyse, sondern Synthese, nicht objektives Behandeln, sondern subjektives Innewerden. Damit soll keine leichtfertige Grenze gezogen, kein Verzicht auf den Elan der Forschung und die Freude am Entdecken gefordert werden. Es ist dies nicht so sehr eine ethische Frage als vielmehr eine spirituelle. Nicht um die zweifellos wichtigen Maximen wissenschaftlicher Ethik geht es, sondern um spirituelles Bewußtsein, um die Fähigkeit zu fühlen.

Die sympathische Ader

Angesichts der wachsenden Zerstörung der Erde, resignativer Katastrophenmüdigkeit und apokalyptischer Szenarien fällt es schwer, von Hoffnung zu sprechen, auch von der Hoffnung auf die menschliche Fortschrittsgeschichte. Und doch hat es die alte Mystik immer verstanden, neue Zukunftsvisionen zu entwickeln, das grundsätzlich andere Verhältnis zur Natur aus der mystischen Erfahrung zur Geltung zu bringen. Wir müssen also zunächst ein Stück Weg zurückgehen, zu den Quellen der Tiefe, um kennenzulernen, worin dieses grundsätzlich andere Verhältnis besteht, warum es sinnvoll ist, die eigenen Traditionen wahrzunehmen. Nur in diesem Rahmen ist das Thema der Naturmystik heute zu vernetzen.

»Ich stehe überall auf dem Gebiet der Natur«, schreibt Ralph W. Emerson, »so schwindet auch schon der letzte Rest von Ichsucht dahin; ich selbst bin nichts, aber ich sehe alles; Ströme des Universums fließen durch mich, ich habe Anteil, ja ich habe teil an Gott.«

Solche mystischen Erfahrungen können nicht nur das Naturgefühl beflügeln, sondern auch das rationale Denken. Sie verhindern allerdings, daß dieses Denken in einer kalten, berechnenden, abstrakten Bahn verläuft, ohne mit dem Grund des Lebens noch verbunden zu sein. Es gilt also, eine poetische, beharrliche, sensible Wahrnehmung der Realität, was wir der Erde antun und was die Erde für uns ist, zu lernen – die müden, überreizten Augen zu öffnen und alles mit einem heilenden, schönen Blick anzusehen, also aufmerksamer und wacher zu werden.

»Nebel zieht auf, das Wetter schlägt um. Der Mond versammelt Wolken im Kreis. Das Eis auf dem Schnee hat Risse und reibt sich. Komm über den See« (Sarah Kirsch).

Was könnten wir sehen, wenn wir über den See gehen? Wir könnten wahrnehmen, daß die Geschichte all der Abgründe, die die Erde gebiert, nährt, wachsen läßt und wieder in sich zurücknimmt, eine Geschichte des Leidens ist. Die Schöpfung *ist* verwundet – vor dieser Tatsache sollten wir einen Herzschlag verstummen. Die in Wehen liegende Erde, die stöhnende Schöpfung, diese Bilder gebraucht auch die Bibel, aber sie sind mehr als Bilder, die für anderes stehen, sie sind Realität. Die Erde zeigt uns ihre Wunden, sie hält uns einen Spiegel vor, in dem wir selbst unsere Verwundbarkeit erkennen, aber auch den bösen Willen, der uns zum Leid-Antun treibt. Über alle unlösbaren Fragen, über Mensch und Natur, Ratio und Emotion, Sinn und Wahn erhebt sich das Unaussprechliche, das mit dem Leiden Verbundene: der Mensch, der Leid zufügt und dem Leid widerfährt – und die Erde, die buchstäblich nichts für ihr Verrecken kann.

Die Erde, so sagt uns die Mystik – die aus sich selbst nach einem geheimen Plan der Evolution Schönheit entstehen läßt, sie aber auch wieder in ihren Staub zurücknimmt –, offenbart in dieser ständigen Schöpfung, im Werden und Vergehen, eine Transparenz, eine Durchsichtigkeit, in der wir die letzte wirkliche Kraft erkennen können, aus der wir kommen und in die wir zurückkehren eines nicht mehr fernen Tages: die Liebe Gottes.

Die Geburt aus Schmerz und Lust, die die mystische Liebe zur Erde durchlebt, hebt unsere Schwerfälligkeit auf, belebt unseren müden Mut, erfüllt uns mit einer Leichtigkeit, die alle Möglichkeiten aufweckt. Ohne diese Zartheit, dieses Weiche und Biegsame sind wir zur Schöpfungsliebe nicht zu erwecken. Wir müssen erst bereit werden, die inneren Verpanzerungen zu durchbrechen und die sym-pathische Ader in uns schlagen zu lassen. Nur aus einer solchen Wärme der Wahrnehmung heraus werden wir seelisch fähig werden, der Erde nicht nur sentimentale oder stolze Gefühle entgegenzubringen, sondern mit ihr zu kommunizieren, ihre Botschaften wirklich zu hören und zu verstehen.

Rhapsodie
Ich lasse Dich nicht Du segnest mich denn
Ich lobpreise ich lobsinge
Ich lobe Dich in Deinen Monden in Deinen
schmalen wiegenden messingfarbenen Monden
die meine Nacht klar machen
Ich lobe Dich ich preise Dich in Deinen
Sonnen die übereinanderwogen in Deinen
dürstenden Horizonten
Ich preise Dich in Deinen Wiesen in Deinen
süßen unberührten wehenden Wiesen in Deinen
purpurnen Augustwiesen
Ich lobsinge Dir in Deinem flammenden Wald
in Deinem Wald über ihm die wandernden
leichten damastenen Wolken
Ich bete Dich an in allen Deinen Geschöpfen
in Deinen flüchtigen hellen ängstlichen blinden
einsamen holden Geschöpfen
(*Friederike Mayröcker*)

Nur die Liebe macht bereit zu solchem Lob. Nur die Liebe
macht bereit zum Mitempfinden, zum Mitleiden, zum Mit-
freuen. Die Liebe macht bereit, die Trauer endlich zu durch-
leben und nicht nur immer zu verdrängen. Die Liebe macht
bereit zum Weinen und Klagen, Wunden zu zeigen, schutz-
und wehrlos zu werden.

Die mystische Liebe zur Erde wird von Gott selbst in uns
gesungen. Unser Lied, unser Sonnengesang, ist nur ein Wider-
hall jener Saiten, die Gott selber in uns zum Schwingen bringt:

»Alle Tiere, die im Morgengrauen ihre Stimme erheben,
singen Gott. Die Vulkane und die Wolken und die Bäume
schreien uns von Gott. Die ganze Schöpfung schreit uns
durchdringend, mit einem großen Schrei, von der Existenz
und der Schönheit und der Liebe Gottes. Die Musik dröhnt es
uns in die Ohren, und die Landschaft ruft es uns in die Augen.
›An jeder Straßenecke finde ich Briefe Gottes‹, sagt Whitman
und: ›Das grüne Gras ist ein duftendes Taschentuch Gottes

mit Seinen Initialen, das Er fallengelassen hat, um uns an Ihn zu erinnern‹... In der ganzen Natur finden wir die Initialen Gottes, und alle erschaffenen Wesen sind Liebesbriefe Gottes an uns. Die ganze Natur steht in Flammen der Liebe, geschaffen durch die Liebe, um die Liebe in uns zu entzünden. Und es gibt keinen anderen Grund für die Existenz aller Wesen; sie haben keinen anderen Sinn und können uns keine andere Befriedigung gewähren als dies: in uns die Liebe Gottes zu entzünden. Die Natur ist wie ein Schatten Gottes, ein Widerschein und Abglanz seiner Schönheit. Der stille blaue See ist ein Widerschein Gottes... Und auch mein eigener Körper ist erschaffen für die Liebe zu Gott. Jede meiner Zellen ist ein Hymnus auf den Schöpfer und eine immerwährende Liebeserklärung« (Ernesto Cardenal).

Ich bin überzeugt, daß wir die Erde lieben müssen, wenn wir sie retten wollen. Was man nicht liebt, wofür man keine Gefühle aufbringt, was einem nichts bedeutet, das ist für immer ausweglos verloren. Ohne ein Gefühl für die Erde, ohne ein mystisches Wissen um die Zusammengehörigkeit von Schöpfungsschmerz und Schöpfungslust, ohne eine emotionale Wahrnehmung der Wunden und Wunder der Erde wird der kleine blaue Planet an Hoffnungslosigkeit und Zerstörungswahn zugrunde gehen.

Aber auch in der tiefsten Liebe zur Erde scheint heute jede Hoffnung auf Rettung vollkommen verrückt. Ich fahnde nach Spuren von noch aussprechbarer Hoffnung, von verborgenem Lob, von zerbrechlicher Poesie, von der Innenseite aller Erfahrung. Die mystische Liebe zur Erde ist eine Reise mit den leisen Abenteuern, Verrücktheiten, Anfechtungen und Ungereimtheiten, die wir in der Seele erleben. Wichtig ist für mich, noch einmal zu sagen, zu beschwören, zu feiern, was keine Stimme hat. Ich entdecke die Liebe zur Erde darin, nach den Spuren des Festes zu suchen, das die Erde uns so lange bereitet hat, nach der Musik ihres Festsaals, den Tänzen und Farben, den unmöglichen Verkleidungen, der verlorenen Heiterkeit, der Wehmut, kurz bevor die Lichter verlöschen und die letzten Klänge verwehen.

Ausgewählte Bibliographie

Agrippa von Nettesheim, Magische Werke, 5 Teile, Berlin 1916.

Kurt Aram, Magie und Mystik in Vergangenheit und Gegenwart, Leipzig 1923.

Rudolf Bahro, Logik der Rettung. Wer kann die Apokalypse aufhalten?, Stuttgart 1987.

Enno Bartels, Ludwig Klages, Frankfurt 1953.

Gregory Bateson, Ökologie des Geistes, Frankfurt 1981.

Gregory Bateson, Geist und Natur. Eine notwendige Einheit, Frankfurt 1982.

Ernst Benz, Vision. Erfahrungsformen und Bilderwelt, Stuttgart 1969.

Ernst Benz, Schöpfungsglaube und Endzeiterwartung, München 1965.

Henri Bergson, Die beiden Quellen der Moral und der Religion, Olten 1980.

Henri Bergson, Einführung in die Metaphysik, Berlin 1988.

Morris Berman, Wiederverzauberung der Welt. Am Ende des Newtonschen Zeitalters, München [2]1984.

Joseph Bernhart, Die philosophische Mystik des Mittelalters, München 1922 (Nachdruck Darmstadt 1974).

Bibliographia Paracelsia, Besprechung der unter Theophrast von Hohenheims Namen 1527–1893 erschienenen Druckschriften, Berlin 1894.

Maurice Blin, Die veruntreute Erde. Der Mensch zwischen Technik und Mystik, Freiburg 1977.

John Blofeld, Das Geheimnis und das Erhabene. Mysterien und Magie des Taoismus, München 1985.

John Blofeld, Der Taoismus oder Die Suche nach Unsterblichkeit, Düsseldorf [2]1988.

Hans Blumenberg, Die Genesis der Kopernikanischen Welt, Frankfurt 1975.

Hans Blumenberg, Die Legitimität der Neuzeit, Frankfurt 1987.

Jakob Böhme, Die Morgenröte bricht an. Herausgegeben von Gerhard Wehr, Freiburg 1983.

Jakob Böhme, Sämtliche Schriften in 11 Bänden. Herausgegeben von Will. E. Peuckert, Stuttgart 1955–1960 (Nachdruck der Ausgabe von 1730).

CONRAD BONIFAZI, Eine Theologie der Dinge. Der Mensch in seiner natürlichen Umwelt, Stuttgart 1977.

WILLIAM BOSSENBROOK, Geschichte des deutschen Geistes, Gütersloh 1963.

LUCIEN BRAUN, Paracelsus. Alchemist – Chemiker – Erneuerer der Heilkunde, Zürich 1988.

MARTIN BUBER, Ekstatische Konfessionen, Heidelberg ^{5}1984 (Nachdruck von 1909).

AUGUST BUCK (Hrsg.), Petrarca (Wege der Forschung), Darmstadt 1976.

WALTHER BÜHLER, Anthroposophie als Forderung unserer Zeit. Eine Einführung auf der Grundlage einer spirituellen Naturanschauung, Schaffhausen 1987.

JACOB BURCKHARDT, Die Kultur der Renaissance in Italien, Stuttgart ^{10}1976.

FRITJOF CAPRA, Wendezeit. Bausteine für ein neues Weltbild, München/Bern 1983.

FRITJOF CAPRA, Das Tao der Physik. Die Konvergenz von westlicher Wissenschaft und östlicher Philosophie, München/Bern 1984.

ERNST CASSIRER, Individuum und Kosmos in der Philosophie der Renaissance, Darmstadt ^{6}1987.

KARL CLAUSBERG, Kosmische Visionen. Mystische Weltanschauungen von Hildegard von Bingen bis zur Gegenwart, Köln 1980.

LOUIS COGNET, Gottes Geburt in der Seele, Freiburg 1980.

SUKIE COLEGRAVE, Yin und Yang. Die Kräfte des Weiblichen und des Männlichen, Bern/München 1980.

PAUL DAVIES, Gott und die moderne Physik, München 1986.

PAUL DAVIES, Die Urkraft. Auf der Suche nach einer einheitlichen Theorie der Natur, Hamburg 1987.

ROSEMARIE DILG-FRANK (Hrsg.), Kreatur und Kosmos. Internationale Beiträge zur Paracelsusforschung, Stuttgart 1981.

PETER DINZELBACHER/DIETER R. BAUER (Hrsg.), Frauenmystik im Mittelalter, Ostfildern 1985.

KURT K. DOBERER, Die Goldmacher. Zehntausend Jahre Alchemie, München 1987.

ERIC DOYLE, Von der Brüderlichkeit der Schöpfung. Der Sonnengesang des Franziskus, Zürich 1987.

EUGEN DREWERMANN, Der tödliche Fortschritt. Von der Zerstörung der Erde und des Menschen im Erbe des Christentums, Regensburg 1981.

HEINRICH DUMOULIN, Der Erleuchtungsweg des Zen im Buddhismus, Frankfurt 1976.

MEISTER ECKHART, Deutsche Predigten und Traktate. Herausgegeben von Josef Quint, München 1969.

RICHARD EGENTER, Gottesfreundschaft. Die Lehre von der Gottesfreundschaft in der Scholastik und Mystik des 12. und 13. Jahrhunderts.

ALBERT EINSTEIN, Mein Weltbild, Zürich o. J.

HUGO M. ENOMYIA-LASSALLE, Zen und christliche Mystik, Freiburg 1986.

HUGO M. ENOMYIA-LASSALLE, Leben im neuen Bewußtsein. Ausgewählte Texte zu Fragen der Zeit, München [2]1986.

HUGO M. ENOMYIA-LASSALLE, Zen und christliche Spiritualität, München 1987.

HUGO M. ENOMYIA-LASSALLE, Mein Weg zum Zen, München 1988.

ANTOINE FAIVRE/ROLF-CHRISTIAN ZIMMERMANN (Hrsg.), Epochen der Naturmystik, Berlin 1979.

ISNARD W. FRANK, Franz von Assisi. Frage auf eine Antwort, Düsseldorf 1982.

FRANZISKUS VON ASSISI, Fioretti. Gebete, Ordensregeln, Testament, Briefe. Übersetzt von Wolfram von den Steinen und Max Kirschstein, Zürich 1979.

EGON FRIEDELL, Kulturgeschichte der Neuzeit, München 1984.

HORST A. GLASER (Hrsg.), Goethe und die Natur. Referate des Triestiner Kongresses, Bern/Frankfurt 1986.

JOHANN WOLFGANG VON GOETHE, Sämtliche Werke in 40 Bänden, Frankfurt 1985 ff.

KURT GOLDAMMER, Paracelsus in neuen Horizonten, Salzburg 1986.

MARTIN GRABMANN, Mittelalterliche Geistesgeschichte, 3 Bände, München 1926–1956 (Nachdruck Hildesheim [2]1985).

BEDE GRIFFITHS, Die Hochzeit von Ost und West. Hoffnung für die Menschheit, Salzburg 1984.

BEDE GRIFFITHS, Die Rückkehr zur Mitte. Das Gemeinsame östlicher und westlicher Spiritualität, München 1987.

AARON GURJEWITSCH, Das Weltbild des mittelalterlichen Menschen, München [3]1986.

AARON GURJEWITSCH, Mittelalterliche Volkskultur, München 1987.

ALOIS M. HAAS, Geistliches Leben im Mittelalter, Fribourg 1984.

FRANZ HARTMANN, Paracelsus als Mystiker, Leipzig 1894.

MANFRED HEESS, Blaise Pascal. Wissenschaftliches Denken und christlicher Glaube, München 1977.

FRIEDRICH HEILER, Erscheinungsformen und Wesen der Religion, Stuttgart [2]1979.

FRIEDRICH HEILER, Die Religionen der Menschheit, Ditzingen [4]1982.

JOHANNES HEMLEBEN, Diesseits – Vom Lesen im Buche der Natur, Reinbek 1982.

HILDEGARD VON BINGEN, Gotteserfahrung und Weg in die Welt. Ausgewählt und eingeleitet von Heinrich Schipperges, Olten [3]1980.

265

ADOLF HOLL, Der letzte Christ. Franz von Assisi, Stuttgart 1979.

MAX JACOBI, Das Weltgebäude des Nicolaus Cusanus, Berlin 1904.

KARL JASPERS, Spinoza, München ²1986.

KARL JASPERS, Nicolaus Cusanus, München 1987.

ERNST KAISER, Paracelsus in Selbstzeugnissen und Bilddokumenten, Reinbek 1969.

LUDWIG KLAGES, Sämtliche Werke, 8 Bände und 1 Registerband. Herausgegeben von Ernst Frauchinger u. a., Köln 1979.

LESZEK KOLAKOWSKI, Henri Bergson. Ein Dichter-Philosoph, München 1985.

PETER KOSLOWSKI (Hrsg.), Gnosis und Mystik in der Geschichte der Philosophie, München 1988.

HANS KÜNG/JULIA CHING, Christentum und chinesische Religion, München 1988.

OTTO LANGER, Mystische Erfahrung und spirituelle Theologie, München 1987.

GERTRUD LEUTENEGGER, Vorabend. Roman, Stuttgart 1975.

GERTRUD LEUTENEGGER, Ninive. Roman, Frankfurt 1977.

GERTRUD LEUTENEGGER, Das verlorene Monument, Frankfurt 1984.

CHRISTIAN LINK, Die Welt als Gleichnis. Studien zum Problem der natürlichen Theologie, München ²1982.

NORBERT A. LUYTEN, Naturphilosophie, Fribourg 1969.

RAOUL MANSELLI, Franziskus. Der solidarische Bruder, Zürich 1984.

ALFRED VON MARTIN, Soziologie der Renaissance, München ³1974.

EKKEHART MEFFERT, Nikolaus von Kues, Stuttgart 1982.

CAROLYN MERCHANT, The Death of Nature, New York 1980.

ERICH MEUTHEN, Nikolaus von Kues 1401–1464. Skizze zu einer Biographie, Münster ⁵1982.

PAUL MOMMAERS, Was ist Mystik?, Frankfurt 1979.

SERGE MOSCOVICI, Versuch über die menschliche Geschichte in der Natur, Frankfurt 1982.

JACOB NEEDLEMAN, A Sense of the Cosmos, Garden City N. Y. 1975.

NICOLAUS CUSANUS, Schriften. Deutsch in Auswahl von F. A. Scharpff, Freiburg 1862.

NIKOLAUS VON KUES, Vom Sehen Gottes. De visione Dei. Ein Buch mystischer Betrachtung. Herausgegeben von Alois M. Haas, München 1987.

NIKOLAUS VON KUES, Schriften. In deutscher Übersetzung herausgegeben von Ernst Hoffmann u. a., München 1977 ff.

WALTER NIGG, Heimliche Weisheit. Mystisches Leben in der protestantischen Christenheit, Zürich/Stuttgart 1959.

RUDOLF OTTO, West-östliche Mystik. Vergleich und Unterscheidung zur Wesensdeutung (1926), Gütersloh 1979.

266

PARACELSUS VON HOHENHEIM, Sämtliche Werke. Herausgegeben von Karl Sudhoff und Wilhelm Matthiesen, München 1922 ff.

PARACELSUS, THEOPHRAST VON HOHENHEIM, Schriften. Herausgegeben von Kurt Goldammer und Franz Steiner, 1955 ff.

BLAISE PASCAL, Über die Religion und über einige andere Gegenstände. Pensées, Heidelberg ⁸1978.

FRANCESCO PETRARCA, Dichtungen, Briefe, Schriften. Herausgegeben von Hanns-W. Eppelsheimer, Frankfurt 1980.

WILL-ERICH PEUCKERT, Die große Wende. Das apokalyptische Saeculum und Luther, Hamburg 1948.

WILHELM PREGER, Geschichte der deutschen Mystik im Mittelalter, 3 Bände, Leipzig 1874–1893.

FRIEDRICH RAPP (Hrsg.), Naturverständnis und Naturbeherrschung, München 1981.

KONSTANTIN ROMANÒS, Heimkehr. Henri Bergsons lebensphilosophische Ansätze zur Heilung vom erstarrten Leben, Frankfurt 1986.

ANTON ROTZETTER u. a., Franz von Assisi. Ein Anfang – und was davon bleibt, Zürich 1982.

ANTON ROTZETTER/WERINHARD EINHORN, Franz von Assisi. Das Testament eines armen Mannes, Freiburg 1987.

KURT RUH (Hrsg.), Abendländische Mystik im Mittelalter, München 1986.

KURT RUH, Meister Eckhart. Theologe, Prediger und Mystiker, München 1985.

KURT RUH (Hrsg.), Altdeutsche und altniederländische Mystik. Darmstadt 1964.

HANS SACHS, Ökologische Philosophie. Natur – Technik – Gesellschaft, Darmstadt 1984.

PETER SACHTLEBEN, Das Phänomen Forschung und die Naturwissenschaft Goethes, Bern/Frankfurt 1988.

HEINRICH SCHIPPERGES, Paracelsus. Der Mensch im Licht der Natur, Stuttgart 1974.

HEINRICH SCHIPPERGES, Kosmos Anthropos. Entwürfe zu einer Philosophie des Leibes, Stuttgart 1981.

HEINRICH SCHIPPERGES, Paracelsus. Das Abenteuer einer sokratischen Existenz, Freiburg 1983.

GÜNTHER SCHIWY, Teilhard de Chardin. Eine Biographie in 2 Bänden, München 1981.

GÜNTHER SCHIWY (Hrsg.), Das Teilhard de Chardin Lesebuch, Olten 1987.

ALBRECHT SCHÖNE, Goethes Farbentheologie, München 1987.

ALFRED SCHMIDT, Goethes herrliche leuchtende Natur. Philosophische Studie zur deutschen Spätaufklärung, München 1984.

MARGOT SCHMIDT/DIETER R. BAUER (Hrsg.), Grundfragen christlicher Mystik, Stuttgart 1987.

ISIDOR SILBERNAGL, Johannes Trithemius. Eine Monographie, Regensburg 1885.

ADOLF SPAMER, Texte aus der deutschen Mystik des 14. und 15. Jahrhunderts, Jena 1912.

BENEDICTUS DE SPINOZA, Sämtliche Werke in 7 Bänden und 1 Registerband, Hamburg 1965 ff.

THEOPHIL SPOERRI, Der verborgene Pascal. Eine Einführung in das Denken Pascals als Philosophie für den Menschen von morgen, Moers 1984.

KARLHEINZ STIERLE, Petrarcas Landschaften. Zur Geschichte ästhetischer Landschaftserfahrung, Krefeld 1979.

ALLERD STIKKER, Tao, Teilhard und das westliche Denken, Bern 1988.

WALTER STROLZ (Hrsg.), Sein und Nichts in der abendländischen Mystik, Freiburg 1984.

DAISETZ TEITARO SUZUKI, Die große Befreiung, Zürich ⁵1969.

DAISETZ TEITARO SUZUKI, Der westliche und der östliche Weg, Berlin 1960.

TEILHARD DE CHARDIN, Werke, Olten 1965 ff.

TEILHARD DE CHARDIN, Der Mensch im Kosmos, München 1981.

JOHANNES THIELE, Die Erotik Gottes. Menschen werden wir nur als Liebende (mit einem Kapitel zur erotischen Mystik des Mittelalters), Stuttgart 1988.

JOHANNES THIELE (Hrsg.), Mein Herz schmilzt wie Eis am Feuer. Die religiöse Frauenbewegung des Mittelalters in Porträts, Stuttgart 1988.

KEITH THOMAS, Religion and the Decline of Magic, Harmondsworth 1973.

EVELYN UNDERHILL, Mystik. Eine Studie über die Natur und Entwicklung des religiösen Bewußtseins im Menschen, Bietigheim-Bissingen ⁴1973.

FRIEDRICH WAASER, Natur und Geist. Gedanken zu einer Synthese vom Standpunkt Goethescher Naturbetrachtung, Tübingen 1951.

HANS WALDENFELS, Absolutes Nichts. Zur Grundlegung des Dialogs zwischen Buddhismus und Christentum, Freiburg 1976.

ALAN WATTS, Im Einklang mit der Natur, München 1981.

GERHARD WEHR, Jakob Böhme in Selbstzeugnissen und Bilddokumenten, Reinbek 1971.

GERHARD WEHR, Esoterisches Christentum, Stuttgart 1975.

GERHARD WEHR, Paracelsus, Freiburg 1979.

GERHARD WEHR, Die deutsche Mystik, Bern/München/Wien 1988.

HORST WEIGELT, Spiritualistische Tradition im Protestantismus, Bern 1973.

Victor Weiss, Die Gnosis Jakob Böhmes, Bern 1955.

Carl Friedrich von Weizsäcker, Die Einheit der Natur, München 1982.

Carl Friedrich von Weizsäcker, Die Geschichte der Natur. Zwölf Vorlesungen, Göttingen ³1979.

Friedrich-Wilhelm Wentzlaff-Eggebert, Deutsche Mystik zwischen Mittelalter und Neuzeit, Berlin 1969.

Hans J. Werner, Eins mit der Natur. Mensch und Natur bei Franz von Assisi, Jakob Böhme, Albert Schweitzer und Pierre Teilhard de Chardin, München 1986.

Richard Wilhelm, Lao-Tse und der Taoismus, Stuttgart ²1987.

Richard Wilhelm, Die Seele Chinas, Frankfurt 1980.

Eleanor Wilner, Gathering the Winds, Baltimore 1975.

Lin Yutang, Weisheit des lächelnden Lebens, Stuttgart 1936.

Lin Yutang, Die Weisheit des Laotse, Frankfurt ³1988.

Danksagung

Ich danke Hildegard Seppmann-Gerste, für unerläßliche Hinweise und Vorarbeiten, die das Hildegard-Kapitel in diesem Buch sehr bereichert haben. JT

JOHANNES THIELE (HRSG.)

Mein Herz schmilzt wie Eis am Feuer

Die religiöse Frauenbewegung
des Mittelalters in Porträts

Reihe »Wege der Mystik«

299 Seiten, kartoniert · ISBN 3-7831-0932-9

19 Porträts mittelalterlicher Mystikerinnen enthält dieses Buch, das ein farbiges und lebendiges Bild der Blütezeit alteuropäischer Mystik zeichnet und Spuren weiblicher Spiritualität sowie alternativer Lebensformen nachgeht. Die Mystik ist ein gesamteuropäisches Phänomen, und die mittelalterlichen Mystikerinnen haben der Sehnsucht nach Gott einen unmittelbaren Zugang zur seelischen Innenwelt eröffnet.

JOHANNES THIELE

Die Erotik Gottes

Menschen werden wir nur als Liebende

200 Seiten, kartoniert · ISBN 3-7831-0916-7

Religion und Erotik – ein wildes, doch unzertrennliches Paar. Die Lust zum Lebendigen, die Liebe Gottes zu Erde und Mensch werden in diesem Buch verknüpft. Johannes Thiele entwirft die Vision einer sinnlichen Religion, die ihre erotische Dimension zum Ausdruck kommen läßt und die Sexualität und Christentum miteinander versöhnt. Bibel und Mystik gehen hier eine aufregende Verbindung ein: »Religion und Erotik kommen aus einer Quelle: aus der göttlichen Leidenschaft für das Leben und die Befreiung des Menschen. Darum sollten wir offen sein für ein kräftiges, nachhaltiges Ja zur Mystik des Eros, zum Leib, zur schwesterlichen Erde.«

Kreuz Verlag